欧盟电池和废电池条例

《欧盟电池和废电池条例》编译委员会　编译

中国海关出版社有限公司
·北京·

图书在版编目（CIP）数据

欧盟电池和废电池条例 /《欧盟电池和废电池条例》编译委员会编译. -- 北京 ：中国海关出版社有限公司，2025. -- ISBN 978-7-5175-0907-3

Ⅰ. X76

中国国家版本馆 CIP 数据核字第 2025PX0279 号

欧盟电池和废电池条例

OUMENG DIANCHI HE FEIDIANCHI TIAOLI

编　　译：《欧盟电池和废电池条例》编译委员会
责任编辑：傅　晟
责任印制：孙　倩
出版发行：中国海关出版社有限公司
社　　址：北京市朝阳区东四环南路甲 1 号　　邮政编码：100023
编 辑 部：01065194242-7502（电话）
发 行 部：01065194221/4238/4246/4247（电话）　　01065194233（传真）
社办书店：01065195616/5127（电话）　　01065194262/63（邮购电话）
https：//weidian. com/？userid＝319526934（网址）
印　　刷：中煤（北京）印务有限公司　　经　　销：新华书店
开　　本：787mm×1092mm　1/16
印　　张：14. 75　　字　　数：377 千字
版　　次：2025 年 9 月第 1 版
印　　次：2025 年 9 月第 1 次印刷
书　　号：ISBN　978－7－5175－0907－3
定　　价：68. 00 元

《欧盟电池和废电池条例》编译委员会

主　　编：李　许

副 主 编：张伟亚　高　欣　索彦彦　曹　丹　王　鑫

编译人员：（按姓氏笔画排序）

马　源　王　璨　王　鑫　王莹莹　方彦彦
冯均利　邢　军　刘　佳　刘　怡　李　许
李　珺　李政军　张　阳　张伟亚　张宇君
张虹敏　陆瑞强　周　毅　周亚飞　周思旭
周保华　索彦彦　徐晓光　高　欣　黄理纳
曹　丹　温志英

前　言

2019 年 12 月，欧盟委员会公布了应对气候变化、推动可持续发展的《欧洲绿色新政》，希望能够在 2050 年实现欧洲地区的“碳中和”，通过利用清洁能源、发展循环经济、抑制气候变化、恢复生物多样性、减少污染等措施提高资源利用效率，实现经济可持续发展。电池是重要的能源来源之一，也是可持续发展、绿色出行、清洁能源和气候中立的关键推动因素之一。《欧洲绿色新政》在很大程度上依赖电池技术以及电池的全生命周期管理来实现，因此欧盟认为有必要建立一个加强电池和旧电池管理的新条例，规范电池从生产到回收和再利用的整个生命周期，以促进循环经济。

2023 年 8 月 17 日，针对在欧盟本地生产及进口电池的管理条例——《欧盟电池和废电池条例》（EU）2023/1542 正式生效，原有《欧盟电池指令》2006/66/EC 废止，该条例是欧盟首个以条例形式针对电池全生命周期进行规范的法律文件，以确保投放欧盟市场的电池在整个生命周期中都变得可持续、高性能和安全。该条例包含 14 章、96 个条款和 15 个附件，主要涉及涵盖的电池类型，可持续性和安全要求，标签、标志和信息要求，电池的一致性、合格评定机构公告，经济运营商的义务，电池尽职调查，废电池管理，数字电池护照，碳足迹，限制物质等内容。

《欧盟电池和废电池条例》的诞生，一是欧盟希望通过立法来规范在欧盟销售的电池的全生命周期，二是希望提高本土电池工业竞争力，保护欧盟市场，并在全球产业中掌握话语权。此举意味着对海外新电池进入欧盟市场将形成“绿色贸易壁垒”。

中国是全球最大的锂电池生产国、出口国，2024 年上半年中国锂电池出口额为 272.4 亿美元（源自中国化学与物理电源行业协会数据），出口额前 15 位的国家（地区）中欧盟成员占据 6 席，合计 78.99 亿美元，欧盟是中国锂电池出口的第一目的市场。新电池条例的实施对中国电池产业链的上下游提出了全新的要求，中国“出海”的电池将面临更多阻碍。

长期来看，《欧盟电池和废电池条例》无论是在促进电池回收技术、机制、数据统计体系的成熟，还是在原材料提取技术、工艺的精进，以及全生命周期碳足迹的评估等方面，都可能推动法律法规的不断健全，以符合全球低碳环保的大势。正如欧盟制定的燃油车排放标准在很多国家（地区）得到推广一样，《欧盟电池和废电池条例》不仅将对欧盟产生广泛影响，而且有可能成为多个国家（地区）制定相关标准的重要参考。

中国电池出口企业需要对新条例进行详细研究和正确理解，并在此基础上指导产品生产，确保产品符合要求，才能顺利进入欧盟市场。

为此，编译委员会服务国家及地方经济发展，开展了一系列欧盟电池技术性贸易措施研究，编译《欧盟电池和废电池条例》作为研究工作之一，既帮助出口企业全面了解欧盟电池市场最新的条例要求，也为我国的相关管理部门提供参考资料。

在编译过程中，编译委员会力求做到翻译准确，但鉴于理解的局限性，文中难免存在不足之处，敬请广大读者批评指正。

本书编译过程中得到了龙岗海关、深圳海关工业品检测技术中心、深圳市检验检疫科学研究院、中华人民共和国 WTO/TBT-SPS（深圳）新型储能技术性贸易措施研究评议基地等机构的支持，在此表示感谢！

《欧盟电池和废电池条例》编译委员会

2025 年 8 月

目　录

序 言

欧洲议会和欧盟理事会（EU）2023 年 7 月 12 日 2023/1542 号条例，关于电池和废电池，修订 2008/98/EC 号指令和（EU）2019/1020 号条例，并废止 2006/66/EC 号指令

（该内容与欧洲经济区有关）

欧洲议会和欧盟理事会，

鉴于《欧洲联盟运行条约》（TFEU），尤其是第 114 条和与本条例第 54 条至第 76 条有关的第 192（1）条，

鉴于欧盟委员会的建议，

将立法草案送交各国议会后，

鉴于欧洲经济和社会委员会的意见①，

在与地区委员会磋商后，

依据普通立法程序②行事，

鉴于：

（1）③ 欧盟委员会 2019 年 12 月 11 日发布的《欧洲绿色新政》（European Green Deal）是欧洲的发展战略，旨在将欧盟转变为公平、繁荣的社会，经济形势变为现代化、资源节约型、有竞争力，在 2050 年前实现温室气体零净排放，将经济增长与资源利用脱钩。从使用化石燃油汽车转向使用电动汽车，是 2050 年实现气候中和目标的先决条件之一。为使欧盟的产品政策有助于在全球范围内降低碳排放，需确保在欧盟市场上销售的产品是以可持续的方式采购和制造的。

（2）因此，电池作为一种重要能源，也是实现可持续发展、绿色交通、清洁能源和气候中和的关键因素之一。预计未来几年，电池的使用需求将迅速增长，尤其是在电动运输车辆和使用电池牵引的轻型运输工具领域，这使得电池市场在全球范围内的战略地位日益重要。电池技术领域将继续取得重大科技进步。鉴于电池的战略重要性，为所有相关运营

① OJ C 220，2021 年 6 月 9 日，第 128 页。

② 欧洲议会 2023 年 6 月 14 日的立场（尚未在《欧盟官方公报》上公布）和欧盟理事会 2023 年 6 月 28 日的决定。

③ 本书序号参照英文原文。

商提供法律层面的确定性，并避免电池市场上的歧视、贸易壁垒和不正当竞争，应制定关于电池的可持续性、性能、安全、收集、回收和二次使用寿命的规则，以及为终端用户和经济运营商提供有关电池信息的规则；有必要建立一个统一的监管框架，对在欧盟市场上投放的电池的整个生命周期进行监管。

（3）此外，还需更新欧盟关于废电池管理的法律，并采取措施来保护环境和人类健康，防止或减少废弃物产生和管理的不利影响，减少资源使用的影响，提高资源效率。此类措施对于向循环经济、气候中和经济和无毒环境过渡，以及对保持欧盟的长期竞争力和战略自主权来说至关重要。此类措施可以创造重要的经济机会，增强循环经济与能源、气候、交通、工业和研究政策之间的协同作用，并保护环境和减少温室气体排放。

（4）欧洲议会和欧盟理事会 2006/66/EC 号指令①提高了电池的环保性能，并为经济运营商制定了一些共同规则和义务，尤其是基于生产者延伸责任的重金属含量和电池标签的协调规则以及所有废电池管理的规则和目标。

（5）欧盟委员会于 2019 年提交的关于 2006/66/EC 号指令的实施、影响和评估的报告，不仅强调了该指令的成就，也强调了其局限性，尤其是在电池的战略重要性及其使用增加的背景下，情况发生了根本变化。

（6）欧盟委员会 2018 年 5 月 17 日关于“欧洲在行动———欧洲的可持续运作：安全互联和清洁”的报告包括《电池战略行动计划》。该行动计划制定了支持在欧洲建立电池价值链的措施，涵盖原材料提取、可持续采购和加工、可持续电池材料、电池制造，以及电池的再利用和回收方面内容。

（7）在《欧洲绿色新政》中，欧盟委员会确认了其实施电池战略行动计划的承诺，并表示将提出立法，以确保供应日益增长的电动汽车市场的各类电池均有一个安全、循环和可持续的电池价值链。

（8）在 2019 年 10 月 4 日关于“更多循环———向可持续社会过渡”的报告中，欧盟理事会特别呼吁制定连贯一致的政策，支持开发提高电池可持续性和循环性的技术，以配合向电动力交通的过渡。此外，欧盟理事会呼吁紧急修订 2006/66/EC 号指令，其中应包括所有相关的电池材料，并应特别考虑对锂和钴的具体要求，以及该指令应适应未来电池技术变化的机制。

（9）欧盟委员会 2020 年 3 月 11 日关于“新的循环经济行动计划——打造更清洁、更具竞争力的欧洲”的报告指出，新的电池监管框架提案会考虑关于可回收成分的规则以及提高所有电池的收集和回收率的措施，以确保回收有价值的材料并为消费者提供指导，还会解决在存在替代品的情况下逐步淘汰非充电电池的可能性。此外，还考虑可持续能力和透明度要求，同时考虑电池制造的碳足迹、原材料的道德采购和供应安全以促进电池的再使用、再利用和回收。

（10）解决在欧盟市场上所有电池的整个生命周期的难题，需要制定建立统一的产品和营销要求，包括符合评定程序，以及全面解决电池报废阶段的要求。有关报废阶段的要求对于解决电池对环境的影响是必要的，尤其是支持创建电池回收市场和废电池次级原材料市场。为解决电池对环境的影响，尤其是为了支持创建电池回收市场和废电池次级原材

① 欧洲议会和欧盟理事会于 2006 年 9 月 6 日颁布 2006/66/EC 号指令，涉及电池、蓄电池、废蓄电池和蓄电池及废止 91/157/EEC 号指令（OJ L 266，2006 年 9 月 26 日，第 1 页）。

料市场，电池报废阶段做出要求是势在必行。为了实现预期目标，即在一份法律文书中规定电池的整个生命周期问题的解决措施，同时避免贸易壁垒和不正当竞争，并维护内部市场的完整性，规定电池要求的规则应统一适用于整个欧盟所有经济运营商，避免欧盟各成员在实际执行中的不同的处理行为。因此，应由本条例取代 2006/66/EC 号指令。

（11）本条例应适用于在欧盟境内投放市场或投入使用的各类电池，无论该类电池是在欧盟境内生产还是进口。无论电池是否安装到电器、轻型运输工具或其他车辆中或以其他方式整合到产品内，也无论电池是否在欧盟境内单独投放市场或投入使用，本条例均应适用。无论电池是专门为某一类产品设计的还是通用的，也无论电池是安装在某一产品中，或者与使用电池的产品联合或分开供应，本条例均应适用。当制造商或进口商在商业活动中提供电池用于分销、消费或使用，无论是有偿还是无偿，电池首次进入欧盟市场皆视作投放市场。因此，在本条例相关要求适用日期之前，分销商（包括零售商、批发商和制造商的销售部门）在欧盟境内的库存电池无须满足此类要求。

（12）本条例应防止和减少电池对环境的不利影响，并确保所有电池的安全和可持续电池价值链，同时要考虑到电池制造的碳足迹、原材料的道德采购和供应安全，以及促进再使用、再利用和回收。本条例呼吁所有参与电池生命周期的运营商（如生产者、分销商和终端用户，尤其是直接参与废电池处理和回收的运营商）尽力改善电池的环保性能。以上措施将有助于确保向循环经济转型和提升欧盟的长期竞争力，并应有助于内部市场的有效运作，同时还兼顾了对环境的高度保护。本条例还旨在防止和减少产生废电池及其管理对人类健康和环境的不利影响，并减少资源的使用，有利于废弃物处理等级制度的实际应用。因此，《欧洲联盟运行条约》第 114 条是本条例的适当法律依据，通过规定整个内部市场的统一责任和要求，避免出现阻碍电池自由流通的分歧。如果本条例包含有关废电池管理的具体规则，则就此类具体规则而言，适当的法律依据是《欧洲联盟运行条约》第 192（1）条。

（13）作为电池组投放市场的产品，是电池或电池组连接或封装在外壳内，形成一个完整的单元，供终端用户使用或在终端用户使用时不拆分或打开的电池，并且符合电池定义，或符合电池定义的电芯，应遵守适用于电池的要求。

（14）终端用户使用“自己动手”工具包中常用工具随时使用的电池，应视为本条例所指的电池。向市场投放此类工具包的经济运营商应遵守本条例。

（15）在本条例的适用范围内，宜根据电池的设计和用途区分不同类别的电池，而与电池的化学成分无关。应进一步完善 2006/66/EC 号指令规定的便携式电池、工业电池和汽车电池分类，以更好地反映电池使用方面新的发展情况。根据 2006/66/EC 号指令，用于电动汽车牵引的电池属于工业电池的范畴，由于电动运输车辆的快速增长，该电池在市场中占据了很大的市场份额，并且还在不断增长。因此，将用于车辆牵引的电池归为新一类单独电动汽车电池类别是恰到好处的。根据 2006/66/EC 号指令，用于电动自行车和电动踏板车等轻型运输工具牵引的电池并未归入单独的电池类别。然而，此类电池在城市可持续交通中的应用日益广泛，构成了市场的重要组成部分。因此，将此类电池归入一个新的单独电池类别［即轻型运输工具电池（LMT 电池）］是恰当的。根据本条例，用于其他运输工具（包括铁路、水路和航空运输或越野机械运输）牵引的电池仍属于工业电池类别。工业电池类别涵盖一大类电池，旨在用于工业活动、通信基础设施、农业活动或发电和分配电能领域。即使电池最初的设计用途不同，但在经过准备再利用或再利用后被赋予工业用途的电池，皆应视为本条例下的工业电池。除上述非详尽的示例清单外，任何重量超过 5 千克且不属于本条例规定的任何其他类别的电池皆应视为工业电池。以本条例而言，私人或家庭环境中用于储能的电池应视为工业电池。根据欧洲议会和欧盟理事会 2009/48/EC 号指令①，轮式玩具车辆中用于牵引的电池，就本条例而言，不应视为 LMT 电池，而应视为便携式电池。

（16）电池在欧盟境内首次投放市场或投入使用后，可进行再使用、再利用、再制造、准备再使用或准备再利用。在本条例中，根据欧盟的产品监管框架，废旧电池（即经过重复使用的电池）在首次投放市场供使用或销售时，即视作已投放市场。相反，经过准备再使用、准备再利用、再利用或再制造的电池，皆视为重新投放市场，应遵守本条例。此外，根据欧盟产品监管框架，从第三方进口的废旧电池在首次进入欧盟市场时视为已投放市场。因此，从第三方进口经过再使用、再利用、再制造、准备再使用或准备再利用的电池也应符合本条例的规定。

（17）再制造涵盖对电池或废电池进行的一系列技术操作。对于废电池来说，再制造可视为再使用的准备工作或再利用的准备工作。因此，本条例无须规定与废电池准备再使用或准备再利用制度不同的废电池再制造的具体制度。对于旧电池来说，再制造的目标旨在恢复电池原有的性能。从该意义上讲，再制造可视为再利用的一种极端情况，需要对电池的电芯和组件进行拆卸和评估，并更换一定数量的电芯和组件。为了区分再制造和单纯的再使用，将电池容量恢复到原始额定容量的至少 90%应视为再制造，并须适用其特定的制度。

（18）如果终端用户是消费者且电池已被再使用、准备再利用和再利用或再制造，则该电池的销售合同应符合欧洲议会和欧盟理事会（EU）2019/771 号指令②的规定。尤其是，该指令的要求涉及产品的符合性、卖方的责任（包括选择较短的责任期或时效期）、举证责任、不合格产品的补救措施、修理或更换产品，以及商业担保。

（19）电池的设计和制造应优化其性能、耐用性和安全性，并尽量减少对环境的影响。对容量大于 2 千瓦时的可充电工业电池、LMT 电池和电动汽车电池，应制定具体的、符合可持续发展的要求，因为此类电池代表了未来几年增长最快的细分市场。

（20）为确保电动汽车电池和启动、照明和点火电池（SLI 电池）的安全，根据欧洲议会和欧盟理事会（EU）2018/858 号条例③，M、N 和 O 类车辆的欧盟类型认证标准继续有效，要求任何经过维修或更换的电池仍符合适用的安全要求。如果安全细节发生变化，则需要进一步检查或测试，以验证是否仍符合现有欧盟型式批准所依据的要求。

（21）根据欧盟委员会 2021 年 5 月 12 日关于“面向所有人的健康星球路径——欧盟行动计划：实现空气、水和土壤零污染”的报告，欧盟政策应秉持在源头采取预防措施的

---

① 欧洲议会和欧盟理事会 2009 年 6 月 18 日颁布 2009/48/EC 号指令，涉及玩具安全（OJ L 170，2009 年 6 月 30 日，第 1 页）。

② 欧洲议会和欧盟理事会 2019 年 5 月 20 日颁布（EU）2019/771 号指令，涉及货物销售合同，修订（EU）2017/2394 号指令和 2009/22/EC 号指令并废止了 1999/44/EC 号指令（OJ L 136，2019 年 5 月 22 日，第 28 页）。

③ 欧洲议会和欧盟理事会 2018 年 5 月 30 日颁布（EU）2018/858 号条例，涉及机动车辆及其拖车以及用于此类车辆的系统、组件和单独技术单元的批准和市场监督，修订了（EC）715/2007 号条例和（EC）595/2009 号条例，废止了 2007/46/EC 号指令（OJ L 151，2018 年 6 月 14 日，第 1 页）。

原则。在2020年10月14日关于“化学品可持续发展战略——实现无毒环境”（“化学品可持续发展战略”）的报告中，欧盟委员会强调，应加强欧洲议会和欧盟理事会（EC）1907/2006号条例①、欧洲议会和欧盟理事会1272/2008号条例②的要求，将其作为欧盟管理欧盟化学品的基准，并应在现有的部门立法中以连贯的、一致的方法评估和管理化学品。因此，应采取主要从源头上限制有害物质在电池中使用的措施来保护人类健康和环境，并对废弃物中的有害物质进行管理。该法规应补充（EC）1907/2006号条例和（EC）1272/2008号条例，并允许采取与包括废弃物阶段在内的物质相关的风险管理措施。

（22）除（EC）1907/2006号条例附件XVII中规定的限制外，还应对某些类别电池中的汞、镉和铅的含量进行限制。根据欧洲议会和欧盟理事会2000/53/EC号指令③附件Ⅱ规定的获得豁免的车辆中使用的电池应排除在含有镉的禁令之外。为了进一步限制电池中的物质或电池制造中使用的物质，应该对相关物质进行摸底调查，《化学品可持续发展战略》中将其定义为对人类健康或环境有长期影响的物质，如最终列入（EC）1907/2006号条例附件XIV和（EC）1272/2008号条例附件Ⅵ的候选清单中的物质、在根据（EC）1907/2006号条例成立的欧洲化学品管理局（ECHA）网站上公布的“REACH评估联合行动计划”中计划进行的物质评估范围内，还包括妨碍安全和高质量次级原材料回收的物质。

（23）为了确保适当处理电池中使用的或废电池中存在的对人类健康或环境构成不可接受风险的物质，应根据《欧洲联盟运行条约》第290条授权欧盟委员会通过关于修订电池中限用物质法案的权利。

（24）根据（EC）1907/2006号条例，全面简化对电池和废电池中的物质采用新限制和修订现行限制的评估程序。为确保对本条例的相关技术、科学和行政方面进行有效的决策、协调和管理，欧洲化学品管理局应根据相关指导原则，在评估电池制造和使用过程中的物质所产生的风险以及电池报废后潜在风险，以及评估社会经济因素和分析替代品等方面开展具体工作。因此，欧洲化学品管理局的风险评估部门和社会经济分析部门应推进执行本条例赋予欧洲化学品管理局的相关任务。

（25）为确保本条例与（EC）1907/2006号条例或其他未来欧盟法律中有关危险物质和化学品可持续性标准的修正案保持一致，欧盟委员会应评估是否需要对本条例第6条、第86条、第87条和第88条进行修订。在适当的情况下，欧盟委员会应在未来修订（EC）1907/2006号条例或在未来其他有关危险物质和化学品可持续标准的欧盟法律中，对本条例提出修订建议。

（26）为了促进可持续的欧洲经济发展模式，欧盟委员会应酌情对本条例中有关电池

---

① 欧洲议会和欧盟理事会2006年12月18日颁布（EC）1907/2006号条例，涉及化学品注册、评估、授权和限制（REACH），该条例设立了欧洲化学品机构，修订了1999/45/EC号指令并废止了（EEC）793/93号条例和（EC）1488/94号条例以及76/769/EEC号指令和91/155/EEC号指令、93/67/EEC号指令、93/105/EC号指令，以及2000/21/EC号指令（OJ L 396，2006年12月30日，第1页）。

② 欧洲议会和理事会2008年12月16日颁布（EC）1272/2008号条例，涉及物质和混合物分类、标签和包装，废止了67/548/EEC号指令和1999/45/EC号指令并修订了（EC）1907/2006号条例（OJ L 353，2008年12月31日，第1页）。

③ 欧洲议会和欧盟理事会2000年9月18日颁布2000/53/EC号指令，涉及报废车辆（OJ L 269，2000年10月21日，第34页）。

和废电池中物质限制的条款做出修订建议，包括对不符合该类限制的电池实行出口禁令。

（27）预计在移动设备和能源储存等领域大规模部署电池将有助于减少碳排放。然而，为了最大限度地降低碳排放，电池的整个生命周期必须具有较低的碳足迹。根据《移动应用高比能充电电池产品环境足迹类别规则》，气候变化是电池的第二大相关影响类别，仅次于矿物和金属的开采和使用。因此，在欧盟市场上销售的容量大于 2 千瓦时的可充电工业电池、LMT 电池和电动汽车电池应附有碳足迹声明。协调统一所有容量大于 2 千瓦时的可充电工业电池、LMT 电池和投放欧盟市场的电动汽车电池的碳足迹计算技术规则，是引入碳足迹声明要求及随后建立碳足迹性能等级的先决条件。预计有关电池碳足迹的信息和明确的标签要求本身不会导致必要的行为改变，以确保欧盟根据国际商定的气候变化目标，实现移动和能源存储部门的脱碳目标。因此，应设立最高碳阈值，并进行专门的影响评估以确定此类数值。在提出最大碳足迹阈值水平时，欧盟委员会应特别考虑市场上电池碳足迹值的相对分布、欧盟市场上电池碳足迹减少的进展程度，以及该措施对欧盟在 2050 年实现可持续流动性和气候中和目标的有效和潜在贡献。为了提高电池碳足迹的透明度，并使欧盟市场向碳足迹较低的电池转型，无论此类电池是在哪里生产的，逐步累积增加碳足迹要求是合理的。由于此类要求，电池生命周期中避免的碳排放将有助于实现欧盟的气候目标，尤其是在 2050 年实现气候中和的目标。这也有助于欧盟层面和成员层面的其他政策，例如通过激励措施或绿色公共采购标准，促进生产对环境影响较小的电池。

（28）最大生命周期碳足迹阈值应适应未来的发展变化。因此，在通过授权法案确定最大生命周期碳足迹阈值时，欧盟委员会应考虑现有的最佳制造和生产过程，并确保其选择的技术标准符合本条例的目标，即确保投放到欧盟市场的电池能够保证对人类健康、人身安全、财产和环境提供高水平的保护。

（29）电池中的某些物质，如钴、铅、锂或镍，是从稀缺资源中获取的，在欧盟不易获得，其中一些被欧盟委员会视为关键原材料。根据欧盟委员会 2021 年 5 月 5 日“更新 2020 年新工业战略：为欧洲的复兴建立一个更强大的单一市场”的报告，欧盟需要加强战略自主性并提高应变能力，为因健康或其他危机而可能出现的供应中断做好准备。通过增加此类原材料的循环利用和回收，有助于实现提高原材料的循环和资源利用效率目标。

（30）增加使用回收原材料将支持循环经济的发展，使原材料的使用更具资源利用效率，同时减少欧盟对第三方原材料的依赖。于电池而言，尤其是与钴、铅、锂和镍有关。因此，有必要通过对使用钴、铅、锂和镍等活性材料的电池中的可回收成分水平做出规定，促进从废弃物中回收此类材料。因此，本条例应设定钴、铅、锂和镍的强制回收含量目标，并在 2031 年前实现。对于钴、锂和镍，应于 2036 年前制定更高的目标。所有目标都应鉴于可从废弃物中回收此类材料的可用性、相关回收和制造工艺的技术可行性，以及经济运营商调整其供应和制造工艺所需的时间。因此，在此类强制性目标适用之前，与回收成分有关的要求应仅限于披露有关回收成分的信息。由于电池产量的增加，电池制造废弃物很可能成为电池制造次级原材料的主要来源，应采用与消费后废弃物相同的回收流程。因此，应将电池制造废弃物计入回收物目标，以加快发展必要的回收基础设施。然而，在生产过程中重新使用的电池制造副产品，如制造废料，并不构成废弃物，因此不应计入回收目标。

（31）鉴于钴、铅、锂和镍供应短缺的风险，并评估此类原材料的可获得性，应根据《欧洲联盟运行条约》第 290 条授权欧盟委员会，以修订电池活性材料中回收钴、铅、锂或镍的最低比例目标。

（32）鉴于电池技术的变化对可回收材料类型的影响，应根据《欧洲联盟运行条约》第 290 条授权欧盟委员会，以补充本条例，在电池活性材料中可回收成分的最低份额清单中增加更多原材料和相应目标。

（33）为确保对回收的钴、铅、锂和镍的百分比份额的计算和核实准确可靠，并确保有更强的法律确定性，应根据《欧洲联盟运行条约》第 290 条授权欧盟委员会，以补充本条例来确定：钴、铅、锂和镍的百分比份额的计算和核实方法和钴、锂或镍在活性材料中所占的比例，从电池制造废弃物或消费后废弃物中回收的铅、电池中存在的铅和从废弃物中回收的铅的百分比份额，关于此类百分比份额的技术文件格式且适用的每种电池型号、每个年度和每个生产厂。电池制造过程中产生的材料，如返工、再研磨或废料，如果可以在产生材料的同一过程中回收，则应排除在该方法之外。

（34）投放到欧盟市场的电池应经久耐用，性能优越。因此，有必要为通用便携式电池以及可充电工业电池、LMT 电池和电动汽车电池制定性能和耐用性参数。对于电动汽车电池，联合国欧洲经济委员会电动汽车与环境非正式工作组制定车载电池耐用性要求，未来将以型式批准条件即《欧洲第七阶段排放标准》（欧 7 条例）的形式在欧盟适用此要求，欧 7 条例对机动车辆和发动机以及用于此类车辆的系统、部件和独立技术单元的排放和电池耐用性做出规定。因此，本条例仅应对电动汽车电池的性能和耐用性规定信息要求。在储能电池领域，测试电池性能和耐用性的现有测量方法被认为不够精确也不具有代表性，无法设定最低要求。在设定与此类电池的性能和耐用性有关的最低要求时，应同时提供适当的统一标准或共同规范。

（35）为了减少电池寿命周期对环境的影响，应根据《欧洲联盟运行条约》第 290 条授权欧盟委员会，修订通用便携式电池和工业用充电电池的性能和耐用性参数，并确定此类参数的最低值。此类授权法案还应规定此类最低值对经过再制造的电池的适用形式。

（36）为了确保欧盟关于电动汽车电池电化学性能和耐用性的规则与联合国欧洲经济委员会电动汽车与环境非正式工作组的技术规范相一致，并考虑技术和科学进步，应根据《欧洲联盟运行条约》第 290 条授权欧盟委员会，修订电动汽车电池性能和耐用性参数。对于安装在机动车辆中的电动汽车电池的最低参数值，宜根据欧 7 条例设定最低性能要求。此类要求是基于联合国（UN）关于电动化车辆车载电池耐用性的第 22 号全球技术法规中规定的最低性能要求。

（37）在资源和能源的使用方面，由于部分通用非充电电池可能效率低下，应制定有关此类电池的性能和耐用性的客观要求，以确保在市场上销售的一般用途的低性能非充电便携式电池数量减少，尤其是在根据生命周期评估，替代使用充电电池会为整体环境带来益处的情况下。对于安装在手机和平板电脑中的电池，宜通过未来针对手机和平板电脑的生态设计条例来设定有关此类电池的性能和耐用性要求，并更新（EU）617/2013 号条例①。对于安装在其他设备（如园艺工具或无绳电动工具）中的便携式电池，应在相关产

① 欧盟委员会 2013 年 6 月 26 日颁布（EU）617/2013 号条例，实施欧洲议会和欧盟理事会 2009/125/EC 号指令，涉及计算机和计算机服务器生态设计要求（OJ L 175，2013 年 6 月 27 日，第 13 页）。

品法令（如欧洲议会和欧盟理事会 2009/125/EC 号指令①，或其他欧盟法令）中规定最低性能和耐用性要求。

（38）为确保电器中的便携式电池在成为废弃物后得到单独收集、处理和高质量回收，应制定规定来确保此类电器中电池可拆卸和可更换。根据欧盟法律，尤其是欧盟安全标准，在从设备上拆下便携式电池或更换设备中的便携式电池时，应保障消费者的安全。当便携式电池可以使用市售工具拆卸，且无须使用非免费提供的专业工具、热能或溶剂来拆卸时，应视为该电池可被终端用户拆卸。市售工具可理解为市场上向所有终端用户提供的工具，用户无须提供任何专利权证明（除与健康和安全有关的限制外），并且可以不受限制地使用。本条例的通用规定适用的前提是不影响欧洲议会和欧盟理事会（EU）2017/745 号条例②所定义的专业医疗成像和放射治疗设备，以及欧洲议会和欧盟理事会（EU）2017/746 号条例③所定义的体外诊断医疗设备的安全和维护要求，并可根据 2009/125/EC 号指令的实施措施对电池供电的特定产品规定的要求进行补充。如果其他欧盟法律出于安全考虑，对从玩具等产品中移除电池提出了更具体的要求，则应适用此类具体规则。

（39）为确保终端用户的安全，本条例应对便携式电池的可拆卸性和可更换性规定适当的减免条款，适用于包含便携式电池的电器，此类电器是专门设计用于在大部分、有效使用时间内，电器经常处于水溅、水流或水浸的环境中，并可清洗或冲洗。只有无法通过重新设计设备来确保终端用户的安全以及在终端用户正确地按照说明拆卸和更换电池后继续安全使用设备的情况下，才适用此类减免条款。在适用减免条款的情况下，产品的设计应使电池仅能由独立的专业人员而不是终端用户来拆卸和更换。

（40）对于维修过的电动汽车电池和 SLI 电池，欧洲议会和欧盟理事会（EU）2019/2144 号条例④的安全要求适用于经型式批准的 M、N 和 O 类车辆，以及为此类车辆设计和制造的电池。重要的是，此类电池在维修时的安全性可以根据非破坏性测试进行评估。对于修复过的 LMT 电池，欧盟委员会借鉴国家和地方层面的安全要求经验，比如欧盟委员会在 2021 年 12 月 14 日关于“欧盟城市交通新框架”的报告中所宣布的制定有关微型移动设备安全的规则。对于供消费者使用或可能供消费者使用的其他维修过的电池，则适用

---

① 欧洲议会和欧盟理事会 2009 年 10 月 21 日颁布 2009/125/EC 号指令，建立了制定能源相关产品生态设计要求的框架（OJ L 285，2009 年 10 月 31 日，第 10 页）。

② 欧洲议会和欧盟理事会 2017 年 4 月 5 日颁布（EU）2017/745 号条例，涉及医疗器械，修订 2001/83/EC 号指令、（EC）178/2002 号条例和（EC）1223/2009 号条例并废止了 90/385/EEC 号和 93/42/EEC 号指令（OJ L 117，2017 年 5 月 5 日，第 1 页）。

③ 欧洲议会和欧盟理事会 2017 年 4 月 5 日颁布（EU）2017/746 号条例，涉及体外诊断医疗器械，废止 98/79/EC 号指令和欧盟委员会 2010/227/EU 号决定（OJ L 117，2017 年 5 月 5 日，第 176 页）。

④ 欧洲议会和欧盟理事会 2019 年 11 月 27 日颁布（EU）2019/2144 号条例，涉及机动车辆及其挂车，以及用于此类车辆的系统、部件和独立技术单元在一般安全和保护车内人员及易受伤害的道路使用者方面的类型批准要求，修订欧洲议会和欧盟理事会（EU）2018/858 号条例，并废止（EC）78/2009 号条例、欧洲议会和欧盟理事会（EC）78/2009 号条例、（EC）79/2009 号条例和（EC）661/2009 号条例，以及欧盟委员会（EC）631/2009 号条例、（EU）406/2010 号条例、（EU）672/2010 号条例、（EU）1003/2010 号条例、（EU）1005/2010 号条例、（EU）1008/2010 号条例、（EU）1009/2010 号条例、（EU）19/2011 号条例、（EU）109/2011 号条例、（EU）458/2011 号条例、（EU）65/2012 号条例、（EU）130/2012 号条例、（EU）347/2012 号条例、（EU）351/2012 号条例、（EU）1230/2012 号条例和（EU）2015/166 号条例（OJ L 325，2019 年 12 月 16 日，第 1 页）。

欧洲议会和欧盟理事会 2001/95/EC 号指令①的要求。

（41）特定类别电池充电器的互操作性可减少浪费和成本，使消费者和其他终端用户受益。因此，通过使用可在各类电池中实现互操作性的通用充电器，应能够对 LMT 电池和特定类别的电子电气设备中的可充电电池进行充电。因此，本条例应要求欧盟委员会评估如何为此类别的电池引入通用充电器的统一标准，但不包括欧洲议会和欧盟理事会 2014/53/EU 号指令②规定的无线电设备类别和等级的充电装置。

（42）安装在机动车辆中的 SLI 电池和电动汽车电池应可拆卸，并单独由专业人员更换。应适当考虑修订 2000/53/EC 号指令，以确保此类电池可以拆卸、更换和拆解，包括连接、紧固和密封元器件。就 SLI 电池和电动汽车电池的设计、制造和维修而言，制造商应根据（EU）2018/858 号条例的规定，公平地向任何有意的 M、N 和 O 类车辆设备制造商、安装商或维修商提供相关的车辆车载诊断信息、车辆维修和维护信息。此外，欧盟委员会应鼓励制定设计和装配技术标准，以促进电池和电池组的维护、维修和再利用。

（43）可靠的电池是多类产品、设备和服务运行和保障安全的基础。因此，电池的设计和制造应确保不会对人类健康或人身安全、财产或环境造成危害。这与固定式电池储能系统尤为相关，而其他欧盟法律尚未涵盖此类系统。因此，安全测试中需要考虑的参数应针对此类电池进行规定，并以欧洲标准化组织的适用标准作为补充。

（44）电池应加贴标签，以便向终端用户提供有关电池和废电池的透明、可靠和清晰的信息。此类信息应为终端用户在购买和丢弃电池时提供参考，并使废弃物处理者对废电池进行适当处理。电池应加贴的标签应标明其主要特性的所有必要信息，包括容量和某些有害物质的含量。为确保信息的长期可用性，还应在电池上印制或雕刻二维码，或将二维码粘贴在电池的包装和随附文件上，并应遵从 ISO/IEC 标准 18004：2015 的指导原则。通过二维码可以访问电池的产品护照。根据欧洲议会和欧盟理事会（EU）2019/882 号指令③，标签和二维码应便于残障人士使用。

（45）在电池标签上标注有关电池性能的信息，确保终端用户（尤其是消费者）在购买电池前便可了解此类信息，并确保有一个通用的基准以供消费者比较不同的电池。因此，不可充电便携式电池应标注“不可充电”标签，并包含在特定应用中使用时的最短平均持续时间信息。此外，还需要指导终端用户如何以适当的方式丢弃废电池，这是至关重要的。

（46）对于使用电池管理系统的固定电池储能系统、LMT 电池和电动汽车电池，终端用户或代表终端用户行事的任何其他第三方应能随时根据电池管理系统中存储的数据来确定电池的健康状况和预期使用寿命。为评估电池的剩余价值、促进电池的准备再使用、准备再利用、电池的再利用或再制造，或为将电池提供给欧洲议会和欧盟理事会指令 2019/

---

① 欧洲议会和欧盟理事会 2001 年 12 月 3 日颁布 2001/95/EC 号指令，涉及一般产品安全（OJ L 11，2002 年 1 月 15 日，第 4 页）。

② 欧洲议会和欧盟理事会 2014 年 4 月 16 日颁布 2014/53/EU 号指令，涉及协调成员有关无线电设备市场供应的法律并废止 1999/5/EC 号指令（OJ L 153，2014 年 5 月 22 日，第 62 页）。

③ 欧洲议会和欧盟理事会 2019 年 4 月 17 日颁布（EU）2019/882 号指令，涉及产品和服务无障碍要求（OJ L 151，2019 年 6 月 7 日，第 70 页）。

944 号指令[1]所定义的独立聚合商，应随时向购买电池者或代表购买者行事的任何第三方提供对此类数据的只读访问权限。此外，该数据应动态更新，至少每天更新一次，如有特殊要求，更新频率应更高。联合国欧洲经济委员会电动汽车与环境非正式工作组关于电动汽车数据访问的工作所产生的技术规范，应作为电动汽车电池健康状况和预期使用寿命的基准。此类要求应适用于欧盟关于车辆型式批准的法律，该法律是处理车辆到电网、车辆到负载、车辆到车辆、车辆到移动电源和车辆到建筑物充电等智能充电功能的适当法律框架。

（47）本条例规定的一些特定产品要求，包括性能、耐用性、再利用和安全性，应采用可靠、准确和可重复的方法进行测量，测量方法应结合公认的最新测量方法、标准和计算方法。为了确保欧盟内部市场不存在贸易壁垒，应采用欧盟层级统一标准。测量方法和标准应尽可能基于电池的实际使用情况反映消费者行为的平均范围，并具有威慑力以阻止有意和无意的规避行为。根据欧洲议会和欧盟理事会（EU）1025/2012 号条例[2]，在《欧盟官方公报》上公布了此类标准的参考文献，符合该标准的电池应被推定为符合本条例规定的产品特定要求，前提是达到为此类产品特定要求设定的最低值。一方面，为了避免技术规范的重复；另一方面，为了最大程度地提高效率，并结合最高水平的专业技能和最新知识。欧盟委员会应要求一个或多个欧洲标准化组织在尚无标准的情况下起草一项标准。如果在实施特定产品要求时没有公布标准，或相关欧洲标准化组织的答复不合格，欧盟委员会应在特殊情况和合理情况下，经与相关利益方协商后，通过实施法案采用通用规范。符合通用规范的电池也应推定为符合要求。如果在后期阶段发现通用规范存有缺陷，欧盟委员会应通过实施法案修订或废止有关通用规范。统一标准的参考文献在《欧盟官方公报》上公布后，其他通用规范都应在合理的期限内废止，以便制造商适应此类变化。

（48）积极参与国际标准化组织（ISO）的工作可作为未来电池技术推向市场的重要战略前提。欧洲对国际标准化组织下的一些委员会的参与效果并不理想。欧盟应加强此方面的参与，以增强欧盟在全球标准化中的发言权，同时也为了提高欧盟内企业的竞争力，减少欧盟的依赖性，保护欧盟的利益、政策目标和价值观。因此，欧盟委员会及各成员应监测和协调国际标准化的“欧洲路径”。补充本条例实施的协调标准应结合现有的国际标准，尤其是国际电工委员会（IEC）和国际标准化组织的标准。

（49）欧盟委员会应确保本条例规定的统一标准和通用规范的一致性，包括审查（EU）1025/2012 号条例。

（50）为确保市场监督信息的有效获取、适应新技术，以及确保在某些危机情况下的应变能力，应能够以单一欧盟符合性声明的形式，在线提供关于是否符合适用于电池的所有欧盟法案的信息。

---

① 欧洲议会和欧盟理事会 2019 年 6 月 5 日颁布（EU）2019/944 号指令以及修订 2012/27/EU 号指令，涉及内部电力市场共同规则（OJ L 158，2019 年 6 月 14 日，第 125 页）。

② 欧洲议会和欧洲理事会 2012 年 10 月 25 日颁布（EU）1025/2012 号条例，涉及欧洲标准化，并修订欧洲议会和欧盟理事会 89/686/EEC 号指令、93/15/EEC 号指令、94/9/EC 号指令、94/25/EC 号指令、95/16/EC 号指令、97/23/EC 号指令、98/34/EC 号指令、2004/22/EC 号指令、2007/23/EC 号指令、2009/23/EC 号指令和 2009/105/EC 号指令，并废止欧洲议会和欧盟理事会 87/95/EEC 号决定和 1673/2006/EC 号决定（OJ L 316，2012 年 11 月 14 日，第 12 页）。

（51）欧洲议会和欧盟理事会（EC）765/2008 号条例①规定了合格评定机构的认可规则，为产品的市场监督和对来自第三方产品的控制提供了框架，并规定了 CE 标志的一般原则。该条例应适用于本条例所涵盖的电池，以确保欧盟内部自由流通的产品满足对人类健康、人身安全，以及环境等公共利益提供高水平保护的要求。

（52）为了使经济运营商能够证明、主管当局能够核实市场上销售的电池符合本条例的规定，有必要规定合格评定程序。欧洲议会和欧盟理事会 768/2008/EC 号决定②规定了合格评定程序板块，根据所涉及的风险水平和所要求的安全水平，等级从最不严格到最严格不等。根据该决定，在需要进行合格评定时，应从此类板块中选择用于评定的程序。确保电池符合前沿且复杂的碳足迹和可回收成分要求，以及本条例规定的尽职调查义务，则需强有力的合格评定程序。

（53）电池上的 CE 标志表明该电池符合本条例。（EC）765/2008 号条例规定了管理 CE 标志及其与其他标识的关系的一般原则。此类原则应适用于电池的 CE 标志。为了确保电池的储存、使用和丢弃方式对人类健康和环境无害，应制定关于电池 CE 标志的具体规则。

（54）本条例规定的合格评定程序需要合格评定机构的干预。为确保统一执行本条例的规定，欧盟成员当局应向欧盟委员会通报该类机构。

（55）由于本条例对电池的可持续性、性能、安全、标签和信息提出新颖、复杂的要求，并为了确保电池合格评定质量水平的一致性，应对参与评定、公告和监督已向欧盟委员会通报的合格评定机构的通报机构制定要求，从而使其成为公告机构。尤其是，应确保公告机构所开展的活动应客观、公正，并有足够的技术人员执行任务。此外，应要求公告机构对其获得的信息保密，但仍应能够与国家（地区）当局、其他成员的通报机构和欧盟委员会交流有关公告机构的信息，以确保合格评定的一致性。

（56）所有公告机构都必须在公平竞争和自主的条件下，以相同的水平履行其职能。因此，本条例对合格评定机构开展合格评定活动的资质进行规定。此类要求应继续适用，作为不断更新公告机构能力的先决条件。为确保其自主性，要求公告机构及其聘用的工作人员独立于电池价值链上的经济运营商和其他公司，包括商业协会、母公司和子公司。应要求公告机构提供文件证明其独立性，并将文件提供给通报机构。公告机构应确保执行不同合格评定任务的人员轮换。

（57）如果合格评定机构证明电池符合协调标准中规定的标准，则应推定其符合本条例中规定的相应要求。

（58）合格评定机构经常将其与合格评定有关的部分活动分包出去，或求助于子公司。然而，某些活动和决策过程，包括电池符合性评估和公告机构内部的其他活动，应完全由公告机构自行开展，以确保其独立性和自主性。此外，为了保证电池进入欧盟市场所需的保护水平，合格评定分包商和子公司在根据本条例执行合格评定任务时，应满足与公告机构相同的要求。

---

① 欧洲议会和欧盟理事会 2008 年 7 月 9 日颁布（EC）765/2008 号条例，规定了认证要求，并废止了（EEC）339/93 号条例（OJ L 218，2008 年 8 月 13 日，第 30 页）。

② 欧洲议会和欧盟理事会 2008 年 7 月 9 日颁布 768/2008/EC 号决定，涉及产品营销共同框架，废止欧盟理事会 93/465/EEC 号决定（OJ L 218，2008 年 8 月 13 日，第 82 页）。

（59）由于公告机构在某一成员提供的服务可能涉及在整个欧盟市场上销售的电池，因此应给予其他成员和欧盟委员会就公告机构提出异议的机会。欧盟委员会在调查过程中，可向根据欧洲议会和欧盟理事会（EU）2019/1020 号条例①指定的欧盟检测机构征求意见。为确保本条例的统一实施条件，应赋予欧盟委员会实施权，以便在公告机构不符合或不再符合本条例要求的情况下，要求通报机构采取纠正措施。

（60）为了促进和加快合格评定程序、认证和最终的市场准入，并鉴于本条例规定的电池可持续性、安全性、标签和信息要求的新颖性和复杂性，公告机构必须持续更新所需的所有测试设备和测试设施，并在未给经济运营商造成不必要负担的情况下实施此类程序。出于上述原因并为了确保平等对待经济运营商，公告机构须始终如一地应用合格评定程序。

（61）在最终决定电池是否可以获得合格证书之前，应允许期望将电池投放市场的经济运营商提交一次有关电池的补充文件。

（62）欧盟委员会应促成各公告机构之间的适当协调与合作。

（63）应规定经济运营商在电池投放市场或投入使用方面的义务。在本条例中，“经济运营商”一词应理解为包括制造商、授权代表、进口商、分销商、履约服务提供商或其他自然人或法人，均有义务生产电池、提供电池或将电池投放市场或投入使用。就本条例而言，电池应包括经过准备再使用、准备再利用、再利用或再制造的电池。

（64）规定对未事先投放市场就投入使用的电池的要求应与对投入使用前就投放市场的电池的要求相同且适当。例如，涉及生产者用于自身用途的电池，或因其特性仅能在最终目的地现场组装和测试的电池。不过，为了避免同一产品需要进行两次符合性证明，投放市场的电池在投入使用时不应受制于相同的要求。

（65）经济运营商应根据各自在供应链中的作用，负责使电池符合本条例的要求，以确保对人类健康、人身安全、财产和环境保护等公共利益的高水平保护。

（66）所有活跃在供应链和分销链上的经济运营商应采取适当措施，确保仅在市场上销售符合本条例的电池。有必要根据每个经济运营商在供应链和分销链中的作用，对义务进行明确、适度的分配。

（67）因为制造商对设计和生产过程有详细了解，所以最适合执行合格评定程序。因此，合格评定仍应是制造商的唯一义务。

（68）制造商应就电池的预期用途提供足够详细的信息，以便正确、安全地将电池投放市场、投入使用、使用和废弃物管理，包括可能的再利用途径。

（69）为了方便经济运营商、市场监督机构和终端用户之间的沟通，经济运营商应在其详细联系信息中注明邮政地址，如有电子邮件地址和网站地址也应注明。

（70）单一市场应确保所有经济运营商享有平等的竞争条件，并防止不公平竞争。为此，有必要加强执行欧盟关于电池的协调立法。经济运营商与市场监督机构之间的良好合作是加强执法的关键因素，可以立即进行干预并采取纠正措施。重要的是，要在欧盟设立一个经济运营商，以便市场监督机构可以向其提出要求，包括要求提供有关电池是否符合

---

① 欧洲议会和欧盟理事会 2019 年 6 月 20 日颁布（EU）2019/1020 号条例，涉及产品市场监督和合规性，修订了 2004/42/EC 号指令、（EC）765/2008 号条例和（EU）305/2011 号条例（OJ L 169，2019 年 6 月 25 日，第 1 页）。

欧盟协调立法的信息，并与市场监督机构合作，确保立即采取纠正措施来纠正不合格情况。应执行此类任务的经济运营商可以是制造商，或制造商未在欧盟境内设立的进口商，或制造商为此目的授权代表，或在欧盟境内设立的电池履行服务提供商（欧盟境内未设立其他经济运营商）。

（71）有必要确保进入欧盟市场的来自第三方的电池符合本条例的要求以及其他适用的欧盟法律，无论是单独进口还是并入或添加到产品中进口，尤其是制造商已对此类电池执行了适当的合格评估程序。因此，应规定进口商确保其投放市场和投入使用的电池符合本条例的要求，并确保电池上的 CE 标志和制造商起草的文件可供输入国家（地区）当局检查，无论进口的是新电池还是旧电池，或者是经过准备再使用、准备再利用、再利用或再制造的电池。

（72）在将电池投放市场或投入使用时，每个进口商都应在电池上标明进口商的名称、注册商号或注册商标，以及邮政地址（如有电子邮件地址和网站地址也应注明）。如果电池尺寸太小，无法贴上相关信息，或者进口商必须打开包装才能贴上进口商的名称、注册商号或注册商标及其他详细联系方式的信息，则应规定例外情况。在此类特殊情况下，进口商应在电池的随附文件中或以其他可立即获取的方式提供信息。如有包装，进口商应在包装上注明信息。

（73）当电池由制造商或进口商投放市场或投入使用后，分销商在市场上销售该电池时，应谨慎行事，以确保其对电池的处理不会影响本条例的遵守情况。

（74）任何进口商或分销商将电池投放市场，或以进口商或分销商自己的名义或商标将电池投入使用的，或对电池进行改装使其符合本条例要求可能受到影响的，或修改已投放市场的电池的用途的，均应视为制造商，并应承担本条例规定的制造商应遵守的义务。

（75）分销商、进口商和履约服务提供商离市场较近，应参与国家（地区）当局开展的市场监督任务，并应积极参与，向此类当局提供与电池有关的所有必要信息。

（76）确保电池在整个供应链中的可追溯性有助于简化市场监督程序，提升监管效率，并为消费者提供消费透明度。高效的可追溯性系统有助于市场监督部门追查在市场上投放、提供或使用不合格电池的经济运营商。因此，应要求经济运营商将涉及电池的交易信息保存一段时间，包括以电子形式保存。

（77）天然矿产资源的开采、加工和贸易是为电池生产提供必要原材料的基础。电池制造商，无论其地位或对供应商的影响力如何，也无论其地理位置如何，都可能在无意中对矿产供应链造成不利影响。就某些原材料而言，全球产量的一半以上用于电池应用。例如，全球有 50%以上对钴的需求和 60%以上对锂的需求都用于电池生产，全球约有 8%的天然石墨和 6%的镍用于电池制造。

（78）仅有少数几个国家（地区）提供电池制造所用的原材料，在某些情况下，此类国家（地区）的低管理标准会加剧环境和社会问题。钴和镍的开采和提炼都与大量的社会和环境问题相关。虽然天然石墨的社会和环境影响较小，但天然石墨的开采可能会对人类健康和环境造成严重影响，这是因为其主要是由手工和小规模作业且大多是在非正规环境中进行。再加上未定期更新矿山关闭和恢复计划，可能会导致生态系统和土壤遭到破坏。锂在电池制造中使用量的增加，可能会给锂的开采和提炼业务带来更大的压力。因此，将锂纳入电池尽职调查义务的范围是合乎时宜的。欧盟对锂电池需求的大幅增长不应导致此类环境和社会风险的增加。

（79）电池制造中使用的一些原材料，如钴、锂和天然石墨，被认为是欧盟的关键原材料，正如欧盟委员会在2020年9月3日关于“提升关键原材料弹性：寻求安全可持续的供给之路”的报告中所指出的，要使联盟内电池生态系统充分发挥作用，就必须以可持续的方式采购电池。

（80）为鼓励遵守可持续采购做法，电池供应链中的行为者已经做出了一些自发努力，包括“负责任采矿保证倡议”（IRMA）、“负责任矿产倡议”（RMI）和“钴行业负责任评估框架”（CIRAF）。然而，自愿建立电池尽职调查计划的努力能否确保所有在欧盟市场投放电池的经济运营商都遵守同一套最低规则，这一点仍是悬而未决的。

（81）在欧盟，欧洲议会和欧盟理事会（EU）2017/821号条例[①]介绍了某些矿物和金属有关的尽职调查的常规要求。然而，该条例并未涉及电池生产所使用的矿物和材料。

（82）因此，鉴于欧盟对电池的需求预计将呈指数级增长，向欧盟市场投放电池的经济运营商应制定电池尽职调查政策。因此，本条例应规定相关要求，以应对用于电池制造的某些原材料和次级原材料的提取、加工和贸易中固有的社会和环境风险。此类政策应涵盖供应链中所有从事某些原材料和次级原材料的提取、加工和贸易的运营商及其子公司和分包商。

（83）在制定基于风险的电池尽职调查政策时，经济运营商应以国际公认的尽职调查标准和原则为基础，例如，《联合国工商企业与人权指导原则》、《联合国全球契约十项原则》、联合国环境规划署（UNEP）《产品社会生命周期评估准则》、国际劳工组织（ILO）《关于多国企业和社会政策的三方原则宣言》、经济合作与发展组织（OECD）《跨国企业准则》和《经合组织负责任商业行为尽职调查指南》中的原则。此类标准和原则是各国（地区）和利益攸关方的共识，各经济运营商应根据自身的具体情况和环境情况加以调整。在用于电池生产的天然矿产资源的开采、加工和贸易方面，经济合作与发展组织《受冲突影响和高风险区域矿产负责任供应链尽职调查指南》是国际公认的标准，旨在解决严重侵犯人权的具体风险，也是各国（地区）和利益攸关方在这一领域建立良好做法的长期努力。

（84）根据联合国、国际劳工组织和经济合作与发展组织的标准和原则，尽职调查是一个持续的、既主动又被动的过程，通过该过程，公司可以确保其尊重人权和环境，不助长冲突。基于风险的尽职调查是指公司识别、预防、减轻和以其他方式解决与其活动或采购决策相关的负面影响所采取的步骤。经济运营商应与受影响社区进行知情、有效和有意义的协商。公司可以根据国家（地区）和国际法规的相关标准、国际组织关于负责任商业行为的建议、政府支持的工具、私营部门的自愿举措，以及公司的内部政策和制度，评估其活动和关系带来的风险并采取风险缓解措施（包括要求提供更多信息、进行谈判以纠正该类情况、暂停或中止与供应商的接触）。该类方法还有助于根据公司活动或供应链关系的规模来扩大尽职调查的规模。

（85）虽然私营部门尽职调查计划可以支持经济运营商根据经济合作与发展组织《跨国企业准则》和《联合国工商企业与人权指导原则》履行其电池尽职调查义务，但经济

① 欧洲议会和欧盟理事会2017年5月17日颁布（EU）2017/821号条例，规定了欧盟进口商对来自受冲突影响和高风险地区的锡、钽和钨、其矿石以及黄金的供应链尽职调查义务（OJ L 130，2017年5月19日，第1页）。

运营商应单独负责履行本条例规定的尽职调查义务。

（86）应采用或修改强制性电池尽职调查政策，至少应涉及最普遍的社会和环境风险类别。该类政策应涵盖当前和可预见的对社会问题的影响，一方面是人权、人的健康和安全及职业健康和安全，以及劳工权利；另一方面是对环境的影响，尤其是对水资源利用、土壤保护、空气污染、气候变化、生物多样性，以及对社区生活的保护。

（87）关于社会风险类别，电池尽职调查政策应根据国际人权法，处理和防范与人权有关的风险，包括人类健康、社区生活（包括土著人民的生活）、保护儿童和性别平等。电池尽职调查政策应包括经济运营商如何促进防止侵犯人权的信息，以及运营商业务结构内打击腐败和贿赂的手段。电池尽职调查政策还应确保适当执行国际劳工组织《关于多国企业和社会政策的三方原则宣言》附件 I 所列的国际劳工组织基本公约规则。

（88）在资源丰富的受冲突影响和高风险地区，容易出现侵犯人权的现象。因此，经济运营商在电池尽职调查政策中应特别关注此类领域。（EU）2017/821 号条例包括关于受冲突影响和高风险地区指示性，非详尽、定期更新清单的规定。该清单也与执行本条例的电池尽职调查规定相关。

（89）关于环境风险类别，电池尽职调查政策应根据《生物多样性公约》解决保护自然环境和生物多样性的风险，其中包括考虑当地社区以及此类社区的保护和发展。电池尽职调查政策还应根据 2015 年 12 月 12 日在《联合国气候变化框架公约》第 21 次缔约方大会暨《京都议定书》第 11 次缔约方大会通过的《巴黎协定》①，应对与气候变化有关的风险，以及其他国际环境公约所涵盖的环境风险。

（90）电池尽职调查的义务涉及识别和减轻与电池制造所用原材料相关的社会和环境风险，应有助于执行联合国环境规划署（UNEP）《关于矿产资源治理的第 4/19 号决议》，该决议承认采矿业对实现 2030 年议程及可持续发展目标的重要贡献。

（91）如果本条例中无目标、性质和效力相同的具体规定，可根据未来的立法修正案进行调整，规定了供应链尽职调查要求的其他欧盟法案应适用于电池。此类法案可能解决公司因未遵守尽职调查要求而造成损害的民事责任。如果此类法案未解决或未完全解决本条例规定的电池尽职调查义务的民事责任后果，则可通过国家层面的规则加以解决。

（92）为适应电池价值链的发展，包括相关环境和社会风险的范围和性质的变化，以及电池和电池化学的技术和科学进步，应根据《欧洲联盟运行条约》第 290 条授权欧盟委员会，以修订原材料和风险类别清单、国际文书清单和电池尽职调查义务。

（93）为确保各国（地区）政府、行业协会和有关组织集团制定的尽职调查计划的等效性，应赋予欧盟委员会实施权。

（94）为了能够对尽职调查计划进行适当、合理和一致的评估，应根据《欧洲联盟运行条约》第 290 条授权欧盟委员会，以补充本条例，制定标准和方法来确定尽职调查计划是否使经济运营商能够满足本条例的尽职调查要求。

（95）制定统一的废弃物管理规则势在必行，以确保各成员的生产者和其他经济运营商在执行电池生产者延伸责任时遵守各方共同的规则，并确保欧盟范围内对人类健康和环境提供高水平的保护。延伸生产者责任有助于减少资源的总体使用，尤其是减少废电池的产生以及与废电池管理相关的不利影响。为了实现高水平的材料回收，应最大限度地对废

① OJ L 282，2016 年 10 月 19 日，第 4 页。

电池进行分类收集，并确保收集到的所有废电池都符合通用最低回收效率的流程进行回收。欧盟委员会在评估2006/66/EC号指令时发现，该指令的缺点之一是其规定不够详细，导致执行情况差异明显，对回收市场的运作造成了巨大障碍，导致回收水平不尽如人意。因此，更加详细、统一的规则将避免废电池收集、处理和回收市场的混乱，并确保在整个欧盟范围内一致地执行各项要求。这还将进一步统一经济运营商提供的废弃物管理服务质量，促进次级原材料市场的运作。

（96）为确保本条例规定的义务得到履行，并监督和核查生产者和生产者责任组织对本条例的遵守情况，各成员有必要指定一个或多个主管当局。

（97）本条例以欧洲议会和欧盟理事会2008/98/EC号指令①中规定的废弃物管理规则和一般原则为基础，应加以调整以反映废电池的特殊性质。以最有效的方式组织收集废电池，至关重要的是在电池销售地点和终端用户附近进行收集。废电池应与其他废弃物（如金属、纸张和纸板、玻璃、塑料、木材、纺织品和生物废弃物）分开收集。此外，根据欧洲议会和欧盟理事会2012/19/EU号指令②和2000/53/EC号指令制定的国家收集计划，废电池应能与废弃电子电气设备、报废车辆一起收集。尽管2006/66/EC号指令为电池制定了具体规则，但仍需在现有废弃物管理结构的基础上，进一步协调统一现有的废弃物管理结构，从而采取一种连贯且互补的方法。因此，为切实有效落实与废弃物管理有关的生产者延伸责任，应规定首次在市场上销售电池的成员义务。

（98）为监督生产者履行其对在成员境内首次投放市场的电池进行废弃物处理的义务，有必要建立一个登记册，并由各成员的主管当局进行管理。登记册中的信息应供监督生产者延伸责任的遵守和执行方面发挥作用的实体查阅。该登记册应与根据2006/66/EC号指令建立的国家登记册相同。应要求生产者进行登记，以便提供必要的信息，使主管当局能够监测生产者义务履行情况。在欧盟范围内注册的，要求应予以简化。

（99）对于国有生产者责任组织，由于没有代表生产者的授权，本条例中关于此类授权的要求不适用。

（100）鉴于污染者付费的原则，应对生产者施加管理废电池的义务。在此背景下，生产者应理解为包括任何制造商、进口商或分销商，无论其使用何种销售技术，包括通过欧洲议会和欧盟理事会2011/83/EU号指令③第2（7）条所定义的远程合同，以商业形式在成员境内首次提供电池用于分销或使用，包括安装在电器、轻型运输工具或其他车辆中。

（101）生产者应对其电池在报废阶段的管理承担扩大的生产者责任。因此，生产者应为下列活动提供资金：收集、处理和回收所有收集的电池；对混合收集的城市废弃物进行成分调查；报告电池和废电池的情况；向终端用户和废弃物运营商提供有关电池以及适当再利用和管理废电池的信息。本条例关于生产者延伸责任的新规则旨在通过最大限度地对废电池进行分类收集，并根据技术和科学的进步，确保通过达到高回收效率和材料回收效

① 欧洲议会和欧盟理事会2008年11月19日颁布2008/98/EC号指令，涉及废弃物和废止此类指令（OJ L 312，2008年11月22日，第3页）。

② 欧洲议会和欧盟理事会2012年7月4日颁布2012/19/EU号指令，涉及废电子电气设备（WEEE）（OJ L 197，2012年7月24日，第38页）。

③ 欧洲议会和欧盟理事会2011年10月25日颁布2011/83/EU号指令，涉及消费者权利，修订了欧洲议会和欧盟理事会93/13/EEC号指令和1999/44/EC号指令，并废止了欧洲议会和欧盟理事会85/577/EEC号指令和97/7/EC号指令（OJ L 304，2011年11月22日，第64页）。

率的工艺对所有收集的电池进行回收，从而确保在欧盟实现高水平的环境和健康保护。与生产者延伸责任有关的义务应适用于所有形式的电池供应，包括远程销售。生产者应能通过生产者责任组织代表他们承担责任，集体履行此类义务。生产者或生产者责任组织应得到授权，并应证明自身有财力支付扩大生产者责任所产生的费用。在制定生产者单独履约授权和生产者责任组织集体履约授权的行政和程序规则时，成员应能够区分单独生产者和生产者责任组织的程序，以限制单独生产者的行政负担。在此类情况下，应当根据2008/98/EC号指令签发的许可证视为本条例的授权。为避免内部市场的扭曲，并确保生产者向生产者责任组织支付的财政捐款的统一调节条件，必要时应赋予欧盟委员会实施权。根据2008/98/EC号指令，按照本条例进行收集和处理的废弃物管理运营商应接受相关电池生产者或代表其行事的生产者责任组织的选择程序。如果废弃物管理作业是在电池首次上市地以外的地区进行的，生产者应承担废弃物管理作业所在成员的废弃物管理运营商所产生的费用。在讨论关于报废车辆及废弃电子电气设备的联盟法案可能被提案时，应考虑在相关行为者之间建立一个废弃电池（包括车辆或电器中的电池）的跨境生产者延伸责任机制。此外，还应考虑采取其他措施，如信息管理和核查工具，酌情包括生产者延伸责任授权代表、废弃物管理运营商、生产者责任组织、数字产品护照和生产者登记册，以及涵盖电动汽车电池的国家车辆登记系统。

（102）生产者延伸责任也应适用于将准备再使用、准备再利用或再制造作业所产生的电池投放市场的经济运营商。因此，最初将电池投放市场的经济运营商不应承担该电池因后续生命周期可能发生的废弃物管理而产生的额外成本。受生产者延伸责任约束的经济运营商应该可以根据实际废弃物管理成本的归属建立成本分担机制。

（103）本条例是与2008/98/EC号指令有关的特别法，该指令规定了生产者责任延伸的最低要求，涉及收集和回收目标、经销商收回和二次利用。应要求成员根据2008/98/EC号指令和与该指令相适应的国内法律，界定本条例规定的生产者延伸责任。此外，如果本条例第八章未规定全面协调，成员应能就此类具体主题规定额外措施，前提是此类进一步规定应符合2008/98/EC号指令和与该指令相适应的国内法律。

（104）本条例应明确规定，欧洲议会和欧盟理事会（EU）2022/2065号条例①中规定的贸易商义务的可追溯性如何适用于供消费者与电池（包括电器、轻型运输工具或其他车辆中的电池）生产者签订远程合同的在线平台，以及与根据本条例建立的生产者登记册有关的位于欧盟的消费者。就本条例而言，任何通过远程合同直接向位于欧盟各成员消费者提供电池（包括电器、轻型运输工具或其他车辆中的电池）的生产者，无论其设立在欧盟各成员还是第三方，均应视为（EU）2022/2065号条例中定义的贸易商。根据该条例，属于该条例第三章第四节范围内、允许消费者与生产者签订远程合同的在线平台提供者，应从此类生产者处获得其注册的生产者登记册信息及其注册号，以及承诺遵守本条例规定的生产者责任延伸要求的自我证明。网上电池销售商可追溯性规则的实施须遵守（EU）2022/2065号条例中规定的执行规则。

（105）为了确保电池供应链的高质量回收，促进优质次级原材料的有效利用，保护环境，应提高废电池的收集和回收效率。收集废旧电池是通过回收利用电池中的珍贵材料和

---

① 欧洲议会和欧盟理事会2022年10月19日颁布（EU）2022/2065号条例，涉及数字服务单一市场和修订2000/31/EC号指令（即数字服务法）（OJ L 277，2022年10月27日，第1页）。

保持欧盟内电池供应链的一个重要步骤，增强了欧盟在这一领域的战略自主权。因此，该类循环利用还有助于获得可用于制造新产品的回收材料。

（106）生产者应负责资助和组织废电池的分类收集。为此，生产者应建立一个收回和收集网络，并在每个成员全境开展相关的宣传活动。此类网络应靠近终端用户，不应仅针对收集废电池有利可图的地区和电池类别。收集网络应包括分销商、经授权的废弃电子电气设备及报废车辆处理设施、市民休闲场所，以及其他自愿参与方（如公共机构和学校）。为了验证并提高收集网络和相关宣传活动的有效性，应按照欧洲议会和欧盟理事会（EC）1059/2003 号条例[①]的规定，至少在 NUTS 2 级对收集的混合城市废弃物和废弃电子电气设备进行定期成分调查，以确定其中的废弃便携式电池数量。

（107）根据 2012/19/EU 号指令制定的国家收集计划，以及根据 2000/53/EC 号指令制定的报废车辆收集计划，废电池应能与废弃电子电气设备一起收集。在该类情况下，作为强制性的最低处理要求，电池应从收集的废电器和报废车辆中拆卸。电池从收集的废电器和报废车辆中拆卸后，应遵守本条例的要求。尤其是，此类废电池应计入该类电池的收集目标，并遵守本条例规定的处理和回收要求。

（108）鉴于废电池未被单独收集而造成的环境影响和材料损失，以及由此导致的未以无害环境的方式进行处理，2006/66/EC 号指令规定的便携式废电池收集目标应继续适用，并应逐步提高。鉴于 LMT 电池的销售量日益增长，且与便携式电池相比，LMT 电池的使用寿命更长，因此应为废 LMT 电池设定一个专门的收集目标，与适用于废便携式电池的收集目标分开。由于 LMT 电池和便携式电池市场的预期发展及其预期寿命的延长，应审查计算和核实收集目标的方法，以便更好地确定可供收集的废 LMT 电池和废便携式电池的实际数量。因此，应根据《欧洲联盟运行条约》第 290 条授权欧盟委员会，以修改此类方法并相应修改征收目标。与现行方法相比，新的“可收集”方法必须保持或提高收集废 LMT 电池和废便携式电池的环保目标。根据联合研究中心关于废便携式电池和废 LMT 电池备选收集目标的研究和欧盟成员市场上提供的 LMT 电池数量计算，预估截至 2028 年 12 月 31 日，废 LMT 电池的收集目标应达 51%，截至 2031 年 12 月 31 日，废 LMT 电池的收集目标应达 61%。根据欧盟成员市场上提供的 LMT 电池数量计算，预估到 2028 年 12 月 31 日，废 LMT 电池的收集目标为 79%，到 2031 年 12 月 31 日为 85%。因此，应审查废便携式电池和废 LMT 电池的收集目标。此类审查还应该为增加便携式充电电池和非充电电池的可能性提供解决方案，并分别采用不同的收集率。欧盟委员会应在进行审查的同时编写一份报告。

（109）为了最大限度地提高回收率和降低安全风险，欧盟委员会应评估建立电池押金退还制度的可行性和潜在效益，尤其是针对一般用途的便携式电池。进行评估时，应考虑国家和欧盟整体的存托凭证系统（DRS）。

（110）便携式废电池的收集率应根据前几年的年平均销售量来计算，以实现与各成员电池消费水平相称的目标。为更好地反映便携式电池类别的内容变化以及电池寿命和消费模式的变化，应根据《欧洲联盟运行条约》第 290 条授权欧盟委员会，修订废便携式电池

---

① 欧洲议会和欧盟理事会 2003 年 5 月 26 日颁布（EC）1059/2003 号条例，涉及关于建立统计用领土单位共同分类（NUTS）（OJ L 154，2003 年 6 月 21 日，第 1 页）。

和废 LMT 电池收集率的计算和验证方法。

(111) 成员有义务采取措施，使生产者和指定的生产者责任组织实现废便携式电池和废 LMT 电池的收集目标，这反映了各成员确保联盟法律有效性的一般原则。

(112) 全部废 SLI 电池、废工业电池和废电动汽车电池均应收集。为此，应要求 SLI 电池、工业电池和电动汽车电池的生产者从终端用户处接收并免费收回各类别的所有废电池。应为所有参与收集废 SLI 电池、废工业电池和废电动汽车电池的生产者、废弃物管理运营商和废弃物持有者制定详细的报告义务。

(113) 根据 2008/98/EC 号指令规定的废弃物处理分级制度，即优先考虑预防、准备再利用和回收，并根据 2008/98/EC 号指令和欧盟理事会 1999/31/EC 号指令①，不应对收集的废电池进行处置或材料回收操作。

(114) 对电池进行处理的许可设施都应遵守最低要求，以防止对环境和人类健康造成不利影响，并允许对电池中的材料进行高度回收。欧洲议会和欧盟理事会第 2010/75/EU 号指令②对涉及废电池处理的一系列工业活动进行了规范，其中规定了具体的授权要求和控制措施，反映了最佳可用技术。若 2010/75/EU 号指令未涵盖与电池处理和回收有关的工业活动，运营商应始终依据该指令第 3（10）条定义的最佳可得技术及本条例中规定的具体要求。本条例中有关电池处理和回收的要求应由欧盟委员会根据废弃物管理方面的科技进步和新出现的技术进行适当调整。因此，应根据《欧洲联盟运行条约》第 290 条授权欧盟委员会，以修订此类要求。

(115) 应制定回收过程和材料回收效率的目标，以确保为电池行业回收高质量的材料，同时确保为回收商制定明确和共同的规则，避免不正当竞争或其他妨碍废电池次级原材料内部市场顺利运作的因素。应为铅酸电池、镍镉电池、锂电池和其他电池制定回收效率目标，作为回收材料总量的衡量标准。还应为钴、铅、锂和镍制定材料回收目标，以便在全欧盟实现较高的材料回收效率。欧盟委员会 493/2012 号条例③中规定的有关回收效率的计算和报告规则应继续适用。为了确保对回收效率和材料回收效率的计算和核查准确可靠，并确保有更大的法律确定性，应根据《欧洲联盟运行条约》第 290 条授权欧盟委员会，以补充本条例，根据本条例附件 XII 的 A 部分，确定电池回收过程中回收效率和材料回收效率的计算和核查方法，以及废电池回收效率和材料回收的文件格式，以及最终产出馏分的目的地和产量的文件格式。欧盟委员会还应审查（EU）493/2012 号条例，以适当反映工业回收过程中的技术发展和变化，扩大其范围以涵盖现有目标和新目标，并为中间产品的特征描述提供方法。应鼓励处理设施根据欧洲议会和欧盟理事会（EC）1221/2009

① 欧盟理事会 1999 年 4 月 26 日颁布 1999/31/EC 号指令，涉及垃圾填埋（OJ L 182，1999 年 7 月 16 日，第 1 页）。

② 欧洲议会和欧盟理事会 2010 年 11 月 24 日颁布 2010/75/EU 号指令，涉及工业排放（污染综合防治）（OJ L 334，2010 年 12 月 17 日，第 17 页）。

③ 欧盟委员会 2012 年 6 月 11 日颁布（EU）493/2012 号条例，根据欧洲议会和欧盟理事会 2006/66/EC 号指令，制定了有关废电池和蓄电池回收过程中回收效率计算的详细规则（OJ L 151，2012 年 6 月 12 日，第 9 页）。

号条例[1]引入经认证的环境管理计划。

（116）只有废弃物收集在欧盟成员之外或欧盟之外且废电池的运输符合欧洲议会和欧盟理事会 1013/2006 号条例[2]和欧盟委员会 1418/2007 号条例[3]的规定，并根据欧盟委员会 2000/532/EC 号决定[4]中的分类要求进行分类，才有可能对废电池进行处理。应修订该决定用以反映所有电池化学成分，尤其是锂基废电池的代码，以便对此类废电池进行适当分类和报告。本条例不干预根据 2008/98/EC 号指令将废电池归类为危险等级的废弃物。若此类处理是在欧盟以外进行的，为了计入收集率和回收目标，受其委托进行处理的废弃物管理运营商有义务向收集此类废电池的成员主管当局报告处理情况，并证明处理条件与本条例要求的条件相同，且符合有关人类健康和环境保护的其他欧盟法律。为了确定此类规定被视为等同的要求，应根据《欧洲联盟运行条约》第 290 条授权欧盟委员会，以补充本条例，制定详细规则，包含评估等同条件的标准。

（117）如果废电池从欧盟出口，准备再使用、准备再利用或回收，成员主管当局应有效利用（EC）1013/2006 号条例规定的权力，要求提供书面证据来判定其是否符合本条例规定的要求。

（118）工业电池和电动汽车电池如果不再适合其制造时的原始用途，应该可以用作不同用途的固定储能电池。废工业电池和废电动汽车电池市场正逐步形成，为了支持废弃物处理分级制度的实际应用，应制定具体规则，允许对废电池进行负责任的再利用。同时，考虑预防原则，应确保终端用户的使用安全。此类废电池都应接受健康状况和可用容量评估，以确定其是否适合用于原始用途以外的其他用途。如果发现电池适用于其原始用途以外的其他用途，最好将其再利用。为确保废工业电池、废 LMT 电池和废电动汽车电池进行再利用，应赋予欧盟委员会实施权，以确保电池回收和再利用符合特定要求。

（119）生产者和经销商应积极向终端用户提供有关废电池强制分类收集和收集计划的信息。还应协助终端用户了解其在废电池的环境优化管理方面的责任和作用。生产者和分销商应利用新的信息技术手段向所有终端用户传递信息，并告知其电池的情况。传递信息的方式可以是传统方式（如户外广告、海报、社交媒体），也可以是更具创新性的方式（如通过贴在电池上的二维码来访问网站）。根据（EU）2019/882 号指令，此类信息应便

---

① 欧洲议会和欧盟理事会 2009 年 11 月 25 日颁布（EC）1221/2009 号条例，涉及组织自愿参与共同体生态管理和审计计划（EMAS），废止（EC）761/2001 号条例以及欧盟委员会 2001/681/EC 号决定和 2006/193/EC 号决定（OJ L 342，2009 年 12 月 22 日，第 1 页）。

② 欧洲议会和欧盟理事会 2006 年 6 月 14 日颁布（EC）1013/2006 号条例，涉及废弃物运输（OJ L 190，2006 年 7 月 12 日，第 1 页）。

③ 欧盟委员会 2007 年 11 月 29 日颁布（EC）1418/2007 号条例，涉及欧洲议会和欧盟理事会（EC）1013/2006 号条例附件 III 或 附件 III 中 A 部分列出的某些废弃物出口到某些国家（地区）进行回收，经济合作与发展组织关于控制用于回收作业的废物越境转移的决定不适用（OJ L 316，2007 年 12 月 4 日，第 6 页）。

④ 欧盟委员会 2000 年 5 月 3 日颁布 2000/532/EC 号决定取代了根据欧盟理事会关于废弃物的 75/442/EEC 号指令第 1（a）条制定废弃物清单的 94/3/EC 号决定，以及根据欧盟理事会关于危险废弃物的 91/689/EEC 号指令第 1（4）条制定危险废弃物清单的 94/904/EC 号决定（OJ L 226，2000 年 9 月 6 日，第 3 页）。

于残障人士获取。

（120）为核实有关收集和处理废电池的义务的履行情况和有效性，运营商有必要向主管当局报告。电池生产者和其他收集废电池的废弃物管理运营商应酌情报告各个年度的电池销售和废电池收集数据。在处理电池方面，应分别规定废弃物管理运营商和回收商的报告义务。

（121）每年欧盟成员应向欧盟委员会提供在其境内供应的电池数量，以及按类别和化学成分收集的废电池数量。关于废便携式电池和废 LMT 电池的数据应分别报告，以便根据此类电池的市场份额及其具体用途和特性，调整各自的收集目标。此类信息应以电子方式提供，并附有质量检查报告。为了确保向欧盟委员会报告此类数据和信息及核查方法的统一条件，应赋予欧盟委员会执行权。

（122）每年欧盟成员应向欧盟委员会报告回收效率和材料回收效率，同时还需要考虑到回收过程的所有步骤和产出部分。

（123）为了提高供应链和价值链对所有利益相关者的透明度，应制定电池护照，最大限度地交换信息以跟踪和追查电池，并提供：有关电池制造过程的碳强度及所用材料的来源和是否可再生材料的信息；电池的成分（包括原材料和有害化学物质）信息；电池的维修信息、再利用和拆解操作及可能性；电池使用寿命结束后的处理、回收和回收过程。电池护照应向公众提供有关投放市场的电池及其可持续性要求的信息；应为再制造者、二次使用运营商和回收商提供处理电池的最新信息，并为特定行为者提供量身定制的信息（如电池的健康状况）；应能支持市场监督机构执行本条例规定的任务，但不应取代或修改市场监督机构的职责，市场监督机构应根据（EU）2019/1020 号条例检查电池护照中提供的信息。

（124）电池护照中的某些信息应保密，例如少数有合法权益方需要获取的敏感商业信息如适用于拆解信息（包括安全信息）和电池成分的详细信息。此类保密信息对维修商、再制造商、二次使用运营商和回收商来说至关重要。这类保密信息也包括单个电池的信息，对购买电池者或代表购买方行事的各方至关重要，其目的是将电池提供给独立能源集成商或能源市场参与者，评估电池的剩余价值或进一步使用的剩余使用寿命，以及促进电池的准备再使用、准备再利用、再利用或再制造。测试报告的结果仅提供给公告机构、市场监督机构和欧盟委员会。

（125）电池护照应允许经济运营商以更有效的方式收集和重新使用市场上单个电池的信息和数据，以供经济运营商在规划活动中做出明智的选择。电池投放市场后，在某些情况下，由其他法人（如汽车制造商）来更新护照中的信息可能更为可行。因此，应允许将电池投放市场的经济运营商书面授权其他运营商代表其行事。遵守电池护照规定的责任应由将电池投放市场的经济运营商承担。为确保电池护照的统一实施条件，应赋予欧盟委员会实施权。

（126）为确保电池护照的灵活性、动态性和市场驱动性，并与商业模式、市场和创新相适应，电池护照应以分散的数据系统为基础，由经济运营商建立和维护。为确保电池护照的有效推广，电池护照的技术设计、数据要求和操作应遵守一系列基本技术要求。此类要求应与欧盟其他有关可持续产品生态设计的法律所要求的数字产品护照要求同步制定。

为确保此类基本要求的有效实施，应制定技术规范，其中应考虑欧盟委员会的“互联欧洲设施”电子交付网络原则，技术规范可采用在《欧盟官方公报》上公布参考文献的统一标准形式或采用欧盟委员会通过的通用规范形式作为后备方案。技术设计应确保电池护照在尊重隐私规则的前提下抓取数据。

（127）（EU）2019/1020 号条例规定了对投放到欧盟市场或从第三方进入欧盟市场的产品进行市场监督和控制的一般规则。为了确保市场上自由流通的电池满足对人类健康、人身安全、财产和环境保护等公共利益提供高水平保护的要求，并确保本条例规定的义务，尤其是基于与电池尽职调查政策有关的义务的充分可执行性，（EU）2019/1020 号条例也应适用于本条例涵盖的电池和经济运营商。因此，（EU）2019/1020 号条例附件 I 应进行相应修改。

（128）（EU）2019/1020 号条例要求市场监督机构对产品的特性进行适当规模的检查，赋予欧盟委员会通过实施法案的权力，确定检查的统一条件、确定检查频率的标准以及对某些产品或产品类别进行检查的样品数量。在满足（EU）2019/1020 号条例规定的条件时，该授权也适用于本条例所涵盖的电池。

（129）（EU）2019/1020 号条例规定了改善符合性和市场监督的新工具，此类工具也与电池有关。（EU）2019/1020 号条例规定，欧盟委员会可指定一个成员的公共检测机构作为欧盟检测机构，对特定类别的产品或与某类产品相关的特定风险进行检测。根据欧盟委员会（EU）2022/1267 号条例①，欧盟委员会将在下一次征集指定欧盟检测设施的意向书时，纳入本条例所涵盖的电池。根据（EU）2019/1020 号条例的规定，市场监督机构还可与代表经济运营商或终端用户的组织来开展联合活动，以促进合格、查明违规行为、提高认识并提供与特定类别产品有关的指导，也应根据本条例的要求提供该可能性。在此情况下，欧盟成员或市场监督当局可以尝试建立电池能力中心。

（130）电池仅在按其预定用途储存和使用时或在可合理预见的使用条件下（即在合法和易于预测的人类行为可能导致的使用条件下），不会对人类健康、人身安全、财产或环境构成威胁时，方可投放市场。

（131）应制定程序，向有关各方通报对人类健康、人身安全、财产或环境构成威胁的电池拟采取的措施。此程序还应允许欧盟成员市场监督部门与相关经济运营商合作，在早期阶段对此类电池采取行动。为了确保本条例的统一实施条件，应赋予欧盟委员会实施权，以确定针对违规电池的国家层面措施是否合理。

（132）如果市场监督部门发现电池不符合本条例的要求，或经济运营商违反了关于电池投放市场或在市场供应电池的规定，或违反了关于可持续性、安全性、标签和信息或供应链尽职调查的规定，则应允许市场监督部门要求经济运营商采取纠正措施。

（133）公共采购是减少人类活动对环境的影响和促进市场向更可持续产品转型的一个

① 欧盟委员会 2022 年 7 月 20 日实施（EU）2022/1267 条例，根据欧洲议会和欧盟理事会（EU）2019/1020 条例，规定了为市场监督和产品合规性核查目的指定欧盟检测机构的程序（OJ L 192，2022 年 7 月 21 日，第 21 页）。

重要领域。欧洲议会和欧盟理事会 2014/24/EU 号指令①和 2014/25/EU 号指令②中定义的缔约当局和 2014/25/EU 号指令中定义的缔约实体在采购电池或含电池产品时应考虑到对环境的影响，并应确保经济运营商有效遵守社会和环境要求，以促进和刺激清洁、节能的储能市场发展，从而推动实现欧盟的环境、气候和能源政策目标。

（134）在根据本条例通过授权法案时，特别重要的是，欧盟委员会应在其筹备工作期间开展适当的磋商，包括专家层面的磋商，并且此类磋商应根据 2016 年 4 月 13 日《关于更好地制定法律的机构间协议》③ 中规定的原则进行。尤其是，为确保平等参与授权法案的编制工作，欧洲议会和欧盟理事会与欧盟成员专家应同时收到所有文件，所有专家应有组织地参加欧盟委员会组织的编制授权法案专家组会议。

（135）本条例赋予欧盟委员会的执行权力应根据欧洲议会和欧盟理事会 182/2011 号条例④行使。

（136）在欧盟委员会确定公告机构不符合其公告要求的情况下，应采用咨询程序通过实施法来要求通报机构采取必要的纠正措施，包括必要时的撤回公告。

（137）欧盟委员会应立即通过适用的实施法案来确定，在与保护人类健康、人身安全、财产或环境有关的正当案件中，因紧急原因而必须采取的国家层面的措施是否合理。

（138）成员应制定适用于违反本条例行为的处罚规则，并确保此类规则得到执行。规定的处罚应有效、适度并具有劝诫性。在实施处罚时，必须适当考虑侵权行为的性质、严重程度、范围、故意性和重复性，以及负有责任的自然人或法人与主管当局的合作程度。处罚的实施必须遵守欧盟和国家法律，包括适用的程序保障和《欧盟基本权利宪章》的原则。

（139）鉴于需要确保高水平的环境保护及科学技术的发展，欧盟委员会应向欧洲议会和欧盟理事会提交一份报告来说明本条例的适用情况及其对环境和内部市场运作的影响。欧盟委员会应在其报告中纳入对可持续性、安全性、标签和信息标准、废电池管理措施和供应链尽职调查要求等条款的评估。在适当情况下，报告应附有修订本条例相关规定的建议。

（140）须为经济运营商提供充足的时间来履行本条例规定的义务，并为成员提供充足的时间来建立实施本条例所需的行政基础设施。因此，本条例的实施期限也应推迟到此类准备工作可以合理完成之日。

（141）为使成员能够调整根据 2006/66/EC 号指令建立的生产者登记册，并采取必要的行政措施组织主管当局的授权程序，同时保持经济运营商的连续性，2006/66/EC 号指令应于 2025 年 8 月 18 日废止。该指令中：与监测和报告便携式电池收集率有关的义务到

---

① 欧洲议会和欧盟理事会 2014 年 2 月 26 日颁布 2014/24/EU 号指令，涉及公共采购，废止 2004/18/EC 号指令（OJ L 94，2014 年 3 月 28 日，第 65 页）。

② 欧洲议会和欧盟理事会 2014 年 2 月 26 日颁布 2014/25/EU 号指令，涉及水、能源、运输和邮政服务部门实体采购，废止 2004/17/EC 号指令（OJ L 94，2014 年 3 月 28 日，第 243 页）。

③ OJ L 123，2016 年 5 月 12 日，第 1 页。

④ 欧洲议会和欧盟理事会 2011 年 2 月 16 日颁布（EU）182/2011 号条例，规定了成员对欧盟委员会行使执行权力的控制机制的规则和一般原则（OJ L 55，2011 年 2 月 28 日，第 13 页）。

2023 年 12 月 31 日前有效；向欧盟委员会传输数据的相关义务在 2025 年 6 月 30 日前继续有效；与监测和报告回收过程的回收效率有关的义务应在 2025 年 12 月 31 日前继续有效；向欧盟委员会传输数据的相关义务应在 2027 年 6 月 30 日前继续有效，以确保在欧盟委员会根据本条例通过新的计算规则和报告格式之前的连续性。

（142）在执行本条例时，必须考虑环境、社会和经济的影响。此外，为了确保有一个公平的竞争环境，在执行本条例时，必须平等地考虑到所有可用的相关技术，只要此类技术能使电池完全符合本条例规定的任何相关要求。此外，不应给经济运营商，尤其是中小型企业（SME）造成过重的行政负担。

（143）由于本条例的目标（即促进内部市场的运作，避免和减少电池和废电池产生的不利影响，以确保对人类健康、人身安全、财产和环境的高水平保护）在欧盟各成员层面无法充分实现，但出于协调的需要，可在欧盟层面更好地实现。因此，欧盟可根据《欧洲联盟运行条约》第 5 条规定的辅助性原则来采取措施。根据该条规定的比例，本条例不超出实现此类目标所需的范围。

兹通过本条例：

第一章　总　则

第 1 条　主题和范围

1. 本条例规定了允许电池在欧盟内投放市场或投入使用的可持续性、安全、标签、标志和信息方面的要求，还规定了生产者延伸责任、收集和处理废电池，以及报告的最低要求。

2. 本条例规定，将电池投放市场或投入使用的经济运营商必须承担尽职调查义务，以及采购电池或含有电池产品时绿色公共采购的要求。

3. 本条例适用于所有类别的电池，包括便携式电池；启动、照明及点火电池（SLI 电池）；轻型运输工具电池（LMT 电池）；电动汽车电池和工业电池。上述电池不论其外形、体积、重量、设计、材料成分、化学成分、用途或目的。本条例也适用于嵌入或附加在产品中的电池，或专门设计为嵌入产品或附加在产品中的电池。就第二章而言，如果投放市场的电池可能属于一个以上的类别，则应视其为适用于最严格要求的类别。

4. 如果电芯或电池模块供应市场是其最终用途，而不是进一步组合或组装成更大的电池组或电池，则应视为本条例中规定的投放市场的电池，并适用最相似的电池类别的要求。如果此类电芯或电池模块可能属于多个电池类别，则应视其为最严格要求的类别。

5. 本条例不适用于嵌入或专门设计嵌入的电池：

（a）与保护成员方的基本安全利益的武器和战争材料有关的设备，不包括非特定军事用途的产品；

（b）为送入太空而设计的设备。

6. 本条例第三章和第八章不适用于欧盟理事会 2009/71/Euratom 号指令[①]第 3 条中所定义的为核设施安全而专门设计的设备。

第 2 条　目标

本条例的目标是促进内部市场的有效运作，同时防止和减少电池对环境的不利影响，并通过防止和减少产生和管理废电池的不利影响来保护环境和人类健康。

第 3 条　定义

1. 就本条例而言，以下定义适用：

（1）“电池”是指任何通过化学能直接转换产生电能的装置，具有内部或外部存储，由一个或多个不可充电或可充电电芯、模块或电池组组成，包括准备再使用、准备再利用、再利用或再制造的电池；

---

① 欧盟理事会 2009 年 6 月 25 日颁布的 2009/71/Euratom 号指令，涉及为核设施的核安全建立一个共同体框架（OJ L 172，2009 年 7 月 2 日，第 18 页）。

（2）“电池组”是指连接在一起或封装在外壳内，终端用户无法拆卸或打开的任意一组电芯或模块；

（3）“电池模块”是指连接在一起或封装在外壳内以保护电池免受外部冲击的任意一组电芯，其可以单独使用，也可以与其他模块组合使用；

（4）“电芯”是指电池的基本功能单元，由电极、电解液、电池壳、端子和隔膜组成并含有通过反应产生电能的活性物质（如适用）；

（5）“活性物质”是指在电池放电时发生化学反应产生电能或在电池充电时储存电能的物质；

（6）“不可充电电池”是指设计为不可通过电力充电的电池；

（7）“可充电电池”是指设计用于电力充电的电池；

（8）“带外部存储的电池”是指专门设计用于将其能量存储在一个或多个附加在外部设备中的电池；

（9）“便携式电池”是指密封的电池，重量不超过 5 千克，不是专门为工业用途设计的电池，不是电动汽车电池，既不是 LMT 电池，也不是 SLI 电池；

（10）“通用便携式电池”是指便携式电池，无论是否可充电，专门设计为可互操作，并具有以下常见格式之一：4.5 伏（3R12）、纽扣电池、D、C、AA、AAA、AAAA、a23、9 伏（PP3）；

（11）“轻型运输工具电池”或“LMT 电池”是指密封、重量在 25 千克或以下、专门设计用于为轮式车辆牵引提供电力的电池，轮式车辆可单独由电机驱动或由电机和人力共同驱动，包括欧洲议会和欧盟理事会（EU）168/2013 号条例①定义的 L 类经型式批准的车辆，但不是电动汽车电池；

（12）“启动、照明和点火电池”或“SLI 电池”是指专门为启动、照明或点火提供电力的电池，也可用于车辆、其他运输工具或机械的辅助或备用用途；

（13）“工业电池”是指专门为工业用途设计的电池、经过准备再利用或再利用后打算用于工业用途的电池，或重量超过 5 千克且既非电动汽车电池、LMT 电池也非 SLI 电池的其他电池；

（14）“电动汽车电池”是指专门为（EU）168/2013 号条例规定的 L 类混合动力汽车或电动汽车提供电力牵引而设计、重量超过 25 千克的电池，或专门为（EU）2018/858 号条规规定的 M、N 或 O 类混合动力汽车或电动汽车提供电力牵引而设计的电池；

（15）“固定式电池储能系统”是指具有内部存储的工业电池，该电池专门用于存储电能并向电网输送电能，或存储电能并向终端用户输送电能，而无论电池在何处和由谁使用；

（16）“投放市场”是指首次在欧盟市场上投放的电池；

（17）“在市场上供应”是指在商业活动过程中为在欧盟市场上分销或使用的电池的供应，无论是有偿还是免费的供应；

（18）“投入使用”是指电池在未投放市场之前，以其预定用途在欧盟境内首次使用；

（19）“电池型号”是指电池的一个版本，其所有单元具有与本条例可持续性、安全

① 欧洲议会和欧盟理事会 2013 年 1 月 15 日颁布的（EU）168/2013 号条例，涉及两轮车、三轮车或四轮车的批准和市场监督（OJ L 60，2013 年 3 月 2 日，第 52 页）。

性、标签、标记和信息要求相关的相同技术特征，以及相同的型号标识符；

(20)“存在风险的电池”是指有可能对人类健康或人身安全、财产或环境造成不利影响的电池，其影响程度超出了电池的预期用途或在正常或可合理预见的使用条件下，包括使用时间，以及适用时，电池投入使用、安装和维护要求所认为的合理和可接受的程度；

(21)“碳足迹”是指产品系统中温室气体排放和温室气体清除的总和，以二氧化碳当量表示，并基于使用气候变化单一影响类别的产品环境足迹（PEF）研究；

(22)“经济运营商”是指制造商、授权代表、进口商、经销商或履约服务提供商或任何其他自然人或法人，他们有义务按照本条例的规定制造电池、为再使用做准备、为再利用做准备、再利用或再制造电池、提供电池或将电池投放市场，包括在线或将电池投入使用；

(23)“独立运营商”是指独立于制造商和生产者，直接或间接参与电池维修、保养或再利用的自然人或法人，包括废弃物管理运营商、维修商、维修设备、工具或备件的制造商或经销商，以及技术信息发布商、提供检查和测试服务的运营商、提供安装人员培训的运营商、替代燃料车辆设备的制造商和维修商；

(24)“二维码”是指本条例要求的可链接到线上信息的、机器可读的矩阵码；

(25)“电池管理系统”是指为确保电池的安全、性能和使用寿命，控制或管理电池的电功能和热功能，管理和存储用于确定附件Ⅶ所列电池健康状况和预期使用寿命的参数数据，并与装有电池的车辆、轻型运输工具或电器，或与公共或私人充电基础设施进行通信的电子装置；

(26)“电器”是指2012/19/EU号指令第3条第1款（a）点定义的全部或部分由电池供电或能够由电池供电的任何电气或电子设备；

(27)“电量状态”是指电池的可用能量，以制造商声明的电池额定容量的百分比表示；

(28)“健康状况”是指对可充电电池的一般状况及其与其初始状况相比提供特定的性能的能力的衡量；

(29)“准备再使用”是指2008/98/EC号指令第3条第（16）点定义的准备再使用；

(30)“准备再利用”是指对废电池或其部件进行准备，使其能够用于不同于其最初设计的目的或应用的操作；

(31)“再利用”是指导致电池（不是废电池）或其部件用于与其最初设计不同的目的或应用的操作；

(32)“再制造”是指对旧电池进行的技术操作，包括拆卸和评估电池的所有电芯和模块，并使用一定数量的新电池、旧电池或从废料中回收的电池电芯和模块或其他电池组件，使电池容量恢复到原始额定容量的至少90%，且所有单个电池电芯之间的健康状况差异度不超过3%，并使电池的用途或应用应与最初设计电池的用途或应用之一相同；

(33)“制造商”是指制造电池或拥有设计或制造的电池，并以自己的名义或商标销售该电池或为自己的目的投入使用的自然人或法人；

(34)“技术规范”是指规定产品、工艺或者服务应当满足的技术要求的文件；

(35)“协调标准”是指（EU）1025/2012号条例第2条第1款（c）点定义的标准；

(36)“CE标志”是指制造商表明为该电池符合欧盟统一条例规定的适用要求而加贴

的标志；

（37）“认可”是指（EC）765/2008号条例第2条第10款定义的认可；

（38）“国家认可机构”是指（EC）765/2008号条例第2条第11款中所定义的国家认可机构；

（39）“合格评定”是指证明是否符合本条例的可持续性、安全性、标签、信息和尽职调查要求的过程；

（40）“合格评定机构”是指执行校准、检测、认证和检查等合格评定活动的机构；

（41）“公告机构”是指根据第五章获得公告的合格评定机构；

（42）“电池尽职调查”是指经济运营商在其管理体系、风险管理、公告机构第三方核查和监督，以及信息披露方面的义务，目的是识别、预防和解决与电池制造所需原材料和次级原材料的采购、加工和贸易相关的实际和潜在的社会和环境风险，包括产业链中的供应商及其子公司或分包商；

（43）“子公司”是指代表欧洲议会和欧盟理事会2004/109/EC号指令①第2条第1款（f）点中所指的受控企业进行活动的法人；

（44）“母公司”是指控制一个或多个子公司的公司；

（45）“受冲突影响和高风险地区”是指（EU）2017/821号条例第2条第（f）点定义的受冲突影响和高风险地区；

（46）“远程合同”是指2011/83/EU号指令第2条第7款中所定义的远程合同；

（47）“生产者”是指制造商、进口商或经销商或其他自然人或法人，无论采用何种销售技术，包括通过远程合同，且符合以下条件之一：

（a）在成员方境内设立，并以自己的名义或商标生产电池，或设计或制造电池，并以自己的名义或商标在该成员方境内供应电池，包括电器、轻型运输工具或其他车辆中的电池；

（b）在成员方境内设立并在该成员方境内以自己的名义或商标转售他人制造的电池，包括装在电器、轻型运输工具或其他车辆内的电池，而此类其他制造商的名义或商标未出现在电池上；

（c）在成员方境内设立，并首次在该成员方专门供应来自另一成员方或第三方的电池，包括电器、轻型运输工具或其他车辆中的电池；

（d）通过远程合同直接向终端用户销售电池，包括安装在电器、轻型运输工具或其他车辆上的电池，无论终端用户是否为私人家庭，并在另一成员方或第三方设立；

（48）“生产者延伸责任授权代表”是指在生产者将电池投放市场的成员方设立的自然人或法人，该成员方与设立生产者的成员方不同，并由生产者根据2008/98/EC号指令第8a条第5款第3项中指定，以履行该生产者本条例第八章规定的义务；

（49）“生产者责任组织”是指代表若干生产者在财务或财务和业务上组织履行生产者延伸责任义务的法律实体；

（50）“废电池”是指2008/98/EC号指令第3条第（1）点中所定义的废弃的电池；

① 欧洲议会和欧盟理事会2004年12月15日实施的2004/109/EC号指令，涉及协调其证券获准在受监管市场交易的发行人信息的透明度要求和修订第2001/34/EC号指令（OJ L 390，2004年12月31日，第38页）。

（51）“电池制造废弃物”是指在电池制造过程中丢弃的材料或物质，此类材料或物质不能作为同一过程的组成部分再使用，需要回收；

（52）“有害物质”是指（EC）1272/2008 号条例第 3 条中归类为有害的物质；

（53）“处理”是指在将废电池移交给设施进行分类、准备再使用、准备再利用、准备回收或回收利用后对其进行的操作；

（54）“准备回收”是指在回收利用过程之前对废电池进行处理，除其他外，包括电池组的储存、处理和拆卸，或分离不属于电池本身的部分；

（55）“自愿收集点”是指非牟利、商业或其他经济机构或公共机构，主动分类收集由其或其他终端用户产生的废便携式电池和废旧 LMT 电池，然后将此类废电池交给生产者、生产者责任组织或废弃物管理运营商进行后续处理；

（56）“废弃物管理运营商”是指专门分类收集或处理废电池的自然人或法人；

（57）“许可设施”是指根据 2008/98/EC 号指令允许进行废电池处理的机构或企业；

（58）“回收商”是指在许可设施内进行回收的自然人或法人；

（59）“电池寿命”是指从电池制造时开始到电池报废时结束的一段时间；

（60）“回收效率”是指回收过程中废电池回收的输出部分的质量除输入部分的质量所得的商，以百分比表示；

（61）“欧盟协调立法”是指协调产品销售条件的欧盟立法；

（62）“主管机关”是指成员方内负责电池市场监督或批准的机构或其他主管机关；

（63）“授权代表”是指已得到制造商的书面授权，代表其依照第四章和第六章规定的制造商义务的特定任务行事，在欧盟设立的自然人或法人；

（64）“进口商”是指在欧盟境内设立的，将第三方的电池投放欧盟市场的自然人或法人；

（65）“经销商”是指在供应链中，除制造商和进口商外，在市场上供应电池的自然人或法人；

（66）“唯一标识符”是指用于识别电池的唯一字符串，该字符串还可以连接到电池护照；

（67）“在线平台”是指（EU）2022/2065 号条例第 3 条（i）点定义的在线平台；

（68）“市场参与者”是指欧洲议会和欧盟理事会（EU）2019/943 号条例①第 2 条第（25）点定义的市场参与者。

2. 除第 1 款所述的定义外，下列定义也适用：

（a）2008/98/EC 号指令第 3 条中规定的“废弃物”“废弃物持有人”“废弃物管理”“预防”“收集”“分类收集”“生产者延伸责任计划”“再使用”和“回收”；

（b）（EU）2019/1020 号条例第 3 条中规定的“市场监督”“市场监督机构”“服务提供商”“纠正措施”“终端用户”“召回”和“撤回”，以及与本条例第一章、第四章、第六章、第七章和第九章，以及附件Ⅴ、附件Ⅷ和附件ⅩⅢ的要求相关的“风险”；

（c）（EU）2019/944 号指令第 2 条中规定的“独立聚合器”和“储能”。

---

① 欧洲议会和欧盟理事会2019 年 6 月 5 日颁布的（EU）2019/943 号条例，涉及电力内部市场（OJ L 158，2019 年 6 月 14 日，第 54 页）。

第 4 条　自由流通要求

1. 成员方不得以本条例所涉及的电池的可持续性、安全性、标签和信息要求相关理由，禁止、限制或阻碍符合本条例的电池在市场上供应或投入使用。

2. 在交易会、展览会、演示会或类似活动中，成员方不得阻止展示不符合本条例的电池，但必须用明显标志清楚地表明此类电池不符合本条例，并且在符合本条例之前不得在市场上销售或投入使用。在展示此类电池时，相关经济运营商应采取适当措施确保人身安全。

第 5 条　电池的可持续性、安全性、标签和信息要求

1. 电池只有满足以下要求，才能投放市场或投入使用：

（a）第 6 条至第 10 条和第 12 条中规定的可持续性和安全性要求；

（b）第三章规定的标签和信息要求。

2. 对于第二章和第三章未涵盖的方面，应符合第 1 款投放市场或投入使用的电池不得对人体健康、人身安全、财产或环境构成风险。

第二章　可持续性和安全要求

第 6 条　物质限制

1. 除了（EC）1907/2006 号条例中附件XVII和 2000/53/EC 号指令第 4 条第 2 款（a）点中规定的限制外，电池不得含有本条例附件 I 中规定限制的物质，除非符合该限制条件。

2. 如果由于在电池制造过程中使用某种物质，或由于在电池投放市场时电池中存在某种物质，对人类健康或环境造成不可接受的风险，或在电池随后的生命周期阶段，包括在重新利用或处理废电池期间造成不可接受的风险，且这种风险没有得到充分控制，需要在全联盟范围内加以解决，欧盟委员会应根据第 86 条、第 87 条和第 88 条中规定的程序，根据第 89 条采用授权法案修改附件 I 中的限制。

3. 根据本条第 2 款采取的限制不适用于（EC）1907/2006 号条例第 3 条第（23）点定义的科学研究和开发中与电池相关的物质的使用。

4. 如果根据本条第 2 款采取的限制不适用于（EC）1907/2006 号条例第 3 条第（22）点定义的以产品和过程为导向的研究和开发，则该豁免以及豁免物质的最大数量应在本条例附件 I 中规定。

5. 在 2027 年 12 月 31 日之前，欧盟委员会应在根据（EC）1907/2006 号条例中设立的欧洲化学品管理局的协助下，就相关物质编写一份报告，此类相关物质包括对人类健康或环境有不利影响或者阻碍安全和优质次级原材料回收的物质、存在于电池中或用于电池制造的物质。欧盟委员会应向欧洲议会和欧盟理事会提交报告，详细说明其调查结果，并应考虑采取适当的后续措施，包括采用本条第 2 款要求所述的授权法案。

第 7 条　电动汽车电池、可充电工业电池和 LMT 电池的碳足迹

1. 对于电动汽车电池，容量大于 2 千瓦时的可充电工业电池和 LMT 电池，应根据本款第 4 项所述的实施法案，为每个制造工厂的每种电池型号起草碳足迹声明，并至少包含以下信息：

（a）有关制造商的管理信息；

（b）电池型号信息；

（c）电池制造厂的地理位置信息；

（d）电池的碳足迹，以电池在预期使用寿命内提供的总能量每千瓦时产生的二氧化碳当量千克计算；

（e）按附件Ⅱ第（4）点所述生命周期阶段区分的电池的碳足迹；

（f）电池的欧盟符合性声明的识别编号；

（g）提供一个网页链接，提供支持本条（d）点和（e）点中所述碳足迹值的研究的公开版本。

碳足迹声明从以下时期开始适用：

（a）电动汽车电池，2025 年 2 月 18 日或在第 4 项（a）点和（b）点中分别提及的授权法案或实施法案生效之日后 12 个月，以最新发布的内容为准；

（b）可充电工业电池，带有专门外部存储的电池除外，2026 年 2 月 18 日或在第 4 项（a）点和（b）点中分别提及的授权法案或实施法案生效之日后 18 个月，以最新发布的内容为准；

（c）LMT 电池，2028 年 8 月 18 日或在授权法案第 4 项（a）点和（b）点中分别提及的授权法案或实施法案生效之日后 18 个月，以最新发布的内容为准；

（d）带有外出存储的可充电工业电池，2030 年 8 月 18 日或在第 4 项（a）点和（b）点中分别提及的授权法案或实施法案生效之日后 18 个月，以最新发布的内容为准。

在通过第 13 条（6）点中所述的二维码访问之前，碳足迹声明应随附在电池上。

欧盟委员会应在 2024 年 2 月 18 日（电动汽车电池）、2025 年 2 月 18 日可充电工业电池（带有外部存储的除外）、2027 年 2 月 18 日（LMT 电池）和 2029 年 2 月 18 日（带有外部存储的可充电电池）之前正式通过[①]：

（a）根据第 89 条的授权法案，根据附件 II 所列的基本要素，通过确定计算和验证本条第 1 项（d）点中所述电池碳足迹的方法来补充本条例；

（b）确立本条第 1 项所述碳足迹声明格式的实施法案。该实施法案应按照第 90 条第 3 款中所述的审查程序通过。

2. 电动汽车电池、容量大于 2 千瓦时的可充电工业电池和 LMT 电池应带有明显、清晰易读和不可磨灭的标签，表明本条第 1 款第 1 项（d）点中所述电池的碳足迹，并声明每个制造工厂的相关电池型号所对应的碳足迹性能等级。

对于本条第 1 款第 1 项中提到的电池，附件Ⅷ中提到的技术文件应证明所声明的碳足迹和碳足迹性能等级的相关分类是按照欧盟委员会根据授权法案第 4 项（a）点和本条第 1 款第 4 项（a）点通过的授权法案中规定的方法计算的。

本款第 1 项碳足迹性能等级要求自下列日期起适用：

（a）电动汽车电池，2026 年 8 月 18 日或在第 4 项（a）点和（b）点中分别提及的授权法案或实施法案生效之日后 18 个月，以最新发布的内容为准；

（b）可充电工业电池，仅具有外部存储的电池除外，2027 年 8 月 18 日或在第 4 项（a）点和（b）点中分别提及的授权法案实施法案生效之日后 18 个月，以最新发布的内容为准；

（c）LMT 电池，2030 年 2 月 18 日或在第 4 项（a）点和（b）点中分别提及的授权法案或实施法案生效之日后 18 个月，以最新发布的内容为准；

（d）仅具有外部存储的可充电工业电池，2032 年 2 月 18 日或在第 4 项（a）点和（b）点中分别提及的授权法案或实施法案生效之日后 18 个月，以最新发布的内容为准。

欧盟委员会应在 2025 年 2 月 18 日之前就电动汽车电池、2026 年 8 月 18 日之前就可充电工业电池（仅具有外部存储的电池除外）、2028 年 8 月 18 日之前就 LMT 电池以及 2030 年 8 月 18 日之前就仅具有外部存储的可充电工业电池通过以下规定：

（a）依据第 89 条确立第 1 项所述的碳足迹性能等级来补充本条例的授权法案。在授权法案准备阶段，欧盟委员会应考虑到附件Ⅱ的第 8 点所列的条件；

---

① 下文所列（a）（b）即第 7 条正文所指第 4 项（a）点和（b）点。

（b）确定第 1 项所述标签格式和该项所述碳足迹性能等级类别声明格式的实施法案。该实施法案应按照第 90 条第 3 款所述的检查程序通过。

欧盟委员会应根据附件Ⅱ的第 8 条规定的条件，每三年核查一次性能等级的数量和它们的阈值，并在适当的情况下，根据第 89 条通过授权法案，修改性能等级的数量和它们的阈值，以保持它们代表市场现实和市场预期的发展。

3. 对于电动汽车电池，容量大于 2 千瓦时的可充电工业电池和 LMT 电池，附件Ⅷ中提到的技术文件应证明，每个制造工厂的相关电池型号的声明生命周期碳足迹值低于根据第 3 项中通过的授权法案规定的最大阈值。

本款第 1 项中所述生命周期碳足迹最大阈值的规定，应于下列时间起适用：

（a）电动汽车电池，2028 年 2 月 18 日或第 3 项所述授权法案生效后 18 个月，以最新发布的内容为准；

（b）可充电工业电池，仅具有外部存储的电池除外，2029 年 2 月 18 日或第 3 项中所述授权法案生效后 18 个月，以最新发布的内容为准；

（c）LMT 电池，2031 年 8 月 18 日或第 3 小项中所述授权法案生效后 18 个月，以最新发布的内容为准；

（d）仅具有外部存储的可充电工业电池，2033 年 8 月 18 日或第 3 项中所述授权法案生效后 18 个月，以最新发布的内容为准。

欧盟委员会应在 2026 年 8 月 18 日之前为电动汽车电池、2028 年 2 月 18 日之前为可再充电工业电池（仅具有外部存储的电池除外）、2030 年 2 月 18 日之前为 LMT 电池和 2032 年 2 月 18 日之前为仅具有外部存储的可充电工业电池，根据第 89 条通过一项授权法案，通过确定第 1 小项中提及的生命周期碳足迹最大阈值来补充本条例。在制定该授权法案时，欧盟委员会应考虑附件Ⅱ的第 9 点中列出的相关条件。

设定最大生命周期碳足迹最大阈值应在必要时触发第 2 款中所述的碳足迹性能等级的重新分类。

4. 到 2030 年 12 月 31 日，欧盟委员会应评估将本条要求扩展到便携式电池的可行性，并将第 3 条规定的要求扩展到容量为 2 千瓦时或以下的可充电工业电池。为此目的，欧盟委员会应向欧洲议会和欧盟理事会提交一份报告，并考虑采取适当措施，包括通过立法建议。

5. 第 1 款、第 2 款和第 3 款不适用于经过准备再使用、准备再利用、再利用或再制造的电池，如果该电池在进行此类操作之前已经投放市场或投入使用。

第 8 条　工业电池、电动汽车电池、LMT 电池和 SLI 电池中的回收成分要求

1. 自 2028 年 8 月 18 日或第 3 项中所述授权法案生效之日起 24 个月，以最新发布的内容为准在活性材料中含有钴、铅、锂或镍容量大于 2 千瓦时的工业电池（仅具有外部存储的电池除外）、电动汽车电池和 SLI 电池，每年和每个制造工厂的每种电池型号，应随附活性材料中含有的和已从电池制造废弃物或消费后废弃物中回收的钴、锂或镍百分比份额信息的文件，以及电池中含铅和已从废弃物中回收的铅的百分比份额。

第 1 项自 2033 年 8 月 18 日起适用于活性材料中含有钴、铅、锂或镍的 LMT 电池。

在 2026 年 8 月 18 日前，欧盟委员会应根据第 89 条通过一项授权法案，对本条例进行补充，为第 1 项和第 2 项中所述的电池制定计算和验证活性材料含有的和已从电池制造废弃物或消费后的废弃物中回收钴、锂或镍的百分比份额的方法，以及电池中含铅和从废弃物中回收的铅的比例，以及文档的格式。

2. 从 2031 年 8 月 18 日起，对于活性材料中含有钴、锂或镍的容量大于 2 千瓦时的工业电池（仅具有外部存储的电池除外），电动汽车电池和 SLI 电池在活性材料中含有钴、铅、锂或镍的电池，附件Ⅷ所述的技术文件应说明，每年和每个制造工厂的每种电池型号，活性材料中分别含有从电池制造废弃物或消费后的废弃物中回收的最小百分比份额的钴、锂或镍，以及电池中含铅和从废弃物中回收的铅的最小百分比份额：

（a）钴 16%；

（b）铅 85%；

（c）锂 6%；

（d）镍 6%。

3. 从 2036 年 8 月 18 日起，对于容量大于 2 千瓦时的工业电池，除了专门用于外部存储的电池、电动汽车电池、LMT 电池和 SLI 电池，如果活性材料中含有钴、铅、锂或镍，则附件Ⅷ所述的技术文件应表明，此类电池在活性材料中分别含有以下最低百分比份额的钴：从电池制造废弃物或消费后废弃物中回收的锂或镍，以及每年每种电池型号和每个制造工厂的电池中存在的铅和从废弃物中回收的最低百分比：

（a）钴 26%；

（b）铅 85%；

（c）锂 12%；

（d）镍 15%。

4. 本条第 1 款、第 2 款和第 3 款不适用于经过准备再使用、准备再利用、再利用或再制造的电池，如果该电池在进行此类操作之前已经投放市场或投入使用。

5. 在根据第 1 款通过的授权法案生效之日起（不迟于 2028 年 12 月 31 日），欧盟委员会应评估，鉴于从废弃物中回收的钴、铅、锂或镍的现行可得性，以及 2030 年和 2035 年的预测可得性，或者缺乏可得性，鉴于技术和科学进步，适当修订本条第 2 款和第 3 款规定的目标。

根据本款第 1 项所做的评估，或由于电池技术的其他重大变化影响回收材料类型，在合理和适当的情况下，欧盟委员会应在 2029 年 8 月 18 日之前，根据第 89 条通过一项授权法案，修改本条第 2 款和第 3 款规定的目标。

6. 由于电池化学物质的市场发展对回收材料类型的影响，在合理和适当的情况下，欧盟委员会有权根据第 89 条通过授权法案来修订本条例，添加钴、铅、锂和镍以外的材料，并在本条第 2 款和第 3 款中规定每种特定材料的明确的最小回收含量份额。

第 9 条　通用便携式电池的性能和耐用性要求

1. 从 2028 年 8 月 18 日或第 2 项所述授权法案生效之日后 24 个月起，以最新发布的内容为准，一般用途的便携式电池，纽扣电池除外，应符合根据第 2 条通过的授权法案规定的附件Ⅲ中规定的电化学性能和耐用性参数的最低值。

2. 在 2027 年 8 月 18 日之前，欧盟委员会应根据第 89 条通过授权法案，通过建立附件 III 中规定的通用便携式电池，纽扣电池除外，电化学性能和耐用性参数的强制性最小值来补充本条例。

鉴于技术和科学进步，欧盟委员会有权根据第 89 条通过授权法案，修改第 1 项中提到的最小值，或在附件Ⅲ中规定的参数中增加电化学性能和耐用性参数。

在制定本款第 1 项所述的授权法案时，欧盟委员会应考虑减少通用便携式电池生命周期对环境影响的必要性，包括通过提高其资源效率的方式，并应考虑相关的国际标准和标签计划。

欧盟委员会还应确保本款第 1 项中提及的授权法案规定的条款不会对此类电池或包含此类电池的电器、轻型运输工具或其他车辆的安全性和功能、终端用户的可支付能力和成本以及行业的竞争力产生重大不利影响。

3. 截至 2030 年 12 月 31 日，欧盟委员会将评估逐步淘汰一般用途的不可充电便携式电池的措施的可行性，以根据生命周期评估方法和终端用户的可行替代方案，最大限度地减少其对环境的影响。为此，欧盟委员会应向欧洲议会和欧盟理事会提交一份报告，并考虑采取适当措施，包括通过关于逐步淘汰或制定生态设计要求的立法建议。

第 10 条　可充电工业电池、LMT 电池和电动汽车电池的性能和耐用性要求

1. 自 2024 年 8 月 18 日起，容量大于 2 千瓦时的可充电工业电池、LMT 电池和电动汽车电池必须附有一份文件，其中包含附件Ⅳ中 A 部分规定的电化学性能数值和耐用性参数值。

对于本款第 1 项所述的电池，附件Ⅷ所述的技术文件应包含用于测量、计算或估计电化学性能和耐用性参数值的技术规范、标准和条件的解释。这种解释至少应包括附件Ⅳ B 部分所列的要素。

2. 2027 年 8 月 18 日或第 5 款第 1 项中所述授权法案生效之日后 18 个月起，以最新发布的内容为准，容量大于 2 千瓦时的可充电工业电池，仅具有外部存储的电池除外，应满足依照第 5 项第 1 小项通过的授权法案中规定关于附件Ⅳ中 A 部分规定的电化学性能和耐用性参数的最小值。

3. 2028 年 8 月 18 日或第 5 款第 2 项中规定的授权法案生效之日后 18 个月起，以最新发布的内容为准，LMT 电池应满足根据第 5 款第 2 项通过的授权法案中规定的关于附件 IV 中 A 部分规定的电化学性能和耐用性参数的最小值。

4. 第 1 款、第 2 款和第 3 款不适用于已经经过准备再使用、准备再利用、再利用或再制造的电池，如果将这类电池投放市场或投入使用的经济运营商能够证明在进行此类操作之前，电池已经在相关适用的义务的日期之前投放市场或投入使用。

5. 2026 年 2 月 18 日之前，欧盟委员会应根据第 89 条通过授权法案，通过建立容量大于 2 千瓦时的可充电工业电池（仅具有外部存储的电池除外）应达到的附件 IV 的 A 部分规定的电化学性能和耐用性参数的最小值来补充本条例。

2027 年 2 月 18 日之前，欧盟委员会应根据第 89 条通过授权法案，通过建立 LMT 电池应达到的附件 IV 中 A 部分规定的电化学性能和耐用性参数的最小值来补充本条例。

在制定第 1 项和第 2 项中提到的授权法案时，欧盟委员会应考虑减少容量大于 2 千瓦时的可充电工业电池（仅具有外部存储的电池除外）和 LMT 电池的生命周期环境影响的必要性，并确保其中规定的要求不会对此类电池或者装入此类电池的电器、轻型运输工具或其他车辆的功能、支付能力和行业竞争力产生重大不利影响。

6. 欧盟委员会有权根据第 89 条通过授权法案，根据市场发展和技术和科学进步，包括特别是联合国欧洲经济委员会电动汽车与环境非正式工作组的技术规范来修订附件 IV 中规定的电化学性能和耐用性参数。

第 11 条　便携式电池和 LMT 电池的可拆卸性和可替换性要求

1. 在市场上投放含有便携式电池的产品的自然人或法人，应确保此类电池在产品的使用寿命内随时可由终端用户进行拆卸和更换。该义务仅适用于整个电池，而不适用于单个电池或此类电池中包含的其他部件。

如果能用市场上的工具将便携式电池从产品上拆卸下来，而不需要使用专用工具（除非随产品免费提供专有工具）、热能或溶剂来拆卸产品，该电池应视为终端用户易拆卸。

在市场上投放含有便携式电池的产品的自然人或法人，应确保产品附有电池使用、拆卸和更换的说明和安全信息。此类说明和安全信息应以终端用户易于理解的方式永久地在公开网站上在线提供。

本条不应损害 2012/19/EU 号指令第 3 条第 1 款（a）点中所定义的欧盟电子电气设备法律中关于终端用户便携式电池的可拆卸性和可替换性的具体规定，以确保对环境和人类健康得到更高水平的保护。

2. 作为对第 1 款的豁免条款，下列包含便携式电池的产品可以设计成仅由独立的专业人员拆卸和更换电池的方式：

（a）专门设计用于主要在经常受到水溅、水流或水浸泡的环境中工作的电器，并且预期可洗涤或可漂洗；

（b）（EU）2017/745 号条例第 2 条第 1 款中定义的专业医学影像和放疗设备，以及（EU）2017/746 号条例第 2 条第 2 款中定义的体外诊断医疗设备。

本款（a）点规定的豁免仅适用于为确保用户和电器的安全而需要减免条款的情况。

3. 第 1 款规定的义务不适用以下情况：为确保用户和电器的安全，或者对于以收集和提供数据为主要功能的产品，出于数据完整性的原因需要连续供电，并且产品和相应的便携式电池之间需要永久连接。

4. 欧盟委员会有权根据第 89 条通过授权法案，修改本条第 2 款，增加更多豁免于本条第 1 款规定的可拆卸性和可替换性要求的产品。此类授权行为只有考虑市场发展和技术科学进步并且对于终端用户拆卸或更换便携式电池的安全存在科学依据的情况下，或者在终端用户拆卸或更换电池可能违反适用的欧盟法律规定的任何产品安全要求的情况下，才能被采用。

5. 在市场投放含有 LMT 电池产品的自然人或法人，应确保此类电池以及电池组中包含的单个电芯在产品使用寿命期间可由独立的专业人员随时轻松拆卸和更换。

6. 就第 1 款和第 5 款而言，如果便携式电池或 LMT 电池被从电器或轻型运输工具上卸下后，可以被另一种兼容的电池取代，而不会影响该电器或轻型运输工具的功能、性能或安全，其应被认为是便携更换的。

7. 任何在市场上投放包含便携式电池或 LMT 电池产品的自然人或法人，应确保此类电池在设备型号的最后一个单元投放市场后至少五年内可作为其供电设备的备件可获得，并为独立专业人员和终端用户提供合理和非歧视的价格。

8. 不得使用软件妨碍将便携式电池或 LMT 电池或其关键部件更换为另一个兼容的电池或关键部件。

9. 欧盟委员会应公布指导方针，以促进本条的协调适用。

第 12 条　固定电池储能系统的安全性要求

1. 投放市场或投入使用的固定式电池储能系统在正常运行和使用过程中应确保安

全性。

2. 截至2024年8月18日，附件Ⅷ所述的技术文件应满足以下条件：

（a）证明固定电池储能系统符合第1款的规定，并包括其已成功通过附件Ⅴ中规定的安全参数测试的证据，其中应使用最先进的测试方法。安全参数仅适用于在制造商设想的条件下使用的固定电池储能系统存在相应危险的情况；

（b）包括对附件Ⅴ中未涉及的固定电池储能系统潜在的安全隐患的评估；

（c）包括（b）点所述危害已成功减轻和测试的证据，此类测试应采用最先进的测试方法；

（d）包括减灾说明，以防发生已识别的危险，例如火灾或爆炸。如果电池准备再使用，准备再利用，再制造或再利用，则应对技术文件进行复查。

3. 鉴于技术和科学进步，欧盟委员会有权根据第89条通过授权法案修正附件Ⅴ所列的安全参数。

第三章　标签、标志和信息要求

第 13 条　电池的标签和标志

1. 从 2026 年 8 月 18 日或第 10 项所述实施法案生效后 18 个月起，以最新发布的内容为准，电池应贴有包含附件Ⅵ A 部分规定的电池一般信息的标签。

2. 从 2026 年 8 月 18 日或第 10 项所述实施法生效之日后 18 个月起，以最新发布的内容为准，可充电便携式电池、LMT 电池和 SLI 电池应带有包含其容量信息的标签。

3. 从 2026 年 8 月 18 日起或第 10 项所述实施法案生效后 18 个月起，以最新发布的内容为准，不可充电便携式电池应带有在特定应用中使用时的最小平均持续时间信息的标签，以及标明“不可充电”的标签。

4. 从 2025 年 8 月 18 日起，所有电池应标有附件Ⅵ中 B 部分所示的电池单独收集符号。

单独收集标志应至少覆盖电池最大侧面面积的 3%，最大尺寸不超过 5 厘米×5 厘米。

对于圆柱形电池，单独收集标志应至少覆盖电池表面积的 1.5%，最大尺寸应为 5 厘米×5 厘米。

如果电池的尺寸使得单独收集标志小于 0.47 厘米×0.47 厘米，则无须在电池上标记该标志。相反，应在包装上印制至少 1 厘米×1 厘米的单独收集标志作为替代。

5. 所有镉含量超过 0.002%或铅含量超过 0.004%的电池都必须标有有关金属的化学符号：Cd 或 Pb。

指示重金属含量的相关化学符号应印在单独收集符号下方，并应覆盖至少该符号面积的四分之一。

6. 2027 年 2 月 18 日起，所有电池均应标有附件Ⅵ中 C 部分所述的二维码。二维码应提供以下访问权限：

（a）对于 LMT 电池，容量大于 2 千瓦时的工业电池和电动汽车电池，根据第 77 条的电池护照；

（b）对于其他电池，本条第 1 款至第 5 款规定的适用信息、第 18 条规定的符合性声明、第 52 条第 3 款规定的报告，以及第 74 条第 1 款（a）至（f）中规定的关于预防和管理废电池的信息；

（c）对于 SLI 电池，根据第 8 条计算从废弃物中回收的钴、铅、锂和镍，以及其在电池中活性物质中存在的量。

此类信息应是准确、完整和最新的。

7. 第 1 款至第 6 款所述的标签和二维码应明显、易读且不易磨损地印刷或镌刻在电池上。如果由于电池的性质和尺寸而无法实现或不能保证，则应将标签和二维码附在电池的包装和随附文件上。

8. 鉴于科学技术进步，欧盟委员会有权根据第 89 条通过授权法案修订本条例，以提供替代二维码或除二维码外使用的其他类型的智能标签。

9. 经过准备再使用、准备再利用、再利用或再制造的电池应带有新标签或根据本条做标志，并根据附件XIII的第 4 点包含其状况变化信息，此类信息应可通过二维码访问。

10. 欧盟委员会应在 2025 年 8 月 18 日前通过实施法案，为本条第 1 款、第 2 款和第 3 款所述的标签要求建立协调规范。实施法案应当按照第 90 条第 3 款规定的审查程序通过。

第 14 条　有关电池的健康状况和预期寿命的信息

1. 2024 年 8 月 18 日起，固定电池储能系统、LMT 电池和电动汽车电池的电池管理系统中应包含附件VII中规定的用于确定电池健康状况和预期寿命参数的最新数据。

2. 在尊重电池制造商知识产权，依照非歧视原则下对合法购买电池的自然人或法人，包括独立运营商或废弃物管理运营商，或任何代表其行为的第三方，通过第 1 款所述电池管理系统提供对附件VII所列参数数据的只读访问权限，以实现以下目的：

（a）通过储能将电池提供给独立的集成商或市场参与者；

（b）根据对电池健康状况的估计，评估电池的残余价值、剩余寿命，以及进一步使用的能力；

（c）促进电池的准备再使用、准备再利用、再利用或再制造。

3. 电池管理系统应具备软件复位功能，以便经济运营商进行准备再使用、准备再利用、再利用或再制造时，需要上传不同的电池管理系统软件。如果使用软件重置功能，电池投放市场后上传的电池管理系统软件导致电池的安全或功能问题，电池原制造商不承担任何责任。

4. 鉴于市场发展和科技进步，欧盟委员会有权根据第 89 条通过一项授权法案，修订附件VII中规定的用于确定电池健康状态和预期寿命的参数，并确保与联合国全球技术条例第 22 号关于电动汽车车载电池耐用性的参数协同作用，同时适当考虑电池制造商的知识产权。

5. 本条的规定应适用于欧盟法律中关于车辆型式批准的规定。

第四章　电池的符合性

第 15 条　电池的符合性推定

1. 为使电池符合并证明电池符合第 9 条、第 10 条、第 12 条、第 13 条、第 14 条和第 78 条规定的要求，应采用可靠、准确和可重复的方法进行测试、测量和计算，此类方法应考虑到公认的先进方法，其结果应被认为具有低不确定性，包括标准中规定的方法，且该标准的参考文献已在《欧盟官方公报》上公布。

2. 保持标准测试期间，协调标准应旨在尽可能模拟实际使用。

3. 符合协调标准的电池或其部分，其参考文献已在《欧盟官方公报》上公布，应被推定为符合第 9 条、第 10 条、第 12 条、第 13 条、第 14 条和第 78 条规定的要求，前提是协调标准或其部分涵盖此类要求，并且需达到第 9 条和第 10 条规定的此类要求的最低值（如适用）。

第 16 条　通用规范

1. 在特殊情况下，欧盟委员会可以通过实施法案，为第 9 条、第 10 条、第 12 条、第 13 条、第 14 条和第 78 条中所规定的要求或第 15 条第 1 款所述的测试制定通用规范，其中：

（a）此类要求或测试不包括在协调标准或协调标准的一些部分，该部分的参考文献已在《欧盟官方公报》上公布；

（b）欧盟委员会已要求一个或多个欧洲标准化组织为此类要求或测试起草协调标准；以及

（c）至少符合下列条件之一：

（i）欧盟委员会的要求未被欧洲标准化组织接受；

（ii）欧盟委员会发现在采用所要求的协调标准方面存在不适当的延误；

（iii）欧洲标准化组织交付的标准不完全符合欧盟委员会的要求。

实施法案应当按照第 90 条第 3 款规定的检查程序通过。

在准备建立通用规范的实施法案草案时，欧盟委员会应考虑相关机构或专家组的意见，并应适当征求所有相关利益相关者的意见。

2. 符合通用规格或通用规范的一些部件的电池应假定符合第 9 条、第 10 条、第 12 条、第 13 条、第 14 条和第 78 条规定的要求，如果此类要求被该通用规范或其一些部件所涵盖，并且，适用时，如果在达到第 9 条和第 10 条规定的此类要求的最低值。

3. 如果协调标准被欧洲标准化组织采用，并向欧盟委员会提出在《欧盟官方公报》上公布其参考资料，欧盟委员会应根据（EU）1025/2012 号条例中对协调标准进行评估。当协调标准的参考资料在《欧盟官方公报》上公布时，欧盟委员会应废除第 1 项所述的实施法案，或涵盖第 1 项中所述相同要求或测试的法案的部分内容。

第 17 条　合格评定程序

1. 符合第 6 条、第 9 条、第 10 条、第 12 条、第 13 条和第 14 条规定的电池的合格评定应按照下列程序之一进行：

（a）对于顺序生产的电池：

（i）附件Ⅷ的 A 部分中所列的“模块 A——内部生产控制”；

（ii）附件Ⅷ的 B 部分中所列的“模块 D1——生产过程的质量保证”。

（b）对于非顺序生产的电池：

（i）附件Ⅷ的 A 部分中所列的“模块 A——内部生产控制”；

（ii）附件Ⅷ的 C 部分中所列的“模块 G——基于单元验证的符合性”。

2. 符合第 7 条和第 8 条规定要求的电池的合格评定应按照下列程序之一进行：

（a）顺序生产的电池，附件Ⅷ的 B 部分中所列针对批量生产的电池规定的“模块 D1——生产过程的质量保证”；

（b）非顺序生产的电池，附件Ⅷ的 C 部分中所列的“模块 G——基于单元验证的符合性”，适用于非串联生产的电池。

3. 考虑到第 6 条、第 9 条、第 10 条、第 12 条、第 13 条和第 14 条中规定的要求，应按照附件Ⅷ的 A 部分中规定的程序“模块 A——内部生产控制”，对已进行准备再使用、准备再利用、再利用或再制造的电池进行额外的合格评定。

4. 与电池合格评定程序有关的记录和通信应使用实施合格评定程序的指定机构所在成员方的一种或多种官方语言或该机构接受的一种或多种语言。

第 18 条　欧盟符合性声明

1. 欧盟符合性声明应声明已证明符合第 6 条至第 10 条，以及第 12 条、第 13 条和第 14 条中规定的要求。

2. 欧盟符合性声明应具有附件Ⅸ中规定的模型结构，应包含附件Ⅷ中规定的相关模块中规定的要素，并应保持不断更新。欧盟符合性声明应翻译成电池在投放市场或供应或投入使用的成员方所要求的一种或多种语言。报告应以电子格式起草，并应要求提供纸质格式。

3. 如果电池受制于不止一项要求欧盟符合性声明的欧盟法案，则应针对所有相关欧盟法案起草一份单一的欧盟符合性声明。该声明应说明有关的欧盟法案及其参考编号。

4. 通过起草欧盟符合性声明，制造商应承担电池符合本条例规定要求的责任。

5. 在不影响第 3 款的情况下，单一的欧盟符合性声明可以由一个或多个已经根据不同的欧盟法案起草的欧盟符合性声明组成，以减轻经济运营商的行政负担。

第 19 条　CE 标志的一般原则

CE 标志应遵守（EC）765/2008 号条例第 30 条中规定的一般原则。

第 20 条　加贴 CE 标志的规则和条件

1. CE 标志应贴在电池上，清晰易读，不易磨损。若出于电池的性质而无法粘贴或无法保证粘贴，则应将其贴在电池的包装和随附的文件上。

2. 电池投放市场或投入使用前，应加贴 CE 标志。

3. 按照附录Ⅷ要求的情况下，CE 标志应随附公告机构的识别号。该识别号应由公告机构加贴或在公告机构指示下由制造商或其授权代表加贴。

4. 在第 3 款所提述的 CE 标志和识别号之后，如适用，可加上象征性文字或其他标志，表明与电池的使用、储存、处理及运输有关的特殊风险和危险。

5. 成员方应以现有机制为基础，确保 CE 标志管理制度的正确应用，在错误使用该标志时采取适当行动。

第五章　合格评定机构公告

第 21 条　公告

成员方应将授权合格评定机构按照本条例执行合格评定任务，并向欧盟委员会和其他成员方公告。

第 22 条　通报机构

1. 成员方应指定一个通报机构，负责建立和执行对合格评定机构评估和公告，以及监督公告机构的必要程序，包括第 27 条的遵守情况的监督。

2. 成员方可以决定本条第 1 款所述的评估和监督应由（EC）765/2008 号条例中定义的国家（地区）认可机构根据该条例的规定进行。

3. 如果通报机构将本条第 1 款所述的评估、通报机构或监督工作授权或以其他方式委托给一个非政府实体的机构，该机构应是一个法人，比照第 23 条规定的要求，并作出安排，承担其活动所产生的责任。

4. 通报机构应对本条第 3 款所述机构所执行的任务承担全部责任。

第 23 条　与通报机构有关的要求

1. 通报机构的建立应避免与合格评定机构发生利益冲突。

2. 通报机构的组织和运作方式应保证其活动的客观性和公正性。

3. 通报机构的组织方式应确保与合格评定机构的公告有关的每项决定都由进行合格评定的人员的主管人员做出，他们不同于根据第 28 条申请公告的合格评定机构的主管人员。

4. 通报机构不得提供或给予合格评定机构从事的活动，也不得提供与商业或竞争相关的咨询服务。

5. 通报机构应当保护其取得的信息的机密性。但它应与欧盟委员会以及其他成员方的通报机构和其他相关国家（地区）机构交换关于公告机构的信息。

6. 通报机构应具备足够数量的称职人员和足够的资金供其支配，以适当履行其任务。

第 24 条　通报机构的信息义务

成员方应将合格评定机构的评估和公告程序以及对公告机构的监督程序及其变更通知欧盟委员会。

欧盟委员会应公开提供该信息。

第 25 条　有关公告机构的要求

1. 为公告的目的，合格评定机构应满足第 2 款至第 11 款规定的要求。

2. 合格评定机构应根据成员方的法律设立，并具有法人资格。

3. 合格评定机构应是独立于买卖业务的第三方机构，就其评估的电池而言，应特别独立于电池制造商、电池制造商的贸易伙伴、电池制造商工厂的股权投资者，以及其他公告机构和公告机构的商业协会、母公司或子公司。

4. 合格评定机构及其高层管理者和负责执行合格评定任务的人员不得是所评定电池的设计者、制造商、供应商、进口商、经销商、安装者、购买者、所有者、用户或维修人员，也不得是上述任何一方的代表。该禁令不应限制由于合格评定机构运行所必需而使用经评估过的电池或出于个人目的使用此类电池。

合格评定机构及其高层管理者和执行合格评定任务的人员不得直接参与电池的设计、制造、销售、进口、分销、安装、使用、维修，也不得代表从事此类活动的任何一方。他们不应从事任何可能与其公告的合格评定活动的判断独立性或诚信性相冲突的活动，尤其是咨询服务。

合格评定机构应确保其母公司或姊妹公司、子公司或次级公司的活动不影响其合格评定活动的保密性、客观性或公正性。

5. 合格评定机构及其人员进行合格评定活动时，应具有最高程度的职业诚信和特定领域所需的技术能力，并应不受任何可能影响其判断或合格评定活动结果的压力和诱导，尤其是来自与此类活动的结果有利害关系的个人或群体的财务影响。

6. 合格评定机构应能够执行已公告的附件Ⅷ中分配给它的所有合格评定任务、第 48 条第 2 款中规定的定期审计和第 51 条规定的第三方核查，无论此类任务是由合格评定机构本身执行还是代表其执行并由其负责。

在任何时候，对于附件Ⅷ中规定的每一个合格评定程序，对于第 48 条第 2 款中规定的定期审计和第 51 条中涉及的第三方核查，以及对于已公告的各类电池，合格评定机构应随时掌握以下信息：

（a）具有执行合格评定任务所需的技术知识和富有经验的专业人员；

（b）提供对进行合格评定所依据的程序的清晰说明，以确保此类程序的透明度及其可复制的能力；

（c）制定适当的政策和程序，明确区分其作为公告机构开展的活动和其他任务；

（d）执行合格评定任务的必要程序，此类程序应适当考虑到企业的规模、经营部门、内部结构、所涉电池技术的复杂程度，以及生产过程的批量或系列性质。

合格评定机构应具有以适当方式执行与其合格评定活动有关的技术和管理任务所需的方式，并应能够获得所有必要的信息、检测设备或设施，包括制定和监督内部程序、一般政策、行为守则或其他内部规则、分配人员执行特定任务和合格评定决定，而不将任务委托给经销商或子公司。

7. 负责执行合格评定任务的人员应具备以下条件：

（a）具备全面的技术和职业培训，涵盖合格评定机构已得到公告的所有合格评定活动；

（b）对所进行的评定的要求有充分的了解，并有足够的权力进行评估；

（c）对第 6 条至第 10 条、第 12 条、第 13 条、第 14 条，以及第 48 条至第 52 条中规定的要求和义务，第 15 条中规定的适用协调标准和第 16 条中规定的通用规范，以及欧盟协调立法和国家法律的相关规定充分了解和理解；

（d）具备拟制证明已进行了合格评定的证书、记录和报告的能力。

8. 合格评定机构及高层管理者和负责执行合格评定任务的人员的公正性应当得到保证。

高层管理者和负责执行合格评定任务的人员的报酬应独立于所进行的合格评定的次数或者评定的结果。

9. 合格评定机构应当投保责任保险，除非该责任由通报成员方法律规定的国家（地区）承担，或者该成员本身直接负责合格评定。

10. 合格评定机构的人员应当对在执行符合附件Ⅷ的合格评定任务、符合第 48 条第 2 款中的定期审核或符合第 51 条中的第三方核查中获得的所有信息进行专业保密，但与开展其活动的成员方的公告机构和国家机构有关的信息除外。所有权应受到保护。

11. 合格评定机构应参与，或确保其负责执行合格评定任务的人员被告知相关的标准化活动和根据第 37 条建立的公告机构部门协调小组的活动，并应将该小组的行政决定和文件作为一般指导。

第 26 条　公告机构的符合性推定

如果合格评定机构证明其符合相关协调标准中规定的标准，或规定的部分标准，标准的参考资料已在《欧盟官方公报》上公布，则应推定其符合第 25 条规定的要求，前提是协调标准涵盖了此类要求即可。

第 27 条　公告机构的子公司和分包商

1. 如果公告机构将与合格评定有关的特定任务分包给分包商或寻求子公司协助，则应确保分包商或子公司符合第 25 条中规定的要求，并应相应地通报机构。

2. 公告机构应对分包商或子公司所执行的任务承担全部责任，无论此类分包商或子公司在何处设立。

3. 必须经客户同意，公告机构才能分包其活动或委托子公司开展活动。

4. 公告机构应保留有关分包商或子公司的资格评估以及根据第 48 条第 2 款和第 51 条以及附件Ⅷ中进行的工作的有关文件，供通报机构使用。

第 28 条　公告申请

1. 合格评定机构应当向其所在成员方的通报机构提交公告申请。

2. 公告申请应附有对合格评定活动、附件Ⅷ中规定的一个或多个合格评定模块或第 48 条第 2 款和第 51 条中规定的程序的描述，以及合格评定机构认定合格的电池的描述，如适用，还应附有由国家（地区）认可机构颁发的认可证书，证明该合格评定机构符合第 25 条中规定的要求。

3. 如果有关的合格评定机构不能提供本条第 2 款中所述的认可证书，它应向通告机构提供核查、识别和定期监测其遵守第 25 条中规定的要求所必需的所有书面证据，包括证明该合格评定机构在第 25 条第 3 款中定义的独立机构的适当文件。

第 29 条　公告程序

1. 通报机构应只公告符合第 25 条中规定要求的合格评定机构。

2. 通报机构应使用由欧盟委员会开发和管理的电子公告工具向欧盟委员会和第 1 款所述各合格评定机构的其他成员方的通报机构发送公告。

3. 公告应包括合格评定活动的全部细节，第 48 条第 2 款和第 51 条中规定的合格评定模块或程序，有关电池的类别和相关的能力证明。

4. 如果公告不是基于第 28 条第 2 款中所述的认可证书，则通报机构应向欧盟委员会和其他成员方提供证明合格评定机构能力的书面证据，以及为确保该机构将受到定期监督并继续满足第 25 条中规定的要求而作出安排。

5. 如果在欧盟委员会或其他成员方发出公告后两周内（如果通告中包含第 28 条第 2 款中所述的认可证书）没有提出异议，或者在公告发出后两个月内（如果公告中包含本条第 4 款中所述的文件证据）合格评定机构才可执行公告机构的活动。就本条例而言，只有这样的合格评定机构才应被视为公告机构。

6. 通报机构应将第 2 款中所述公告的后续变更通知欧盟委员会和其他成员方。

第 30 条　公告机构识别号和名单

1. 欧盟委员会应为每个公告机构分配一个识别号。即使该机构是根据若干欧盟法案得到公告的，也应分配一个识别号。

2. 欧盟委员会应公布并保持更新根据本条例公告的机构名单，包括已分配给它们的识别号和已公告它们的合格评定活动。

第 31 条　公告变更

1. 如果通报机构已经确定或已被告知通报机构不再符合第 25 条规定的要求或未能履行其义务，则通报机构应根据未能满足此类要求或履行此类义务的严重程度来酌情限制、暂停或撤回公告。相应地，应尽快通知欧盟委员会和其他成员方。

2. 本条第 1 款中限制、暂停或撤销公告的情况下，或者公告机构已停止其活动，通报机构应采取适当操作来确保该机构的文件由另一个公告机构处理，或者应负责的通报机构和市场监督机构的要求保留其可获得。

第 32 条　对公告机构能力的质疑

1. 欧盟委员会应调查其对公告机构的权限或公告机构对其所服从的要求和责任的持续履行有疑问或引起其注意的疑问的所有情况，特别是经济运营商和其他相关利益相关者。

2. 应要求公告机构应向欧盟委员会提供有关公告依据或维持有关公告机构权限的所有信息。

3. 欧盟委员会应确保在其调查过程中获得的所有敏感资料予以保密。

4. 如果欧盟委员会确定公告机构不符合或不再符合其公报的要求，欧盟委员会应通过实施法案，要求公报成员方采取必要的纠正措施，包括在必要时撤回公报。执行法令应按照第 74 条第 2 款中所述的咨询程序通过。

第 33 条　公告机构的运营义务

1. 公告机构应根据第 48 条第 2 款、第 51 条或附件Ⅷ中规定的合格评定程序进行合格评定，该合格评定程序由根据第 29 条中作出的公告范围来确定。

2. 公告机构应以适当的方式进行合格评定，避免给经济运营商造成不必要的负担，并适当考虑企业规模、企业所在部门、企业结构、待评估电池的复杂程度以及生产过程的批量或系列性质。然而，公告机构应尊重电池和经济运营商遵守本条例所需的严格程度和保护水平。

3. 如果公告机构发现第 6 条至第 10 条、第 12 条、第 13 条、第 14 条、第 49 条和第 50 条中规定的适用要求，以及第 15 条中所述的相应协调标准、第 16 条中所述的通用规范或其他技术规范中规定的适用要求未得到满足，应要求制造商或其他相关经济运营商采取适当的纠正措施，以进行第二次也是最终的一致性评估，除非缺陷无法补救。如果缺陷无法补救，则公告机构不得颁发合格证书或作出批准决定。

4. 如果在发布批准决定后的符合性监督过程中，公告机构发现其不再符合规定，则应要求第 48 条第 1 款中所述的制造商或经济运营商采取适当的纠正措施，并在必要时暂停或撤回批准决定。

5. 如果没有采取第 4 款中提到的纠正措施或其措施没有达到所需的效果，公告机构应酌情限制、暂停或撤销批准决定。

第 34 条　对公告机构的决定提出申诉

成员方应保留针对公告机构决定的申诉程序。

第 35 条　公告机构的信息义务

1. 公告机构应当将下列事项通知其他公告机构：

（a）拒绝、限制、暂停或撤销合格证书或批准决定；

（b）影响公告范围或公告条件的任何情况；

（c）从市场监督机构收到的关于其合格评定活动的信息索取请求；

（d）应要求提供在其公告范围内开展的任何合格评定活动和开展的其他活动，包括跨境活动和分包活动。

2. 公告机构应向从事类似合格评定活动的其他公告机构提供有关以下问题的相关信息：

（a）否定性合格评定和应要求进行的肯定性合格评定；

（b）限制、暂停或撤销批准的决定。

第 36 条　经验和良好做法的交流

欧盟委员会应负责组织公告政策的成员方机构之间进行经验和良好做法的交流。

第 37 条　公告机构间的协调

欧盟委员会应确保公告机构之间的适当协调和合作到位，并以公告机构部门协调小组的形式适当运作。

公告机构应直接或通过指定的代表参加部门协调小组的工作。

第六章　第七章和第八章以外的经济运营商的义务

第 38 条　制造商的义务

1. 当将电池投放市场或投入使用时，包括用于制造商自己的目的，制造商应确保电池：

（a）按照第 6 条至第 10 条、第 12 条和第 14 条中设计和制造，并附有终端用户容易理解的一种或多种语言的说明和安全信息，该说明和安全信息由电池投放市场或投入使用的成员方确定；

（b）按照第 13 条做标志和标签。

2. 在电池投放市场或投入使用前，制造商应起草附件Ⅷ所述的技术文件，并执行或委托执行第 17 条中所述的相关合格评定程序。

3. 如果第 17 条中所述的相关合格评定程序证明电池符合适用的要求，制造商应根据第 18 条起草一份欧盟符合性声明，并根据第 19 条和第 20 条加贴 CE 标志。

4. 制造商应在电池投放市场或投入使用后 10 年内，应留存附件Ⅸ中所述的技术文件和欧盟符合性声明，以供国家（地区）机构任意使用。

5. 制造商应确保作为系列生产一部分的电池的程序符合本条例的要求。在此过程中，制造商应充分考虑到生产过程、电池设计或特性的变化，以及第 15 条中所述协调标准的变化，第 16 条中所述通用规范或其他技术规范的变化，此类技术规范用于声明电池的符合性或通过应用来验证其符合性。

6. 制造商应确保其投放市场的电池带有型号标识和批号、序列号、产品编号或其他可识别的标识。如果电池的尺寸或性质不允许，则应在电池的包装上或随附的文件中提供所需信息。

7. 制造商应在电池上注明其名称、注册商标名称或注册商标、邮政地址，并注明单一联系点，如果有网址和电子邮件地址还应注明。如果以上不可行，应在电池的包装上或随附的文件中提供所需的信息。联系方式必须使用电池投放市场或投入使用的成员方确定的终端用户和市场监督机构容易理解的一种或多种语言标明，并且应清晰，易懂和易读。

8. 制造商应根据第 14 条第 1 款中规定的要求，提供对附件Ⅶ中电池管理系统参数的数据访问。

9. 如果制造商认为或有理由相信其投放市场或投入使用的电池不符合第 6 条至第 10 条，以及第 12 条、第 13 条和第 14 条中规定的一项或多项适用要求，则应立即采取必要的纠正措施来使电池符合要求，并视情况作出撤回或召回决定。此外，如果电池存在风险，制造商应立即通知在市场上销售该电池的成员方的市场监督机构，详细说明不符合规定的情况和所采取的纠正措施。

10. 应国家（地区）主管机关提出的进一步合理要求，制造商应以该国家（地区）主管机关易于理解的一种或多种语言向其提供所有必要的信息和文件，以证明该电池符合第6条至第10条，以及第12条、第13条和第14条中的要求。该信息和文件应以电子格式提供，并应要求提供纸质文件。应国家（地区）主管机关的要求，制造商应对已投放市场或投入使用的电池所带来的风险采取的任何行动与国家（地区）主管机关合作。

11. 进行准备再使用、准备再利用、再利用或再制造，并将执行上述任何一项操作的电池投放市场或投入使用的经济运营商，在本条例中应视为制造商。

第39条　电芯和电池组供应商的义务

电芯和电池组的供应商在向制造商提供电芯或电池组时，应提供符合本条例要求的必要信息和文件，且此类资料和文件应免费提供。

第40条　授权代表的义务

1. 制造商可以书面形式指定一名授权代表。只有授权代表以书面形式明确表示接受授权后，其授权状态才正式生效。

2. 第38条第1款和第48条至第52条中规定的义务以及起草技术文件的义务不应构成授权代表的被授权的一部分。

3. 授权代表应执行制造商的授权书中指定的工作。授权代表应有适当的方式执行授权书中指定的工作。应市场监督机构要求，授权代表应以该机构确定的一种欧盟语言提供一份授权书副本。授权书应至少包括下列内容：

（a）在电池投放市场或投入使用后10年内，将第51条第2款中所述的欧盟符合性声明、技术文件、验证报告和批准决定以及第48条第2款中所述的审计报告保留给国家机关任意使用；

（b）应国家（地区）机关提出进一步合理要求，向其提供证明电池符合规定所需的一切资料和文件。该信息和文件应以电子格式提供，并应要求提供纸质文件；

（c）应国家（地区）机关的要求，与其合作采取的任何行动以消除授权代表的授权书范围内的电池呈现的风险。

4. 如果电池存在风险，授权代表应立即通知它的市场监督机构。

第41条　进口商的义务

1. 进口商仅可将符合第6条至第10条，以及第12条、第13条和第14条中的电池投放市场。

2. 在将电池投放市场前，进口商须核实下列信息：

（a）已经起草附件Ⅷ中所述的欧盟符合性声明和技术文件，并且制造商已执行第17条中所述的相关符合性评定程序；

（b）电池附有第19条中所述的CE标志，并按照第13条进行标记和标签；

（c）电池附有第6条至第10条、第12条、第13条和第14条中要求的文件，以及由电池将在其市场上销售的成员方来确定的终端用户易于理解的一种或多种语言的说明和安全信息；

（d）制造商已符合第38条第6款和第7款规定的要求。

如果进口商认为或有理由相信电池不符合第6条至第10条，以及第12条、第13条和第14条中的规定，则在电池符合规定之前，进口商不得将电池投放市场。此外，如果电池存在风险，进口商应通知制造商和市场监督机构，详细说明不符合规定的情况和所采取的纠正措施。

3. 进口商应在电池上注明其名称、注册商号或注册商标、邮政地址，注明单一联系点，如果有的话，还应注明网址和电子邮件地址。如果不可能，应在电池的包装上或随附的文件中提供所需的信息。联系方式应采用电池投入市场或投入使用的成员方确定的终端用户易于理解的一种或多种语言，并且应清晰，易懂和易读。

4. 进口商应确保电池在其责任范围内，储存或运输条件不会损害其符合第 6 条至第 10 条，以及第 12 条、第 13 条和第 14 条中的规定。

5. 在认为适当的情况下，考虑到电池存在风险，为了保护消费者的健康和安全，进口商应对已上市的电池进行抽样测试，调查不合格电池和电池召回的投诉，并在必要时登记，并应将此类监测情况通知经销商。

6. 进口商如果认为或有理由相信他们投放市场的电池不符合第 6 条至第 10 条，以及第 12 条、第 13 条和第 14 条中的规定，应立即采取必要的纠正措施使该电池符合规定，并在适当情况下将其从市场上撤回或召回。此外，如果电池存在风险，进口商应立即通知其在市场上销售电池的成员方的市场监督机构，详细说明不符合规定的情况和采取的纠正措施。

7. 在电池投放市场后的 10 年内，进口商应保留一份欧盟符合性声明的副本供国家（地区）主管机关使用，并确保附件Ⅷ所述的技术文件可根据要求提供。

8. 应国家（地区）主管机关提出的进一步合理要求，进口商应向该主管机关易于理解的一种或多种语言提供所有必要的信息和文件，以证明该电池符合第 6 条至第 10 条，以及第 12 条、第 13 条和第 14 条中的规定。该信息和文件应以电子格式提供，并应要求提供纸质格式。应国家（地区）主管机关的要求，进口商应与该国家（地区）主管机关合作，采取任何行动消除其投放市场的电池所带来的风险。

第 42 条　经销商的义务

1. 当在市场上销售电池时，经销商应按照本条例的要求谨慎行事。

2. 在将电池投放市场之前，经销商应核实下列信息：

（a）该生产者已在第 55 条中所述的生产者登记册中登记；

（b）电池带有第 19 条中所述的 CE 标志，并按照第 13 条进行标记和标签；

（c）电池附有第 6 条至第 10 条、第 12 条、第 13 条和第 14 条中要求的文件，以及电池将在其市场上销售或投入使用的成员方确定的终端用户易于理解的一种或多种语言的说明和安全信息；

（d）制造商和进口商分别符合第 38 条第 6 和第 7 款，以及第 41 条第 3 款中规定的要求。

3. 经销商认为或有理由相信电池不符合第 6 条至第 10 条，以及第 12 条、第 13 条和第 14 条，经销商不得将电池投放市场，直到其符合规定。此外，如果电池存在风险，经销商应通知制造商或进口商以及市场监督机构。

4. 当电池在其责任范围内时，经销商应确保储存或运输条件不会损害其符合第 6 条至第 10 条，以及第 12 条、第 13 条和第 14 条中的规定。

5. 经销商如果认为或有理由相信其在市场上销售的电池不符合第 6 条至第 10 条，以及第 12 条、第 13 条和第 14 条中的规定，应确保采取必要的纠正措施使电池符合第 6 条至第 10 条，并在适当时将其从市场上撤回或召回。此外，如果电池存在风险，经销商应立即通知其电池在市场上销售的成员方的市场监督机构，详细说明不符合情况和所采取的纠正措施。

6. 应国家（地区）主管机关提出的进一步合理要求，经销商应以该机关易于理解的一种或多种语言向其提供所有必要的信息和文件，以证明电池符合第 6 条至第 10 条，以及第 12 条、第 13 条和第 14 条中的规定。该信息和文件应以电子格式提供，并应要求提供纸质格式。应国家（地区）主管机关的要求，经销商应与其合作，采取任何行动消除其在市场上销售的电池所带来的风险。

第 43 条　服务提供商的义务

服务提供商在处理电池的过程中，应采取必要措施确保仓储、包装、寻址或调度等环节的条件不会影响电池符合第 6 条至第 10 条，以及第 12 条、第 13 条和第 14 条的规定。

在不影响本章规定的相关经济运营商义务的前提下，服务提供商除应履行本条第 1 款规定的要求外，还应履行第 40 条第 3 款（c）点和第 40 条第 4 款中规定的义务。

第 44 条　制造商的义务适用于进口商和经销商的情况

本条例规定，进口商或经销商应被视为制造商，并应执行第 38 条中规定的制造商义务，如果适用以下任何一种情况：

（a）电池以进口商或经销商自己的名称或商标投放市场或投入使用；

（b）进口商或经销商对已经投放市场或投入使用的电池进行了修改，从而可能影响符合本条例的相关要求；

（c）已经投放市场或投入使用的电池的用途被进口商或经销商修改。

第 45 条　在市场上投放或投入使用后准备再使用、准备再利用、再利用或再制造的电池的经济运营商义务

1. 在市场上投放或投入使用后准备再使用、准备再利用、再利用或再制造的电池的经济运营商，应确保此类电池及其组件的检查、性能测试、包装和运输遵循充分的质量控制和安全说明。

2. 在市场上投放或投入使用后准备再使用、准备再利用、再利用或再制造的电池投放市场或投入使用的经济运营商应确保该电池符合本条例的要求、以及任何有关产品的、环境、人类健康保护和运输安全的欧盟条例要求，同时考虑到以下事实：经上述操作，电池可能划为不同的电池类别。对于再制造行为，经济运营商应当根据要求向市场监督部门提供必要的文件，以证明电池已经按照本条例进行了再制造。

第 46 条　经济运营商身份识别

1. 经济运营商应当根据国家（地区）主管机关的要求，向市场监督部门提供下列信息：

（a）向其提供电池的任何经济运营商的身份；

（b）向其提供电池的任何经济运营商的身份，以及电池的数量和确切型号。

2. 经济运营商应确保在获得电池供应后的 10 年内，以及在向其供应电池后的 10 年内，能够提供第 1 款所述的信息。

第七章　经济运营商关于电池尽职调查政策方面的义务

第 47 条　本章适用范围

本章不适用于在上一财政年度之前的财政年度净营业额低于 4000 万欧元的经济运营商，并且也不适用于不隶属于由母公司和子公司组成集团的运营商，该集团由母公司和子公司组成，其合并净营业额超过了 4000 万欧元的界限。

本章不适用将已完成准备再使用、准备再利用、再利用、再制造的电池投放市场或投入使用相关的经济运营者，如果此类电池在投放市场或投入使用前已经完成了上述操作。

本章的适用不影响欧盟法律中关于源自受冲突影响和高风险地区的矿物和金属的尽职调查义务的规定。

第 48 条　电池尽职调查政策

1. 2025 年 8 月 18 日起，将电池投放市场或投入使用的经济运营者应履行本条第 2 款和第 3 款，以及第 49 条、第 50 条和第 52 条中规定的尽职调查义务，并应为此制定和实施电池尽职调查政策。

2. 本条第 1 款所述的经济运营商应根据第 51 条（第三方验证）由公告机构验证其电池尽职调查政策，并由该公告机构定期审核，以确保电池尽职调查政策按照第 49 条、第 50 条和第 52 条中的规定得到保持和应用。公告机构应当向被审核的经济运营商提供审核报告。

3. 本条第 1 款所述的经济运营商应保留证明其履行了第 49 条、第 50 条和第 52 条中规定的义务的文件，包括第 51 条中所述的验证报告和批准决定以及本条第 2 款所述的审核报告，文件应自根据相关电池尽职调查政策覆盖下生产的最后一块电池投放市场后保存 10 年。

4. 在不影响经济运营商对其电池尽职调查政策的单独责任的前提下，本条第 1 款所述的经济运营商，为了遵守第 48 条、第 49 条、第 50 条和第 52 条中规定的要求，可以与其他行为者合作，包括通过本条例认可的尽职调查计划。

5. 到 2025 年 2 月 18 日，欧盟委员会应发布关于第 49 条和第 50 条中规定的尽职调查要求的应用指南，涉及附件 X 第 2 点提到的风险，特别是与附件 X 第 3 点和第 4 点提到的国际文书相一致。

6. 为了向经济运营商履行本条例规定的尽职调查义务提供信息和支持，成员方可以单独或联合建立和运营专门网站、平台或门户。

7. 欧盟委员会可以通过现有的支持在欧盟和第三方尽职调查欧盟行动，对第 6 款所述的成员方支持措施进行补充，并可以制定新的措施来帮助经济运营商履行本条例规定的义务。

8. 欧盟委员会应定期评估是否需要更新附件 X 所列的原材料清单和风险类别。

欧盟委员会有权根据第 89 条通过授权法案，以便：

（a）鉴于电池制造和化学方面的科技进步，以及（EU）2017/821 号条例中的修正案，修订附件Ⅹ第 1 点的原材料清单和附件Ⅹ第 2 点的风险类别清单；

（b）根据有关尽职政策和保护环境及社会权利标准国际论坛范围内的发展情况，修订附件Ⅹ第 3 点所列国际文书清单；

（c）根据（EU）2017/821 号条例中的修正案，修订第 49 条和第 50 条中规定的本条第 1 款中所述经济运营商的义务，并修订附件Ⅹ第 4 点中所列的国际公认尽职调查文书清单。

第 49 条　经济运营商的管理制度

1. 第 48 条第 1 款中所述的每一名经济运营商应：

（a）针对附件Ⅹ第 1 点中所列的原材料，以及附件Ⅹ第 2 点所列的相关社会和环境风险类别，采用并向供应商和公众明确传达公司电池尽职调查政策；

（b）在其电池尽职调查政策标准中纳入与附件Ⅹ第 4 点所列国际公认尽职调查文书中规定的标准相一致的标准；

（c）向其最高管理层分配监督其电池尽职调查政策的责任，并保留该系统的记录至少 10 年，构建其内部管理系统以支持其电池尽职调查政策；

（d）建立和运行供应链控制和透明度系统，包括监管链或可追溯系统，以识别供应链上游的行为者；

（e）将电池尽职调查政策，包括风险管理措施，纳入与供应商的合同和协议；

（f）建立申诉机制，包括预警风险意识系统和补救机制、通过与其他经济运营商或组织的合作协议、通过便利诉诸外部专家或机构（例如监察员）来提供这种机制，此类机制应以《联合国工商业与人权指导原则》为基础。

2. 第 1 款（d）点中所述的系统应当有相应的文件作为支撑，至少应包含以下信息：

（a）原材料的说明，包括商品名称和类型；

（b）向市场投入含有特定原材料的电池的经济运营商，必须提供此类原材料的供应商的名称和地址；

（c）原材料的原产地，以及从原材料提取到直接供应商再到将电池投放市场的经济运营商的市场交易；

（d）投放市场的电池中所含原料的数量，以百分比或重量表示；

（e）由公告机构出具的关于第 50 条第 3 款中有关供应商的第三方验证报告；

（f）如果无法获得本款（e）点所述的报告，且原材料来自受冲突影响和高风险地区，则根据经济合作与发展组织《受冲突影响和高风险地区负责任矿产供应链尽职调查指南》中对上游经济运营商的具体建议的补充信息，例如原产矿山、原材料整合、交易和加工地点，税费、费用和矿区土地使用费。

第 50 条第 3 款中所述的供应商应向供应链的下游运营商提供第 1 款（e）点所述的第三方核查报告。

第 50 条　风险管理义务

1. 第 48 条第 1 款中所指的经济运营商应：

（a）识别和评估其供应链中与附件Ⅹ第 2 点中所列风险类别相关的不利影响风险，作为其管理计划的一部分，包括参考其电池尽职调查政策，根据第 49 条中提供的信息和任何其他公开可用或利益攸关方提供的相关信息；

（b）设计和实施一项行动应对识别风险，通过以下方式预防、减轻和解决不利影响：

（i）向第 49 条第 1 款（c）点中指定的最高管理层报告风险评估结果；

（ii）采取与附件 X 第 4 点中所列国际公认的尽职调查工具相一致的风险管理措施，考虑其影响供应商（包括其子公司和经销商）的能力，和必要时采取措施向其施加压力，供应商能最有效地预防或减轻所确定风险；

（iii）设计和实施风险管理计划，监测和跟踪风险减轻工作的绩效，向第 49 条第 1 款（c）点中指定的最高管理层汇报，并根据第 49 条第 1 款（e）点中所述的相关合同和协议，考虑在风险减轻失败后暂停或终止与供应商或其子公司或经销商的合作；

（iv）对需要减轻的风险或在情况发生变化后进行额外的事实和风险评估。

2. 如果第 48 条第 1 款中所述的经济运营商在继续贸易或暂时停止贸易时致力于努力减轻风险，则应在本条第 1 款（b）（iii）点中所述风险管理计划中制定可衡量的减轻风险策略之前，与供应商和有关利益方，包括国家和地区官方机构、国际组织或民间社会组织，以及受影响的第三方（如当地社区）进行磋商。

3. 第 48 条第 1 款中所述的经济运营商应识别和评估其供应链中发生附件 X 第 2 点中所列风险类别中不利影响的可能性。该经济运营商应识别和评估其供应链中的风险，作为风险管理系统的一部分。经济运营商应当根据第 51 条中的规定，通过公告机构对自身的尽职调查链进行第三方验证。经济运营商可以使用根据第 51 条第 2 款所述的公告机构关于本章由供应商实施的电池尽职调查第三方验证报告认证机构根据第 51 条第 2 款中发布的关于该供应链中供应商根据本章实施的电池尽职调查政策的验证报告。经济运营商还可以酌情使用此类第三方核查报告评估此类供应商的尽职调查实践。

4. 第 48 条第 1 款中所述的经济运营商应将本条第 3 款中所述的风险评估结果报告给根据第 49 条第 1 款（c）点中被制定责任的最高管理层，并应实施本条第 1 款（b）点所述的战略。

第 51 条 电池尽职调查政策的第三方验证

1. 公告机构应当开展第三方验证。此类第三方验证应：

（a）涵盖经济运营商根据第 49 条、第 50 条和第 52 条中履行其尽职调查义务所使用的所有活动、过程和系统；

（b）其目标是根据第 49 条、第 50 条和第 52 条中确定向市场投放电池的经济运营商的尽职调查做法的符合性；

（c）相关情况下，包括对企业的核查，并从利益相关者处收集信息；

（d）为将电池投放市场的经济运营商，识别与其尽职调查实践相关的潜在改进领域；

（e）尊重经济合作与发展组织《受冲突影响和高风险地区负责任矿产供应链尽职调查指南》中规定的独立性、能力和问责性审计原则。

2. 公告机构应出具一份验证报告，记录根据本条第 1 款开展的活动及其结果。如果第 48 条中提到的电池尽职调查政策履行了第 49 条、第 50 条和第 52 条中规定的义务，则公告机构应发布批准决定。

第 52 条 披露电池尽职调查政策信息

1. 第 48 条第 1 款所述的经济运营商应根据要求向成员方市场监督机构或主管机关提供根据第 51 条中发布的验证报告和批准决定，第 48 条第 2 款中所述的审计报告，以及欧盟委员会根据第 53 条认可的尽职调查计划的合格证据。

2. 第 48 条第 1 款所述的经济运营商应向其直接下游购买者提供根据其电池尽职调查政策获得和维护的所有相关信息，并适当考虑商业机密和其他竞争问题。

3. 第 48 条第 1 款所述的经济运营商应每年审查并公开提供其电池尽职调查政策的报告，包括在互联网上。该报告应以终端用户易于理解和清楚识别有关电池的方式含有该经济运营商为符合第 49 条和第 50 条中规定的要求而采取的步骤的数据和信息，包括对附件X第 2 点所列风险类别的重大不利影响的调查结果，以及如何解决此类影响的信息；以及根据第 51 条中实施的第三方验证总结报告，包括公告机构的名称，并适当考虑商业机密和其他竞争问题。相关时，该报告还应获取信息和公众参与的渠道以及与电池所用原材料的采购、加工和贸易有关的环境事项方面诉诸司法的渠道。

4. 如果第 48 条第 1 款中所述的经济运营商能够证明在电池中存在的附件X第 1 点中所列的原材料属于回收材料，则应在适当考虑商业机密和其他竞争问题的情况下，合理、详细地披露其结论。

第 53 条　认可尽职调查计划

1. 制定和监督尽职调查计划的政府、行业协会和感兴趣的组织团体（计划所有者）可以向欧盟委员会申请认可尽职调查计划。欧盟委员会有权通过实施法案，确定认可申请应包含的信息要求。应当按照第 90 条第 3 款规定的审查程序通过实施行为。

2. 根据本条第 1 款提供的证据和信息，欧盟委员会确定该款所述的尽职调查计划使经济运营商能够满足第 48 条、第 49 条、第 50 条和第 52 条中规定的要求时，欧盟委员会应通过一项实施法案，认可该方案与本条例规定的要求等同。在通过该实施法案之前，应与经济合作与发展组织负责任的商业行为中心磋商。该实施法案应按照第 90 条第 3 款中所述的审查程序通过。

在确定是否认可尽职调查计划时，欧盟委员会应考虑该计划所涵盖的不同行业惯例，并应考虑该计划使用的基于风险的方式和方法来识别风险。

3. 欧盟委员会应根据第 89 条通过授权法案，规定欧盟委员会根据本条第 2 款中确定尽职调查计划是否使经济运营商能够满足第 48 条、第 49 条、第 50 条和第 52 条中规定的要求的标准和方法。欧盟委员会还应酌情定期验证所认可的尽职调查计划是否继续符合导致根据本条第 2 款中决定给予等效性承认的标准。

4. 根据第 2 款中获得等效性认可的尽职调查计划的所有者应立即将该计划的更改或更新通知欧盟委员会。欧盟委员会应评估这种更改或更新是否影响对该计划等效性的认可，并采取适当行动。

5. 如果有多次的或重大的案例证据表明，实施根据本条第 2 款中认可的计划的经济运营商未能满足第 48 条、第 49 条、第 50 条和第 52 条中规定的要求，则欧盟委员会应与认可的尽职调查计划的所有者进行磋商，检查此类案例是否表明该计划存在缺陷。

6. 如果欧盟委员会发现其不符合第 48 条、第 49 条、第 50 条和第 52 条中规定的要求，或者认可的尽职调查计划中存在缺陷，欧盟委员会可以给予计划所有者适当的时间来采取补救措施。

7. 如果计划所有人未能或拒绝采取必要的补救行动，并且欧盟委员会确定本条第 6 款中所述的失败或缺陷损害了实施计划的第 48 条第 1 款中所述的经济运营商遵守第 48 条、第 49 条、第 50 条和第 52 条中规定的要求的能力，或者如果实施计划的经济运营商多次或严重不遵守情况是由于计划的缺陷造成的，欧盟委员会应通过一项实施法案，撤回对计划的等效性认可。该实施法案应按照第 90 条第 3 款所述的审查程序予以通过。

8. 欧盟委员会应建立并保持最新的获得认可的尽职调查计划登记册，该登记册应在互联网上公开提供。

第八章　废电池管理

第 54 条　主管机关

1. 成员方应指定一个或多个主管机关负责本章规定的义务，特别是监督和验证生产者和生产者责任组织履行本章规定的义务。

2. 每个成员也可以在第 1 款中所述的主管机关中指定一个联络点，以便根据第 4 款中与欧盟委员会联络。

3. 成员方应制定主管机关的组织和运行的细节，包括以下方面的行政和程序规则：

（a）第 55 条规定的生产者登记；

（b）第 58 条规定的生产者和生产者责任组织的授权；

（c）根据第 57 条监督生产者延伸责任义务的实施；

（d）根据第 75 条收集关于电池和废电池的数据；

（e）根据第 76 条提供的信息。

4. 2025 年 11 月 18 日之前，成员方应将根据第 1 款中指定的主管机关的名称和地址通知欧盟委员会。成员方应无延迟地将此类主管机关的名称和地址的任何变更通知欧盟委员会。

第 55 条　生产者登记册

1. 成员方应建立生产者登记册，以监督生产者符合本章的要求。

2. 生产者应在第 1 款所述的登记册中登记。为此目的，生产者应向第一次在市场上销售电池的各成员方提交注册申请。

生产者应通过第 9 款（a）点中所述的电子数据处理系统提交注册申请。

生产者只能在成员方市场上提供电池，包括那些安装在电器、轻型运输工具或其他车辆上的电池，前提是生产者或授权的生产者延伸责任的代表（在授权的情况下）必须在该成员方注册。

3. 注册申请应当包括下列信息：

（a）生产者在成员方经营的名称和品牌名称（如果有的话）以及生产者的地址，包括邮政编码和地址、街道和号码、国家（地区）名称、电话号码，以及网站和电子邮件地址（如果有的话）来表明单一联系点；

（b）生产者的国家（地区）识别代码，包括其贸易登记号码或同等的官方登记号码以及欧洲或国家（地区）税务识别号码；

（c）生产者打算首次在成员方市场上销售的一个或多个电池类别，即便携式电池、工业电池、LMT 电池、电动汽车电池或 SLI 电池，及其化学成分；

（d）生产者分别履行第 56 条中规定的责任以及第 59 条、第 60 条和第 61 条中规定的要求的信息；

（i）对于便携式电池或 LMT 电池，应提供以下条件来满足本条（d）点中的要求：

——生产者为履行第 56 条中规定的生产者责任义务而采取的措施的书面信息，为履行第 59 条第 1 款或第 60 条第 1 款中关于生产者在成员方市场上提供的电池数量的单独收集义务而采取的措施的书面信息，以及确保向主管机关报告的数据是可靠的系统信息；

——适用的书面信息，生产者为履行第 57 条第 1 款和第 2 款中规定的生产延伸责任义务而指定的生产者责任组织的姓名和联系人方式，包括邮政编码和地点、街道和号码、国家（地区）名称、电话号码、网站和电子邮件地址，以及国家（地区）识别码；包括贸易登记号或等同官方登记号和生产者责任组织的欧洲或国家（地区）税务识别号，以及被代表生产者的授权。

（ii）对于 SLI 电池、工业电池和电动汽车电池，应通过提供以下条件来满足本款（d）点中的要求：

——生产者为履行第 56 条中规定的生产者责任义务而采取的措施的书面信息，为履行第 61 条第 1 款中规定的关于生产者在成员方市场上提供的电池数量的收集义务而采取的措施的书面信息，以及为确保向主管机关报告的数据可靠的系统的书面信息；

——适用时，生产者为履行第 57 条第 1 款和第 2 款中规定的生产者延伸责任义务而指定的生产者责任组织的名称和联系方式，包括邮政编码和地点、街道和电话号码、国家、电话号码、网站和电子邮件地址，以及国家（地区）识别码，包括贸易登记号或等同官方登记号和生产者责任组织的欧洲或国家（地区）税务识别号，以及代表的生产者的授权。

（e）生产者或生产者延伸责任的授权代表（适用时）或根据第 57 条第 1 款中指定的生产者责任组织的声明，声明所提供的信息真实可靠。

4. 在不影响本条第 3 项中的情况下，本款（4）点中规定的信息应在根据本条第 3 项中提出的注册申请或根据第 58 条中提出的授权申请中提供。此类授权申请应至少包括个人或集体履行生产者延伸责任义务的信息。

5. 如有必要，成员方可以要求提供额外的信息或文件，以便更有效地使用生产者登记册。

6. 如果生产者根据第 57 条第 1 款中指定了一个生产者责任组织，除非成员方另有规定，否则该组织应在必要时履行本条规定的义务。

7. 本条规定的义务可由一名生产者延伸责任的授权代表代表生产者履行。

如果代表多个生产者的生产者延伸责任的授权代表代表一个生产者履行本条规定的义务，除本条第 3 款所要求的信息外，该授权代表还应分别提供所代表的每个生产者的名称和联系方式。

8. 如果申请符合本条第 3 款至第 7 款规定的要求，成员方可以决定本条规定的注册程序和第 58 条规定的授权程序构成一个单一程序。

9. 主管机关应：

（a）在其网站上通过电子数据处理系统提供有关申请程序的信息；

（b）在提供第 2 款和第 3 款中所要求的所有资料后最迟 12 周内授予登记并提供登记号。

10. 主管机关可以：

（a）在不增加第 2 款和第 3 款中规定的实质性要求的情况下，规定有关登记要求和程序的方式；

（b）向生产者收取按成本和比例计算的费用，用于处理本条第 2 款中所述的申请。

11. 如果没有或不充分提供第 3 款所述的信息和相关文件证据，或者生产者不再符合第 3 款第（d）点中规定的要求，主管机关可以拒绝生产者登记或撤销生产者登记。

12. 如果生产者已经注销，生产者延伸责任的授权代表，或者代表其所代表的生产者指定的生产者责任组织，应当及时通知主管机关其登记信息的变更，以及关于在成员方境内市场上提供登记中提到的电池永久停止供应。

13. 如果生产者登记册中的信息不能公开获取，成员方应确保允许消费者与生产者签订远程合同的在线平台提供者免费访问登记册中的信息。

第 56 条　生产者延伸责任

1. 生产者应对其首次在成员方境内投放市场的电池负有生产者延伸责任。此类生产者应符合 2008/98/EC 号指令第 8 条和第 8a 条以及本章的要求。

2. 就本条例而言，在成员方境内首次在市场上销售来自准备再使用、准备再利用、再利用或再制造操作产生的电池的经济运营商应视为该电池的生产者，并应承担生产者延伸责任。

3. 第 3 条第 47 款（d）点中定义的生产者应在其销售电池的每个成员方指定一名授权代表，负责生产者延伸责任。这种指定应通过书面授权进行。

4. 生产者应支付的资金应包括生产者在有关成员方市场上提供的产品的以下成本：

（a）单独收集废电池及其随后的运输和处理的费用，其中包括到从准备再使用或准备再利用或从回收的废电池中回收的次级原材料的价值中获得的收入；

（b）根据第 69 条第 5 款对收集的混合城市废弃物进行成分调查的费用；

（c）根据第 74 条提供关于预防和管理废电池的信息的费用；

（d）根据第 75 条收集数据并向主管机关报告的费用。

5. 如果提供经过准备再使用、准备再利用、再利用或再制造的电池上市销售，原始电池的生产者和由于此类操作而投放市场的电池的生产者，可以根据不同生产者之间的实际成本归属，建立和调整成本分摊机制，用于本条第 4 款（a）点、（c）点和（d）点中所述的成本。

如果本条第 2 款中提到的电池属于多个生产者延伸责任，第一个生产该电池的生产者将不承担由于本款第 1 款中提到的成本分担机制而产生的额外成本。

欧盟委员会应促进成员方之间就此类费用分摊机制交换信息和分享良好做法。

第 57 条　生产者责任组织

1. 生产者可以指定依照第 58 条授权的生产者责任组织，代表生产者履行生产者延伸责任义务。成员方可以采取措施强制指定生产者责任组织。此类措施应根据投放市场的某一类电池的具体特性和有关的废弃物管理特性加以调整。

2. 在集体履行生产者延伸责任义务的情况下，生产者责任组织应确保对生产者的平等待遇，无论其产地或规模如何，不得给包括中小型企业在内的小批量电池生产者造成不成比例的负担。生产者责任组织还应确保生产者向它们支付财政捐款：

（1）根据 2008/98/EC 号指令第 8a 条第 4 款（b）点中进行调节，并至少按电池类别和电池化学成分进行调节，酌情考虑可充电性、电池制造中的回收含量水平和电池是否需要进行准备再使用、准备再利用、再利用或再制造准备，以及电池的碳足迹；

（2）根据生产者责任组织从准备再使用、准备再利用或从回收的废电池中回收的次级原材料的价值中获得的收入而进行调整。

3. 如果一个成员方的多个生产者责任组织被授权代表生产者履行扩展生产者延伸责任义务，他们应当确保第 59 条第 1 款、第 60 条第 1 款和第 61 条第 1 款中所述活动覆盖成员方全境。成员方应指定主管机关或指定一个独立的第三方机构来确保生产者责任组织以协调的方式履行其义务。

4. 生产者责任组织应当确保其所拥有的专有信息或直接归属于生产者单独或其授权代表的信息的机密性。

5. 除 2008/98/EC 号指令第 8a 条第 3 款（e）点中所述的信息外，生产者责任组织应至少每年在其网站上公布有关指定生产者责任组织的旧电池的分类收集率、回收效率和材料回收水平的信息，并遵守商业和工业保密原则。

6. 除第 5 款提到的信息外，生产者责任组织应公开根据第 8 款中选择的废弃物管理运营商的选择程序信息。

7. 在必要时，为了避免内部市场扭曲，欧盟委员会有权通过实施法案来规定适用本条第 2 款（1）点中适用的标准。该实施法案不应涉及卷款的精确确定，并应按照第 90 条第 3 款中所述的审查程序予以通过。

8. 废弃物管理运营商应遵循由生产者或生产者责任组织根据透明的奖励标准进行的非歧视选择程序，而不会对中小型企业造成过重的负担。

第 58 条　关于履行生产者延伸责任的授权

1. 生产者单独履行生产者延伸责任义务的，以及生产者集体履行生产者延伸责任义务的指定的生产者责任组织，应当向主管机关申请履行生产者延伸责任的授权。

2. 只有证明符合下列所述情况时，方可授权：

（1）符合 2008/98/EC 号指令第 8a 条第 3 款（a）至（d）点中规定的要求，且生产者或生产者责任组织采取的措施足以履行本章规定的有关生产者或生产者责任组织所代表的生产者在成员方境内首次在市场上提供的电池数量的义务；

（2）提供书面证据证明第 59 条第 1 款和第 2 款中的要求或第 60 条第 1 款、第 2 款和第 4 款中的要求得到符合，并且所有安排都已到位，可以分别达到和持久维持第 59 条第 3 款和第 60 条第 3 款中所述的收集目标。

3. 成员方应在制定第 54 条第 3 款（2）点中所述的行政和程序规则的措施中，包括授权程序的细节，此类细节可能会因其是否涉及单独或集体履行生产者延伸责任义务，以及核查生产者或生产者责任组织合格的方式而有所不同。包括为此目的由生产者或生产者责任组织提供的信息。授权程序应包括验证安排的要求，以确保符合第 59 条第 1 款和第 2 款，以及第 60 条第 1 款，第 2 款和第 4 款中规定的要求，以及验证的时间框架，从提交完整的申请档案起不超过 12 周。验证可以由独立专家实施，并就验证结果出具验证报告。

4. 生产者或生产者责任组织应及时通知主管机关，授权中包含的信息的变化，涉及授权条款或永久停止运营。

5. 根据 2008/98/EC 号指令第 8a 条第 3 款（d）点中规定的自我控制机制应定期执行，至少每三年一次，并应主管机关的要求，以验证该点的规定是否符合，以及本条第 2 款中所述的授权条件是否继续得到满足。生产者或者生产者责任组织应当根据要求，向主管机关提交自我控制报告，必要时报送纠正措施计划草案。在不影响本条第 6 款规定权限的情况下，主管机关可以对控制报告和纠正措施计划草案提出意见，并应将相关意见告知生产者或生产者责任组织。生产者或者生产者责任组织应当根据收到的意见制定并实施纠正措施计划。

6. 如果没有达到第 59 条第 3 款或第 60 条第 3 款中规定的收集目标，或者生产者或生产者责任组织不再符合组织收集和处理废电池的要求，或者没有向主管机关报告，或者没有通知主管机关有关授权条款的任何变更，或者已经停止运营，主管机关可以决定撤销授权。

7. 单独履行生产者延伸责任义务的生产者，以及在集体履行生产者延伸责任的情况下指定的生产者责任组织，应提供担保，以支付生产者或生产者责任组织在不遵守生产者延伸责任义务时应支付的与废弃物管理操作相关的费用，包括在生产者业务永久停止或破产的情况下。成员方可以就此类担保提出额外的要求。如果是国有的生产者责任组织，这种担保可以由该组织以外的其他机构提供，可以是由生产者提供费用资助的公共基金形式，负责该组织的成员方对此承担连带责任。

第 59 条　收集废便携式电池

1. 便携式电池的生产者，或者根据第 57 条第 1 款中指定的生产者责任组织，应当确保所有废便携式电池，无论其性质、化学成分、状况、品牌或原产地如何，在其首次在市场上销售便携式电池的成员方境内单独收集。因此，生产者或生产者责任组织应：

（a）设立废便携式电池回收及收集系统；

（b）向第 2 款（a）点中所述的实体提供免费的废便携式电池收集服务，并对所有利用该服务的实体收集废便携式电池（连接的废便携式电池收集点）做准备；

（c）为去废便携式电池连接收集点收集和运输废便携式电池提供必要的实际安排，包括免费提供符合欧洲议会和欧盟理事会 2008/68/EC 号指令①中要求的合适的收集和运输容器，用于连接的废便携式电池收集点；

（d）免费收集在连接收集点收集的废便携式电池，其频率应与通常通过废便携式连接收集点收集的废便携式电池的覆盖面积、总量和危险性质成比例；

（e）免费收集从废弃电子电气设备中拆卸的废便携式电池，收集频率应与废便携式电池的总量和危险性质成比例；

（f）确保从废便携式电池连接收集点收集的废便携式电池和从废弃电子电气设备中拆除的废便携式电池随后由废弃物管理运营商按照第 70 条在许可的设施中进行处理。

2. 便携式电池的生产者，或者根据第 57 条第 1 款中指定的生产者责任组织，应当确保废便携式电池的回收和收集系统：

（a）由其与下列一项或多项合作设立的收集点组成。

（i）第 62 条中规定的经销商；

（ii）符合 2000/53/EC 号指令的报废车辆处理设施；

（iii）根据第 66 条的公共机构或代表其进行废弃物管理的第三方；

（iv）根据第 67 条的自愿收集点；

（v）符合 2012/19/EU 号指令的废弃电子电气设备处理设施。

---

① 欧洲议会和欧盟理事会 2008 年 9 月 24 日颁布的 2008/68/EC 号指令，涉及危险货物内陆运输（OJ L 260，2008 年 9 月 30 日，第 13 页）。

（b）涵盖成员方全境，考虑到人口规模和密度，废便携式电池的预计总量，终端用户的可及性和接近度，不限于为营利而收集和后续管理废便携式电池有利可图的地区。

3. 便携式电池的生产者或根据第 57 条第 1 款中指定的生产者责任组织，应至少达到并持久保持以下废便携式电池的收集目标：

（a）到 2023 年 12 月 31 日回收率达到 45%；

（b）到 2027 年 12 月 31 日回收率达到 63%；

（c）到 2030 年 12 月 31 日回收率达到 73%。

生产者或根据第 57 条第 1 款中指定的生产者责任组织，应当按照附件Ⅺ计算本款所述的回收率。

4. 终端用户应能够在第 2 款（a）点所述的收集点丢弃废便携式电池，并且不应被收费或必须从设立收集点的生产者那里购买新电池或便携式电池。

5. 收集点依照根据第 2 款（a）中（i）、（iii）和（iv）点设置的，不受 2008/98/EC 号指令中的登记或许可要求的约束。

6. 成员方可以采取措施，要求本条第 2 款（a）点中所述的收集点，只有在与生产者或根据第 57 条第 1 款指定的生产者责任组织签订合同的情况下，才能收集废便携式电池。

7. 考虑到市场的预期发展和可充电便携式电池的预期使用寿命的增加，以及为了更好地确定可供收集的废便携式电池的实际总量，欧盟保护委员会有权采取：在 2027 年 8 月 18 日之前，根据第 89 条通过授权法案修订附件 XI 中规定的便携式电池回收率的计算方法，并修订本条第 3 款中规定的收集目标，以使该收集目标适应新方法，同时保持相同的目标和时间表。

第 60 条　收集废 LMT 电池

1. LMT 电池的生产者，或者按照第 57 条第 1 款中指定的生产者责任组织，应确保所有废 LMT 电池，无论其性质，化学成分，状况，品牌或原产地如何，在其首次在市场上销售电池的成员方境内单独收集。因此，生产者或生产者责任组织应：

（a）建立废 LMT 电池回收和收集系统；

（b）向第 2 款（a）点中所述的实体提供免费的废 LMT 电池收集服务，并对所有使用该服务的所有实体收集废 LMT 电池（连接的废 LMT 电池收集点）做准备；

（c）为去连接的 LMT 电池收集点收集和运输废 LMT 电池提供必要的实际安排，包括免费提供符合 2008/68/EC 号指令要求的合适的收集和运输容器；

（d）免费收集在 LMT 电池连接收集点收集的废 LMT 电池，收集频率与通常在此类收集点收集的废 LMT 电池的覆盖面积、体积和危险性质成比例；

（e）免费收集从废弃电子电气设备中拆除的废 LMT 电池，其频率与废 LMT 电池的量和危险性质成比例；

（f）确保 LMT 电池连接收集点收集的废 LMT 电池以及从废弃电子电气设备中拆除的废 LMT 电池随后由废弃物管理运营商根据第 70 条在许可的设施中进行处理。

2. LMT 电池的生产者或根据第 57 条第 1 款指定的生产者责任组织，应确保废 LMT 电池的回收和收集系统：

（a）由其与下列一项或多项合作设立的收集点组成。

（i）第 62 条中规定的经销商；

（ii）符合 2000/53/EC 号指令中的报废车辆处理设施；

（iii）根据第 66 条的公共机构或代表其进行废弃物管理的第三方；

（iv）根据第 67 条的自愿收集点；

（v）符合 2012/19/EU 号指令中的废弃电子电气设备处理设施。

（b）涵盖成员方全境，考虑到人口规模和密度、废 LMT 电池的预期数量、终端用户的可及性和接近度，不限于为营利而收集和后续管理废 LMT 电池的地区。

3. LMT 电池的生产者，或根据第 57 条第 1 款指定的生产者责任组织，应至少达到并持久保持以下废 LMT 电池的收集目标：

（a）到 2028 年 12 月 31 日回收率达到 51%；

（b）到 2031 年 12 月 31 日回收率达到 61%。

LMT 电池生产者，或者按照第 57 条第 1 款指定的生产者责任组织，应当按照附件XI计算本款所述的回收率。

4. LMT 电池的生产者，或者按照第 57 条第 1 款指定的生产者责任组织，应当：

（a）设立第 2 款（a）点所提述的收集点，其应具备对废 LMT 电池单独收集的适当的收集基础设施，以符合适用的安全规定，并支付此类收集点有关回收活动带来的必要费用；鉴于可能在收集点收集废电池的量和危险性质，在收集点收集和临时存放此类废电池的容器必须是合适的；

（b）从第 2 款（a）点中所述的收集点收集废 LMT 电池，其频率与单独收集基础设施的储存容量和通常通过此类收集点收集的废电池的量和危险性质成比例；

（c）为从本条第 2 款（a）点中所述的收集点收集的废 LMT 电池运送到第 70 条和第 73 条中所许可的设施做准备。

5. 终端用户应能够在第 2 款（a）点中所述的收集点丢弃废 LMT 电池，并且不应被收费或必须从设立收集点的生产者那里购买新电池或已购买 LMT 电池。

6. 收集点依照第 2 款（a）中（i）、（iii）和（iv）点，不受 2008/98/EC 号指令的登记或许可要求的约束。

7. 成员方可以采取措施，要求本条第 2 款（a）点所述的收集点，只有在与生产者或根据第 57 条第 1 款指定的生产者责任组织签订合同的情况下，才能收集废 LMT 电池。

8. 考虑到市场的预期发展和 LMT 电池预期使用寿命的增加，以及为了更好地确定可供收集的废 LMT 电池的实际数量，欧盟委员会有权在 2027 年 8 月 18 日之前根据第 89 条通过授权法案修订附件XI中规定的 LMT 电池回收率的计算方法，并修订本条第 3 款规定的收集目标，以使该收集目标适应新方法，同时保持相同的目标和时间表。

第 61 条　收集废 SLI 电池、废工业电池和废电动汽车电池

1. SLI 电池、工业电池和电动汽车电池的生产者，或者根据第 57 条第 1 款指定的生产者责任组织，应免费收回废电池，而且不得将要求终端用户必须购买新电池，或必须曾购买过其电池作为回收的前提条件，并应确保所有废 SLI 电池、废工业电池和废电动汽车电池，无论各自种类的性质、化学成分、状况、品牌，或原产地如何，在其首次在市场上销售电池的成员方境内单独收集。为此，生产者或生产者责任组织应接受从终端用户，或从回收和收集系统（包括他们与以下机构合作设立的收集点）中回收废 SLI 电池、废工业电池和废电动汽车电池：

（a）符合第 62 条第 1 款规定的 SLI 电池、工业电池和电动汽车电池的经销商；

（b）将 SLI 电池、工业电池及电动汽车电池进行再制造或再利用的营运者；

（c）第 65 条所述的操作过程中产生废 SLI 电池、废工业电池和废电动汽车电池的废电气和电子设备和报废车辆处理设施；

（d）根据第 66 条的公关机构或代表其进行废弃物管理的第三方。

成员方可以采取措施，要求第 1 款（a）点到（d）点中所述的实体，只有在与生产者或根据第 57 条第 1 款指定的生产者责任组织签订合同的情况下，才能收集废 SLI 电池、废工业电池和废电动汽车电池。

如果废工业电池需要事先在私人非商业用户的场所拆除，生产者回收废电池时不应向用户收取拆除和收集废电池的费用。

2. 根据第 1 款实施的回收安排应涵盖成员方的整个领土，同时考虑到人口规模和密度、废 SLI 电池、废工业电池和废电动汽车电池的预期数量、终端用户的可及性和接近度，不限于为营利而收集和后续管理废 SLI 电池、废工业电池和废电动汽车电池的地区。

3. SLI 电池、工业电池和电动汽车电池的生产者，或根据第 57 条第 1 款中指定的生产者责任组织，应：

（a）为第 1 款所述的回收及收集系统提供适当的收集基础设施，以便单独分别收集符合适用的安全规定的废 SLI 电池、废工业电池和废电动汽车电池，并支付此类回收及收集系统有关回收活动产生的必要费用；鉴于可能在收集点收集废 SLI 电池、废工业电池和废电动汽车电池的数量和危险性质，在回收及收集系统内，收集及临时存放此类废电池的容器必须合适的；

（b）为第 1 款中所述的回收和收集系统收集废 SLI 电池、废工业电池和废电动汽车电池，其频率与单独收集基础设施容量和通常通过此类回收和收集系统收集的废电池的数量和危险性质成比例；和

（c）为从终端用户和本条第 1 款所述的回收和收集系统收集的废 SLI 电池、废工业电池和废电动汽车电池运送到第 70 条和第 73 条许可的设施做准备。

4. 本条第 1 款（a）点至（d）点中所述实体，可将收集的废 SLI 废电池、废工业电池和废电动汽车电池移交给根据第 57 条第 8 款中选定的废弃物管理运营商，以便按照第 70 条进行处理。在这种情况下，本条第 3 款（c）点中规定的生产者义务应视为已履行。

第 62 条　经销商的义务

1. 经销商应免费从终端用户处回收废电池，无论其化学成分、品牌或产地，不得强迫终端用户必须购买或已购买新电池，具体如下：

（a）在经销商的零售点内或其附近的废便携式电池；

（b）在经销商的零售店内或其附近的废 LMT 电池、废 SLI 电池、废工业电池和废电动汽车电池。

2. 第 1 款规定的回收义务：

（a）不适用于含有电池的废弃物；

（b）应限于经销商所提供的或曾经提供电池的废电池类别，废便携式电池应限制非专业终端用户通常丢弃的数量。

3. 经销商应当将其回收的废电池交还给分别依照第 59 条、第 60 条和第 61 条中负责收集此类废电池的生产者或生产者责任组织，或者交还给依照第 57 条第 8 款中选定的废弃物管理运营商，以便依照第 70 条中进行处理。

4. 本条规定的义务应比照适用于通过远程合同向终端用户供应电池的经销商。此类

经销商应提供足够数量的收集点，覆盖成员方全境，并考虑到人口规模和密度，分别考虑到废便携式电池、废 LMT 电池、废 SLI 电池、废工业电池和废电动汽车电池的各自预期数量，以及终端用户的可及性和接近度，允许终端用户返还电池。

5. 在送货销售的情况下，经销商应在终端用户交货地点或当地的收集点提供免费回收废便携式电池、废 LMT 电池、废工业电池、废 SLI 电池和废电动汽车电池服务。终端用户在订购电池时应被告知废电池的回收安排。

6. 为符合（EU）2022/2065 号条例第 30 条第 1 款（d）点和（e）点，属于本条例第三章、第四条范围内允许消费者与生产者签订远程合同的在线平台提供者应从向欧盟消费者提供电池，包括安装在电器、轻型运输工具或其他车辆中的电池的生产者处获取以下信息：

（a）第 55 条中所述生产者登记册的详细信息及生产者登记号或该登记册中的生产者登记号册号；

（b）生产者承诺仅提供符合第 56 条第 1 款、第 2 款、第 3 款和第 4 款、第 57 条第 1 款和第 58 条第 1 款、第 2 款和第 7 款中规定的生产者延伸责任要求的电池，包括安装在电器、轻型运输工具或其他车辆中的电池的自我证明。

第 63 条　电池押金返还系统

到 2027 年 12 月 31 日，欧盟委员会将评估建立电池，特别是一般用途的便携式电池押金返还系统的可行性和潜在效益。为此目的，欧盟委员会应向欧洲议会和欧盟理事会提交一份报告，并考虑采取适当措施，包括通过立法建议。

第 64 条　终端用户的义务

1. 终端用户应将废电池与其他废弃物（包括混合城市废弃物）分开丢弃。

2. 终端用户应当按照第 59 条、第 60 条和第 61 条中的规定，将废电池丢弃在由生产者或者生产者责任组织设立的或者按照与生产者或者生产者责任组织达成的具体安排设立的单独收集点。

第 65 条　处理设施运营商的义务

1. 受 2000/53/EC 号指令或 2012/19/EU 号指令中约束的处理设施运营者应将报废车辆或废弃电子电气设备处理产生的废电池移交给相关电池类别的生产者，或根据第 57 条第 1 款指定的生产者责任组织，或根据第 57 条第 8 款中选择的废弃物管理运营商，以便根据第 70 条中进行处理。

2. 第 1 款所述处理设施运营商，应保存交接记录。

第 66 条　废弃物管理主管机关的参与

1. 来自私人和非商业终端用户的废电池可丢弃在废弃物管理主管机关设立的不同收集点。

2. 废弃物管理机构应确保收集的废电池按照第 70 条规定进行处理，通过以下方式：

（a）将其移交给相关电池类别的生产者，或者根据第 57 条第 1 款指定的生产者责任组织，或者根据第 57 条第 8 款中选定的废弃物管理运营商；

（b）按照第 68 条第 2 款中自行对收集的废电池本身进行处理。

第 67 条　自愿收集点的参与

1. 废便携式电池自愿收集点应将收集到的废便携式电池交给便携式电池的生产者或代表他们的第三方，包括生产者责任组织，或根据第 57 条第 8 款中选定的废弃物管理运营商，以便根据第 70 条中进行处理。

2. 废 LMT 电池的自愿收集点应将收集到的废 LMT 电池交给 LMT 电池的生产者或代表他们的第三方，包括生产者责任组织，或根据第 57 条第 8 款中选择的废弃物管理运营商，以便根据第 70 条中进行处理。

第 68 条　有关移交废便携式电池和废 LMT 电池的限制规定

1. 成员方可限制第 65 条中所述的经销商、废弃物处理设施运营商、第 66 条中所述的公共废弃物管理机构和第 67 条中所述的自愿收集点将收集的废便携式电池和废 LMT 电池移交给生产者或生产者责任组织，或移交给废弃物管理运营商的能力，其将根据第 70 条中进行处理。成员方应确保此类限制不会对收集和回收系统产生不利影响。

2. 成员方也可以采取措施，允许第 66 条中所述的公共废弃物管理机构自行按照第 70 条中进行处理。

第 69 条　成员关于收集废便携式电池和废 LMT 电池目标的义务

1. 成员方应采取必要措施，使生产者或根据第 57 条第 1 款中指定的生产者责任组织实现第 59 条第 3 款第 1 项（a）、（b）和（c）点中规定的关于废便携式电池的收集目标，以及第 60 条第 3 款第 1 项（a）和（b）点中关于废 LMT 电池的收集目标。

2. 特别是，成员方应定期（至少每年一次）监测生产者或根据第 57 条第 1 款中指定的生产者责任组织的回收率，以验证其已采取足够的措施来实现第 59 条第 3 款第 1 项（a）、（b）和（c）点中规定的有关废便携式电池的收集目标，以及第 60 条第 3 款第 1 项（a）和（b）点中规定的有关废液态金属电池的收集目标。这种监测应特别以根据第 75 条向主管机关报告的信息为基础，并应包括对该信息的核查，以及对生产者是否符合了附件Ⅺ中规定的计算方法和本条第 5 款中提及的成分调查结果和成员方可获得的任何其他信息的验证。

3. 在本条第 2 款中所述监测的基础上，成员方发现生产者或根据第 57 条第 1 款中指定的生产者责任组织未采取与实现第 59 条第 3 款第 1 项（a）、（b）和（c）点中所规定的关于废便携式电池的收集目标相一致的措施，或第 60 条第 3 款第 1 项（a）和（b）点中有关于废 LMT 电池的规定，该成员方的主管机关应要求生产者或生产者责任组织采取适当的纠正措施，确保其能够实现此类条款中规定的收集目标（如适用）。

4. 在不影响第 58 条第 5 款所规定的自我控制机制的前提下，生产者或者根据第 57 条第 1 款中所指定的生产者责任组织应当在本条第 3 款所规定的主管机关提出要求后的三个月内，向主管机关提交一份纠正措施计划草案。主管机关可以对计划草案提出意见，并应在收到纠正措施计划草案后一个月内将意见通知生产者或生产者责任组织。

当主管机关传达其对纠正措施计划草案的意见时，生产者或生产者责任组织应在收到此类意见后一个月内，制定考虑到此类意见的纠正措施计划，并应相应地实施。

评估第 55 条中规定的登记条件和第 58 条中规定的授权（适用时）是否继续符合时，应当考虑纠正措施计划的内容以及生产者或者生产者责任组织对该计划的符合情况。

5. 到 2026 年 1 月 1 日及此后的每 5 年，成员方应对前一年收集的混合城市废弃物和废电子电气设备进行成分调查，以确定其中的废便携式电池和废 LMT 电池的比例。在调查的基础上，主管机关可以要求便携式电池的生产者，LMT 电池的生产者，或者根据第 57 条第 1 款指定的各自的生产者责任组织采取纠正措施，增加其连接的收集点网络，并根据第 74 条第 1 款开展信息宣传活动。

第 70 条　处理

1. 收集的废电池不应被处理为或成为能源回收操作的对象。

2. 在不影响 2010/75/EU 号指令的情况下，许可的设施应确保废电池的处理至少符合本条例附件Ⅻ的 A 部分和 2010/75/EU 号指令中第 3 条第（10）点定义的最佳可用技术。

3. 如果收集的电池仍包含在废电器、废轻型运输工具或报废车辆中，应根据 2000/53/EC 号指令或 2012/19/EU 号指令中的要求，将电池从废设备、废轻型运输工具或报废车辆中拆除。

4. 欧盟委员会有权根据第 89 条通过授权法案，根据科学技术进步及新兴的废弃物管理技术，修改附件Ⅻ中 A 部分规定的废电池处理要求。

5. 各成员可对经济运营商设立激励方案，鼓励取得比附件Ⅻ中 B 部分和 C 部分分别规定的材料回收效率和回收目标更高比率的经济运营商。

第 71 条　循环回收效率和材料回收的目标

1. 每一许可设施应确保该设施的可用的所有废电池均应可回收，并经过准备再使用、准备再利用或回收。

2. 回收商应确保回收工作达到附件Ⅻ的 B 部分及 C 部分别列出的回收效率目标及材料回收目标。

3. 回收效率比率和材料回收比率应按照根据本条第 4 款通过的授权法案规定的规则计算。

4. 欧盟委员会应在 2025 年 2 月 18 日前，根据第 89 条通过一项授权法案，根据附件Ⅻ的 A 部分和文件格式，确定计算和回收效率比率和材料回收比率的方法，以补充本条例。

5. 自 2026 年 8 月 18 日起，欧盟委员会至少每 5 年对市场发展进行评估，特别是影响可回收材料的类型相关电池技术的发展以及钴、铜、铅、锂或镍的现有和预测的可用性或缺乏相关发展，并基于技术和科学进步，确定是否需要修订附件Ⅻ的 B 部分和 C 部分所列材料的回收效率和材料回收目标。在基于该评估的合理和适当的情况下，欧盟委员会有权根据第 89 条通过授权法案，修改附件Ⅻ中 B 部分和 C 部分规定的回收效率和材料回收目标。

6. 适当的情况下，由于影响可回收材料类型的市场发展，以及考虑到技术和科学进步，包括新兴的废弃物管理新技术，欧盟委员会有权根据第 89 条通过授权法案，修改附件Ⅻ中 C 部分（通过添加更多的材料，每种材料都有具体的回收目标），以及附件Ⅻ的 B 部分（通过添加更多的电池化学物质，每种物质有具体的回收效率目标）。

第 72 条　废电池的运输

1. 如果废电池或其一部分的运输符合（EC）1013/2006 号条例和（EC）1418/2007 号条例，处理工作可以在相关成员方或欧盟境外进行。

2. 为了区分旧电池和废电池，成员方主管机关可检查怀疑为废电池的旧电池的运输是否符合附件ⅩⅣ所载的最低要求，并对此类运输进行相应的监测。

如果成员方主管机关确定预定运输的旧电池含有废电池，则对怀疑为废电池的旧电池进行适当分析、检查和储存的费用可由相关类别电池的生产者、代表生产者的第三方或安排运输的其他人员支付。欧盟委员会有权根据第 89 条通过授权法案，补充附件ⅩⅣ所列的最低要求，特别是关于健康状况的要求，以区分旧电池和废电池的运输。

3. 根据本条第 1 款从欧盟出口的废电池或废电池的一部分只应计入第 70 条和第 71 条中规定的义务、效率和目标的履行，如果废电池或废电池的一部分的出口商提供目的地主管机关批准的证明文件，证明处理是在相当于本条例所要求的条件下进行的，并符合欧盟关于人类健康和环境保护的其他法律。

4. 欧盟委员会有权根据第 89 条通过授权法案，制定详细规则，通过制定等效条件的评估标准来补充本条第 3 款中的规则。

第 73 条　废 LMT 电池、废工业电池和废电动汽车电池准备再使用或准备再利用

1. 为了证明经过准备再使用或准备再利用的废 LMT 电池、废工业电池和废电动汽车电池不再是废弃物，应主管机关的要求，电池持有人应证明以下内容：

（a）在成员方进行的健康状况评估或健康状况测试的证据，其形式为记录副本，确认电池在准备再使用或准备再利用后能够提供与其使用相关的性能；

（b）以发票或销售或转让电池所有权的合同的方式记录，经过准备再使用或再准备利用的电池的进一步使用；

（c）为确保在运输、装卸过程中货物免受损害，应提供防止损坏的适当保护的证据，包括通过充分包装和适当堆放货物。

2. 第 1 款（a）点所述的信息应在同等条件下提供给终端用户和其第三方代表，纳入第 1 款所述电池投放市场或投入使用时所附文件。

3. 按照第 1 款和第 2 款中提供的信息不应损害有关欧盟及成员法律规定的对商业敏感信息保密的义务。

4. 欧盟委员会有权通过一项执行法令，规定废 LMT 电池、废工业电池或废电动汽车电池必须满足停止成为废弃物的详细技术和验证要求，以避免电池成为废弃物。该实施法案应按照第 90 条第 3 款中所述的审查程序通过。

第 74 条　废电池预防和管理的信息

1. 除了 2008/98/EC 号指令第 8a 条第 2 款中所述的信息外，生产者或根据第 57 条第 1 款中指定的生产者责任组织应向终端用户和经销商提供以下有关生产者或生产者责任组织在成员方境内供应的电池类别的废电池预防和管理的信息：

（a）终端用户在有助于预防废弃物方面的作用，包括提供关于电池使用的良好做法和建议的信息，旨在延长其使用阶段，以及再使用、准备再使用、准备再利用、再利用和再制造的可能性；

（b）终端用户根据其在第 64 条允许处理的义务，终端用户有助于单独收集废电池方面的作用；

（c）废电池的单独收集、回收和收集点、准备再使用、准备再利用和可用处理方法；

（d）处理废电池的必要安全说明，包括与含锂电池相关的风险和处理的相关说明；

（e）根据第 13 条在电池上或在电池包装上或随附文件上印刷的标签和符号的含义；

（f）电池中存在的物质，特别是有害物质，对环境和人类健康或人身安全的影响，包括不适当丢弃废电池，如作为未分类的城市废弃物丢弃或乱扔所造成的影响。

应按下列要求提供以上信息：

（a）对每种电池型号，从相关电池型号首次在成员方市场上市之日起，销售点和在线平台以可见的方式定期更新信息；

（b）使用终端用户易于理解的一种或多种语言，由销售电池的成员方确定。

2. 生产者应当向第62条、第65条和第66条中所规定的经销商和运营商，以及从事准备再使用、准备再利用或处理的其他废弃物管理运营商提供有关适用于废电池储存和收集的安全和保护措施的信息，包括职业安全信息。

3. 从电池在成员方境内供应之日起，生产者应根据要求，以电子方式免费向进行准备再使用、准备再利用或处理的废弃物管理运营商提供特定信息，具体而言，生产者需要提供有关废电池的适当和环保处理的信息：

（a）以允许内置电池的方式拆卸轻型运输工具、车辆和电器的过程；

（b）适用于废电池储存、运输和处理过程的安全和保护措施，包括职业安全和防火措施。

第1项（a）和（b）点中所述的信息应识别电池中所有有害物质的成分、材料和位置，只要操作人员需要进行准备再使用、准备再利用或处理，以使其符合本条例的要求。

该信息应以第1项中提到的操作员容易理解一种或多种语言提供，由销售电池的成员方确定。

4. 向终端用户供应电池的经销商应在其零售场所以易于获取和清晰可见的方式为电池的终端用户永久提供第1款和第2款所述的信息，以及终端用户将废电池免费退回零售店或代表在线平台建立的收集点的信息。该义务仅限于经销商或零售商所提供的或曾提供过新电池的电池类别。

经销商通过允许消费者与经营商签订远程合同的在线平台销售产品时，应当提供第1款和第2款中所述信息。

5. 生产者根据第56条第4款（a）至（d）点中承担的成本，应在新电池的销售点单独向终端用户显示。

6. 相关电池类别的生产者或生产者责任组织应开展提高认识宣传活动，并提供激励措施，鼓励终端用户以符合第1款向终端用户提供的关于预防和管理废电池的信息的方式丢弃废电池。

7. 在根据本条规定向终端用户公开提供信息时，应当按照欧盟及成员相关法律来保护商业敏感信息的机密性。

第75条　向主管机构报告的最低要求

1. 便携式电池和LMT电池的生产者，或根据第57条第1款中指定的生产者责任组织，应根据电池和废电池的化学成分和类别，在每个日历年为周期至少向主管机构报告以下信息：

（a）在一个成员方境内首次在市场上销售的便携式电池和LMT电池的数量，不包括在销售给终端用户之前在当年离开该成员方境内的电池；

（b）在一个成员方境内首次在市场上销售的通用便携式电池的数量，不包括在销售给终端用户之前当年离开该成员方境内通用便携式电池；

（c）分别按照第59条和第60条收集的废便携式电池和废LMT电池的数量；

（d）生产者或生产者责任组织对废便携式电池及废LMT电池的收集比率；

（e）已收集的废便携式电池和废LMT电池运往许可设施进行处理的数量；

（f）已收集的废便携式电池和废LMT电池出口至第三方进行处理、准备再使用或准备再利用的数量；

（g）已收集的废便携式电池及废LMT电池运往许可设施进行准备再使用或准备再利

用的数目。

除生产者根据第 57 条第 1 款指定的生产者责任组织以外的废弃物管理运营商，从经销商或其他废便携式电池或废 LMT 电池收集点收集废便携式电池或废 LMT 电池时，其应按其化学性质每个日历年向主管机关报告收集的废便携式电池和废 LMT 电池的数量。

2. SLI 电池、工业电池和电动汽车电池的生产者，或根据第 57 条第 1 款中指定的生产者责任组织，应根据废电池的化学成分和类别，每个日历年向主管机关报告以下信息：

（a）在一个成员方境内首次在市场上销售的 SLI 电池、工业电池和电动汽车电池的数量，不包括在销售给终端用户之前在当年撤出该成员方境内的电池；

（b）已收集的废 SLI 电池、废工业电池和废电动汽车电池运往许可设施作准备再使用或准备再利用的数量；

（c）已收集的废 SLI 电池、废工业电池和废电动汽车电池运往许可设施进行处理的数量；

（d）已收集的废 SLI 电池、废工业电池和废电动汽车电池出口至第三方进行准备再使用、准备再利用或处理的数量。

3. 废弃物管理运营商从经销商或其他废 SLI 电池、废工业电池、废电动汽车电池收集点或终端用户收集废电池时，应按废电池的化学成分和类别，每个日历年向主管机关报告下列信息：

（a）已收集的废 SLI 电池、废工业电池和废电动汽车电池的数量；

（b）已收集的废 SLI 电池、废工业电池和废电动汽车电池运往许可设施作进行准备再使用、准备再利用的数量；

（c）已收集的废 SLI 电池、废工业电池和废电动汽车电池运往许可设施进行处理的数量；

（d）已收集的废 SLI 电池、废工业电池和废电动汽车电池出口至第三方进行准备再使用、准备再利用或处理的数量。

4. 本条第 1 款（a）至（g）点中所述的信息应包括嵌入车辆和电器中安装的电池以及根据第 65 条中从车辆和电器中拆卸的废电池的信息。

5. 执行处理的废弃物管理运营商和回收商应在每个日历年向废电池处理所在地的成员方主管机关和废电池收集成员方报告以下信息：

（a）已接收的进行处理的废电池数量；

（b）已开始进行准备再使用、准备再利用或回收过程的废电池数量；

（c）关于废电池的循环利用效率、废电池材料的回收，以及最终产出部分的目的地和产量的数据。

回收效率和材料回收报告应涵盖回收的所有单个步骤和所有相应的产出部分。在一个以上的设施中进行回收操作时，首个回收商应当负责收集信息并向主管机关报告。

废电池处理所在地成员方的主管机关，应向收集电池的成员方的主管机关提供本款中所述的信息，如果两者不同的话。

送到另一个成员方进行处理的废电池，应包括在回收效率和材料的回收数据中，并应计入收集该废弃物的成员方对附件XII中设定的目标的实现。

6. 除第5款所述的废弃物持有者外，当废弃物持有者出口电池进行处理时，应向其所在成员方的主管机关报告有关出口进行处理的单独收集的废电池数量的数据以及第5款（b）点和（c）点中所述的数据。

7. 生产者或者根据第57条第1款中指定的生产者责任组织、废弃物管理运营商和本条所述的废弃物持有人应当在收集数据的报告年度结束后的6个月内进行报告。第一个报告周期应涉及根据第76条第5款中规定向欧盟委员会报告的格式的实施法生效后的第一个完整日历年。

8. 主管机关应当建立电子系统，并规定使用的格式，报告方通过该系统向主管机关报告数据。

9. 成员方应提供主管机关要求的必要的额外信息，以确保报告的数据是可靠的。

第76条　向欧盟委员会报告

1. 成员方应按照欧盟委员会在根据第5款通过的实施法案中规定的格式，按电池类别及其化学成分，在每个日历年以汇总形式公开提供以下关于便携式电池、LMT电池、SLI电池、工业电池和电动汽车电池的数据：

（a）一个成员方首次在市场上销售的电池数量，包括嵌入电器、车辆或工业产品的电池，但不包括在销售给终端用户之前在当年撤出成员方境的电池；

（b）根据第59条、第60条和第61条收集的废电池数量，以及根据附件Ⅺ所列方法计算的回收率；

（c）收集并运往许可设施进行准备再使用或准备再利用的废工业电池及废电动汽车电池的数量；

（d）关于在该成员方收集的电池，附件Ⅻ中B部分所述的回收效率值和附件Ⅻ中C部分所述的材料回收利用值。

成员方应在收集数据的报告年度结束后18个月内提供此类数据。他们应使用易于获取的数据服务，以欧盟委员会根据第5款中规定的格式，以电子方式公开此类数据。数据应是机器可读、可分类和可搜索的，并应尊重第三方使用的开放标准。当第1项中所述数据可获得时，成员方应公告欧盟委员会。

第一个报告期间应涉及根据第5款中规定向委员会提出报告的格式的实施法生效后的第一个完整的日历年。

除2000/53/EC号指令和2012/19/EU号指令规定的义务外，本条第1款第1项（a）至（d）点中所述的数据应包括嵌入车辆和电器中的电池，以及根据第65条中从此类车辆和电器中拆卸的废电池。

2. 关于第1款第1项（d）点中所述材料的回收效率和材料的回收报告应涵盖回收的所有单独步骤和所有相应的产出部分。

3. 成员方根据本条提供的数据应附有质量检查报告，以欧盟委员会根据第5款中规定的格式提交。

4. 欧盟委员会应收集和审查根据本条提供的信息。欧盟委员会应当发布一份报告，评估数据收集的组织、数据来源和成员方使用的方法，以及此类数据的完整性、可靠性、及时性和一致性。评估可能包括具体的改进建议。该报告应在成员方首次报告数据后6个月内起草，此后每四年起草一次。

5. 为了本条第 1 款和第 4 款中的目的，欧盟委员会应在 2025 年 8 月 18 日前通过实施法案，规定向欧盟委员会报告的数据和信息的格式，以及与废电池的收集和处理有关的评估方法和操作条件。实施法案应当按照第 90 条第 3 款中规定的审查程序通过。

第九章　数字电池护照

第 77 条　电池护照

1. 2027 年 2 月 18 日起，投放市场或投入使用的单个 LMT 电池、容量大于2 千瓦时的工业电池和电动汽车电池都必须配备电子记录（即电池护照）。

2. 电池护照应包含与电池型号有关的信息和附件XIII中所示的单个电池的特定信息，包括使用该电池产生的信息。电池护照中的信息应包括：

（a）按照附件XIII第 1 点公众可获取的信息；

（b）根据附件XIII第 2 点和第 3 点，仅供公告机构、市场监督管理部门和欧盟委员会获取的信息；

（c）根据附件XIII第 2 点和第 4 点，只有对出于第 3 项（a）和（b）点所述目的而访问和处理该信息具有合法利益的自然人或法人才能获得的信息。

第 2 项（c）点所述的获取和处理信息的目的应：

（1）涉及电池的拆解，包括拆解过程中采取的安全措施，以及电池型号的详细组成，并且对于允许修理商、再制造商、二次使用运营商和回收商按照本条例进行各自的经济活动至关重要；

（2）对单个电池，对于电池的购买者或代表购买者行事的各方是至关重要的，以便向独立的能源聚合商或能源市场参与者提供单个电池。

在适用于有关电池的类别或子类别的范围内，第 2 项所述信息应包括在电池护照中。

鉴于技术和科学进步，欧盟委员会有权根据第 89 条通过授权法案来修改附件XIII中关于电池护照中应包含的信息。

3. 电池护照应通过第 13 条第 6 款中所述的二维码访问，该二维码应可链接到将电池投放市场的经济运营商赋予电池的唯一标识符。

二维码和唯一标识符应符合 ISO/IEC 标准 15459-1-2014、15459-2-2015、15459-3-2014、15459-4-2014、15459-5-2014 和 15459-6-2014 或同等标准。

欧盟委员会有权根据第 89 条的规定通过授权法案，根据技术和科学进步修改本款第 2 项，替代该段所述标准或添加二维码和唯一标识符应符合的其他欧洲标准或国际标准

4. 将电池投放市场的经济运营商应确保电池护照上的信息准确、完整和最新。其可以书面授权任何其他运营商代表其行事。

5. 根据第 78 条中规定的基本要求电池护照中包含的所有信息应基于开放标准，采用可互操作的格式，可通过开放的可互操作的数据交换网络传输，不受供应商锁定，机器可读，结构化和可搜索。

6. 对电池护照中包含的信息的访问应按照第 78 条中规定的基本要求进行规范。

7. 对于经过准备再使用、准备再利用、再利用或者再制造的电池，履行本条第 4 款中

规定义务的责任，应当转移给将该电池投放市场或者投入使用的经济运营商。此类电池应该有一个新的电池护照，与原来的电池护照相连。

当电池的状态变为废电池时，履行本条第 4 款中规定的义务的责任应当转移给生产者，或者根据第 57 条第 1 款指定的生产者责任组织，或者根据第 57 条第 8 款选定的废弃物管理运营商。

8. 电池回收后将销毁电池护照。

9. 2026 年 8 月 18 日之前，欧盟委员会应通过实施法案，明确哪些人应被视为本条第 2 款（c）点中所指的具有合法利益的人，哪些人应获得本条中列出的信息，以及他们可以在多大程度上下载、共享、发布和再利用此类信息。实施法案应当按照第 90 条第 3 款中规定的审查程序通过。

指定第 2 款（c）点中所述人员的标准，以及确定其能够下载、共享、发布再利用附件XIII的第 2 点和第 4 点所述信息的程度的标准应如下：

（a）为了评估电池的状态和剩余价值及其进一步使用的能力，获得此类信息的必要性；

（b）为了准备再使用、准备再利用、再利用、再制造或回收电池，或在此类操作之间进行选择，须获得此类信息；

（c）根据适用的欧盟法律，需要确保对电池护照中具有商业敏感性的信息的访问和处理限制在必要的最低限度。

第 78 条　电池护照的技术设计和操作

电池护照的技术设计和操作应符合以下基本要求：

（a）电池护照应与欧盟关于生态设计的法律要求的其他数字产品护照完全可互操作，涉及端到端通信和数据传输的技术、语义和组织方面；

（b）消费者、经济运营商和其他相关行为者应根据附件XIII中所规定的各自的访问权和根据第 77 条第 9 款中通过的实施法案免费访问电池护照；

（c）电池护照中包含的数据应由负责履行第 77 条第 4 款或第 7 款中规定的义务的经济运营商或授权代表其行事的运营商存储；

（d）如果电池护照中包含的数据是由授权代表负责履行第 77 条第 4 款或第 7 款中规定的义务的经济运营商行事的运营商存储或以其他方式处理的，则不允许此类运营商在提供相关存储或处理服务所需的范围内全部或部分出售、再利用或处理此类数据；

（e）在负责履行第 77 条第 4 款或第 7 款中规定的义务的经济运营商不复存在或停止其在欧盟的活动后，电池护照仍然有效；

（f）访问、引入、修改或更新电池护照中信息的权利应根据附件XIII中规定的访问权力和根据第 77 条第 9 款通过的实施法案加以限制；

（g）确保数据的真实性、可靠性和完整性；

（h）电池护照须确保高度安全和隐私，并避免欺诈。

第十章　欧盟市场监督和欧盟保障程序

第 79 条　国家（地区）层面处理存在风险的电池的程序

1. 在不影响（EU）2019/1020 号条例第 19 条的情况下，如果一个成员方的市场监督部门有足够的理由相信本条例所涵盖的电池对人类健康或人身安全、财产或环境构成风险，该市场监督机构应就相关电池进行评估，包括本条例规定的所有相关要求。

如果在第 1 款所述的评估过程中，如果市场监督部门发现电池不符合本条例规定的要求（即不合格的电池），该市场监督机构应立即要求相关经济运营商在市场监督部门规定的合理期限内采取一切与风险性质相称的适当纠正措施，使电池符合此类要求，从市场上撤回或召回。

市场监督部门应当通知相关公告机构。

2. 市场监督部门应将评估结果和他们要求运营商采取的行动通知欧盟委员会和其他成员方。

3. 经济运营商应确保对其在欧盟市场上销售的所有不合格的电池均采取适当的纠正措施。

4. 如果相关经济运营商未在第 1 款第 2 项中规定的期限内采取适当的纠正措施，市场监督部门应采取一切适当的临时措施，禁止或限制不符合规定的电池在其境内市场上销售，并从该市场撤回此类电池或召回此类电池。

市场监督部门应及时将此类措施通知欧盟委员会和其他成员方。

5. 第 4 款第 2 项中提到的信息应包括所有可获得的细节，特别是识别不合格的电池的必要数据、电池的来源、宣称的不合规情况和所涉及的风险、采取的官方措施的性质和持续时间，以及相关经济运营商提出的理由。市场监督部门应当特别说明不合格是否由于下列哪种情况引起的：

（a）电池不符合第 6 条至第 10 条，以及第 12 条、第 13 条和第 14 条中的规定；

（b）第 15 条中所述协调标准的不足；

（c）第 16 条中所述通用规范中的不足。

6. 除根据本条启动程序的成员方外，其他成员方应立即将所采取的任何措施以及所掌握的有关电池不符合规定的任何额外信息通知欧盟委员会和其他成员方，如果不同意所采取的国家措施，则应提出反对意见。

7. 如果在收到第 4 款第 2 项中所述信息后的 3 个月内，成员方或欧盟委员会对市场监督部门采取的临时措施未提出异议，则该措施应被认定是合理的。

8. 成员方应确保立即对不符合要求的电池采取适当的限制措施，例如将不符合要求的电池从市场上撤回。

第 80 条　欧盟保障程序

1. 在完成第 79 条第 4 款、第 6 款和第 7 款中规定的程序后，如果对市场监督部门采取的措施提出异议，或者欧盟委员会认为某项措施违反了欧盟法律，欧盟委员会应立即与成员方和相关的运营商进行磋商，并对该措施进行评估。欧盟委员会应努力在一个月内完成该评估。

根据该评估的结果，欧盟委员会应通过一项实施法案来确定国家措施是否合理。该实施法案应按照第 90 条第 3 款中所述的审查程序通过。

2. 欧盟委员会应向所有成员方发送第 1 款第 2 项中所述的实施法案，并应立即将其通知成员方和相关的经济运营商。

如果措施认定是合理的，所有成员方应采取必要措施来确保所有不合格的电池从其市场上撤回，并应通知欧盟委员会。

如果措施认定不合理，有关成员方应撤销该措施。

3. 如果措施认定是合理的，并且电池的不合格是由本法规第 15 条中所述的协调标准中的不足导致的，欧盟委员会应适用（EU）1025/2012 号条例第 11 条中规定的程序。

4. 如果措施认定是合理的，并且电池的不合格是由于第 16 条所述的通用规范的不足导致，欧盟委员会应立即通过一项实施法案来修改或废除有关的通用规范。该实施法案应按照第 90 条第 3 款所述的审查程序通过。

第 81 条　存在风险的合规电池

1. 在根据第 79 条第 1 款进行评估后，如果成员方发现，尽管电池符合第 6 条至第 10 条，以及第 12 条、第 13 条和第 14 条中的规定，但它依然对人类健康或人身安全、财产保护或环境构成风险（即存在风险的合格电池），则应立即要求相关经济运营商在市场监督部门规定的合理期限内，采取一切与风险性质相称的适当措施，确保在市场上提供的具有风险的合规电池不再具有该风险，或将该电池从市场上撤回或召回。

2. 经济运营商应确保对其在整个欧盟市场上销售的所有存在风险的电池采取纠正措施。

3. 当第 1 款中所述的情况发生时，成员方应立即通知欧盟委员会和其他成员方。该信息应包括所有可提供的细节，特别是识别存在风险的合格电池所需的数据、此类电池的来源和供应链、所涉及风险的性质，以及采取的措施的性质和持续时间。

4. 欧盟委员会应立即与成员方和相关的运营商进行磋商，并对所采取的措施进行评估。根据评估结果，欧盟委员会应通过一项实施法案来确定该措施是否合理，并在必要时提出适当的措施。该实施法案应按照第 90 条第 3 款中所述的审查程序通过。

5. 在与保护人类健康和人身安全及保护财产或环境有关的正当合理的紧急必要理由下，欧盟委员会应根据第 90 条第 4 款所述程序通过一项立即适用的实施法案。

6. 欧盟委员会应将第 4 款和第 5 款所述的实施法案发送给所有成员方，并应立即将其通知成员方和相关的运营商。

第 82 条　联合活动

市场监督部门可以与代表经济运营商或终端用户的组织开展联合活动。此类联合活动可能包括由成员方或市场监督部门建立电池能力中心，以根据（EU）2019/1020 号条例第 9 条中促进电池的符合性，识别不合格，提高认识并提供与本条例规定的要求相关的指导。

第 83 条　正式确认不合格

1. 在不影响第 79 条的情况下，如果成员方发现下列情况之一，应要求有关的经济运营商结束有关不合格的情况：

（a）加贴的 CE 标志违反了（EC）765/2008 号条例第 30 条或本条例第 20 条；

（b）未加贴 CE 标志；

（c）根据附件Ⅷ的要求已加贴的通告机构的识别号违反了第 20 条中的规定或未加贴通告机构的识别号；

（d）没有起草或没有正确起草欧盟符合性声明；

（e）附件Ⅷ所述的技术文件无法提供或提供不完整；

（f）第 38 条第 7 款或第 41 条第 3 款中规定的信息缺失、虚假或不完整；

（g）不符合第 38 条、第 41 条中规定的其他行政条件的；

2. 如果第 1 款所述的不合格情况仍然存在，有关成员方应采取一切适当措施限制、禁止该电池在市场上销售或确保其从市场上撤回或召回。

第 84 条　尽职调查义务不合格

1. 如果成员方发现经济运营商未履行第 48 条、第 49 条和第 50 条中规定的尽职调查义务，它应当要求相关经济运营商终止有关不合格的行为。

2. 如果第 1 款中所述不合格情况依然存在，且没有其他有效手段制止不合格情况，有关成员方应采取一切适当措施，限制或禁止第 1 款中所述经济运营商在市场上销售电池，如果不合规情况严重，则确保从市场上撤出或召回电池。

第十一章 绿色公共采购和修订物质限制的程序

第 85 条 绿色公共采购

1. 2014/24/EU 号指令第 2 条第 1 款（1）点或 2014/25/EU 号指令第 3 条第 1 款中所定义的合同机构，或 2014/25/EU 号指令第 4 条第 1 款所定义的合同实体，在此类指令所涵盖的情况下采购电池或含有电池的产品，应考虑此类电池在其生命周期内对环境的影响，以确保将这种影响保持在最低限度。

2. 从本条第 3 款中所述的首个授权法案生效之日起 12 个月，建立采购程序的奖励标准，应通过应用此奖励标准来履行本条第 1 款中规定的义务。合同机构或合同实体为采购第 7 条至第 10 条中范围内的电池或含有电池的产品而进行的任何采购程序，应在其技术规范和奖励标准中参考第一个授权法案，以确保此类电池或含有电池的产品的采购在其生命周期内对环境的影响显著降低。

3. 欧盟委员会应在通过第 7 条第 2 款第 4 项（1）点、第 8 条第 1 款、第 9 条第 2 款和第 10 条第 5 款中规定的最新授权法案 12 个月后，根据第 89 条中通过授权法案，根据第 7 条至第 10 条中规定的可持续性要求，为电池或含有电池的产品的采购程序建立奖励标准，以补充本条例。

第 86 条 物质限制程序

1. 如果欧盟委员会认为，在电池制造过程中使用某种物质或在电池投放市场时，或在其后的生命周期阶段，包括在废弃电池的再利用或处理过程中，电池中存在某种会对人类健康或环境造成风险的物质，且这种风险没有得到充分控制，需要在全欧盟范围内加以解决，则欧盟委员会应要求欧洲化学品管理局编制一份符合（EC）1907/2006 号条例中附件ⅩⅤ来要求的限制档案。限制档案应包括社会经济评估，包括对替代品的分析。

2. 在收到本条第 1 款中所述欧盟委员会的请求后的 12 个月内，如果欧洲化学品管理局根据该段准备的限制文件表明，除现有的任何措施外，有必要在全联盟范围内采取行动，则欧洲化学品管理局应建议采取限制措施，以便启动本条第 4 款至第 9 款及第 87 条和第 88 条中所述的程序。

3. 如果成员方认为使用一种物质生产的电池，或含有某种物质的电池在市场上，或在随后的生命周期阶段，包括废电池再利用或处理期间，对人类健康或环境构成风险，该风险未充分控制并需要解决在全欧盟范围内解决，其应当通告欧洲化学品管理局，建议准备一个限制档案。成员方应准备一份限制文件。限制档案应包括社会经济评估，包括替代方案分析。

如果限制档案表明，除现有的任何措施外，欧盟范围内的行动是必要的，成员方应以（EC）1907/2006 号条例中附件ⅩⅤ规定的格式将其提交给欧洲化学品管理局，以启动本条第 4 款至第 9 款，以及第 87 条和第 88 条中所述的程序。

4. 为了限制档案和限制程序的目的，欧洲化学品管理局或成员方应考虑根据（EC）1907/2006 号条例向欧洲化学品管理局或成员方提交的任何档案、化学品安全报告或风险评估。欧洲化学品管理局或成员方还应考虑可获得的信息，并参考为其他欧盟法律的目的提交的任何相关风险评估，此类法律涵盖电池中使用的物质的生命周期，包括废弃阶段。为此目的，根据欧盟法律设立并执行类似任务的其他机构应要求向欧洲化学品管理局或有关成员方提供资料。

5. 欧洲化学品管理局在执行本条例第 6 条和本条中规定的任务时所掌握的信息的获取，应遵守（EC）1907/2006 号条规第 118 条。

6. 欧洲化学品管理局应保持一份物质清单，该物质清单由欧洲化学品管理局或成员方计划或正在根据本条建立限制档案。

7. 根据（EC）1907/2006 号条例第 76 条第 1 款（c）点中设立的风险评估委员会和根据该法规第 76 条第 1 款（d）点中设立的社会经济分析委员会应检查提交的限制档案是否符合该条例附件XV的要求。在收到文件后 30 天内，各委员会应通知欧洲化学品管理局或建议限制的成员方，说明文件是否符合要求。如果申报文件不符合要求，应在收到后 45 天内以书面形式向欧洲化学品管理局或成员方说明原因。欧洲化学品管理局或成员方应在收到各自委员会的理由之日起 60 天内使档案符合要求，否则本条规定的程序将终止。

8. 欧洲化学品管理局应立即公布欧盟委员会或成员方根据本条启动某种物质限制程序的意图，并应通知相关利益攸关者。

9. 机构应立即在其网站上公开限制档案，包括根据第 2 款和第 3 款中建议的限制，并明确指出其发布日期。机构应邀请所有利益攸关者在公布之日起 4 个月内单独或联合提交：

（a）对限制文件和建议限制的意见；

（b）对建议的限制进行社会经济分析，包括对替代方案的分析，或有助于这种分析的信息，审查建议的限制的优点和缺点。该分析应符合（EC）1907/2006 号条例附件XVI中的要求。

10. 第 6 条第 2 款中规定的授权行为应在收到第 87 条第 2 款中规定的欧洲化学品管理局的社会经济分析委员会的意见后 9 个月内通过。如果社会经济分析委员会未在第 87 条第 2 款或第 5 款中规定的截止日期前（如适用）通过意见，欧盟委员会应考虑该限制的社会经济影响，包括该物质替代品的可获得性，并应在第 87 条第 2 款中规定的截止日期前通过授权法案。

11. 如果附件 I 的修正草案与根据本条和第 87 条和第 88 条中规定的程序编制的限制档案的原始提案有分歧，或者如果其未考虑到来自欧洲化学品管理局的意见，欧盟委员会应附上对差异原因的详细解释。

第 87 条　欧洲化学品管理局各委员会的意见

1. 在第 86 条第 9 款中所述公布之日起 12 个月内，风险评估委员会应根据其对限制档案有关部分的审议，就所建议的限制是否适合减少对人类健康或环境的风险，通过一项意见。该意见应考虑欧洲化学品管理局应欧盟委员会或成员方的要求而准备的限制文件，以及第 86 条第 9 款（a）点中所述利攸关方的意见。

2. 在第 86 条第 9 款中规定的公布之日起 15 个月内，社会经济分析委员会应根据其对限制档案的相关部分和社会经济影响的考虑，对建议的限制提出意见。在此之前，社会经济分析委员会应就建议的限制和相关的社会经济影响起草一份意见草案，同时考虑到根据第 86 条第 9 款（b）点（如果有）中进行的分析或提供的信息。

3. 机构应毫不拖延地在其网站上公布社会经济分析委员会的意见草案，并邀请利益相关各方在该意见草案公布后不迟于 60 天内就该意见草案提出意见。

4. 社会经济分析委员会应立即通过其意见，并酌情考虑在本条第 3 款规定的截止日期前收到的进一步意见。该意见应考虑利益攸关方根据第 86 条第 9 款（b）点和本条第 3 款中提交的意见。

5. 如果风险评估委员会的意见与限制文件中建议的限制有明显分歧，则欧洲化学品管理局应将征求社会经济分析委员会意见的截止日期最多推迟 90 天。

6. 如果风险评估委员会和社会经济分析委员会根据本条第 1 款和第 2 款中提供意见，应根据（EC）1907/2006 号条例第 87 条并根据其中规定的条件使用报告员。

第 88 条　向欧盟委员会提交意见

1. 欧洲化学品管理局应立即向欧盟委员会提交风险评估委员会和社会经济分析委员会对根据第 86 条建议的限制的意见。如果风险评估委员会和社会经济分析委员会的意见与建议的限制有重大分歧，则欧洲化学品管理局应向欧盟委员会提交解释性说明，详细解释造成分歧的原因。如果一个或两个委员会未在第 87 条第 1 款中规定的截止日期前分别通过意见，则欧洲化学品管理局应相应地通知欧盟委员会，并说明理由。

2. 欧洲化学品管理局应立即在其网站上公布两个委员会的意见。

3. 欧洲化学品管理局应向欧盟委员会或应要求的成员方提供其提交或审议的所有文件和证据。

第十二章　授权和欧盟委员会程序

第 89 条　行使授权

1. 根据本条规定的条件，授予欧盟委员会通过委托行为的权力。

2. 第 6 条第 2 款，第 7 条第 1 款、第 2 款和第 3 款，第 8 条第 1 款和 5 款，第 9 条第 2 款，第 10 条第 5 款和 6 款，第 11 条第 4 款，第 12 条第 3 款，第 13 条第 8 款，第 14 条第 4 款，第 48 条第 8 款，第 53 条第 3 款，第 59 条第 7 款，第 60 条第 8 款，第 70 条第 4 款，第 71 条第 4 款，第 5 款和 6 款，第 72 条第 4 款，第 77 条第 2 款和第 3 款，第 85 条第 3 款中所述的通过授权行为的权力，自 2023 年 8 月 17 日起为期 5 年。欧盟委员会应至迟在 5 年期限结束前 9 个月内起草一份关于授权的报告。除非欧洲议会或欧盟理事会不迟于每一个期限结束前 3 个月反对延长授权，否则该授权应在相同期限内默认延长。

3. 第 6 条第 2 款，第 7 条第 1 款，第 2 款和 3 款，第 8 条第 1 款和第 5 款，第 9 条第 2 款，第 10 条第 5 款和第 6 款，第 11 条第 4 款，第 12 条第 3 款，第 13 条第 8 款，第 14 条第 4 款，第 48 条第 8 款，第 53 条第 3 款，第 59 条第 7 款，第 60 条第 8 款，第 70 条第 4 款，第 71 条第 4 款、第 5 款和第 6 款，第 72 条第 4 款，第 77 条第 2 款和第 3 款，第 85 条第 3 款中所述的授权可以随时由欧洲议会或欧盟理事会撤销。撤销的决定，该决定所规定的授权即告终止。它应在《欧盟官方公报》上公布决定后的第二天或其中规定的较晚日期生效。不得影响任何已经生效的授权行为的有效性。

4. 在通过授权法案之前，欧盟委员会应根据 2016 年 4 月 13 日关于更好立法的机构间协议中规定的原则，咨询每个成员方指定的专家。

5. 通过授权法案后，欧盟委员会应同时通知欧洲议会和欧盟理事会。

6. 第 6 条第 2 款，第 7 条第 1 款、第 2 款和 3 第款，第 8 条第 1 款和第 5 款，第 9 条第 2 款，第 10 条第 5 款和 6 款，第 11 条第 4 款，第 12 条第 3 款，第 13 条第 8 款，第 14 条第 4 款，第 48 条第 8 款，第 53 条第 3 款，第 59 条第 7 款，第 60 条第 8 款，第 70 条第 4 款，第 71 条第 4 款、第 5 款和 6 款，第 72 条第 4 款，第 77 条第 2 款和第 3 款，第 85 条第 3 款，只有在欧洲议会或欧盟理事会在向欧洲议会和欧盟理事会发出该法案通知后 3 个月内未表示反对，或欧洲议会和欧盟理事会在该期限届满前均已通知欧盟委员会其不反对的情况下，该法案方可生效。根据欧洲议会或欧盟理事会的倡议，该期限可延长两个月。

第 90 条　委员会的程序

1. 欧盟委员会将由根据 2008/98/EC 号指令第 39 条中设立的委员会协助。该委员会应是（EU）182/2011 号条例定义的委员会。

2. 当提及本款时，应适用（EU）182/2011 号条例第 4 条。

3. 当提及本款时，应适用（EU）182/2011 号条例第 5 条。

如果委员会未发表意见，欧盟委员会将不采纳实施法草案，并适用（EU）182/2011号条例第5条第4款第3项。

4. 提及本款时，应适用（EU）182/2011号条例第8条及第5条。

第十三章　修正案

第 91 条　（EU）2019/1020 号条例的修订

（EU）2019/1020 号条例的修订如下：

1. 在第 4 条第 5 款中，文本（EU）2016/425 和（EU）2016/426 变更为以下内容：

“（EU）2016/425（*），（EU）2016/426（* *）和（EU）2023/1542（* * *）

（*）欧洲议会和欧盟理事会 2016 年 3 月 9 日颁布的（EU）2016/425 号条例，涉及个人防护装备，以及 89/686/EEC 号指令的废止（OJ L 81，2016 年 3 月 3 日，第 51 页）。

（* *）欧洲议会和欧盟理事会 2016 年 3 月 9 日颁布的（EU）2016/426 号条例，涉及燃烧气体燃料的电器，以及 2009/142/EC 号指令的废止（OJ L 81，2016 年 3 月 3 日，第 51 页）。

（* * *）欧洲议会和欧盟理事会 2016 年 3 月 9 日颁布的（EU）2023/1542 号条例，涉及电池和废电池，2008/98/EC 号指令和（EU）2019/1020 号条例修订，以及 2006/66/EC 号指令的废止（OJ L 81，2016 年 3 月 3 日，第 51 页）。”

2. 在附件 I 中，欧盟协调立法清单第 21 点变更为以下内容取代：

“欧洲议会和理事会 2023 年 7 月 12 日关于电池和废电池的（EU）2023/1542 号条例，修订 2008/98/EC 号指令和（EU）2019/1020 号条例并废除 2006/66/EC 号指令（OJ L 191，2023 年 7 月 28 日，第 1 页）；”

第 92 条　对 2008/98/EC 号指令的修正

在 2008/98/EC 号指令第 8a（7）条中，增加了以下分段：

“对于欧洲议会和欧盟理事会（EU）2023/1542 号条例（*）第 2 条第（1）点定义的电池，成员方应采取措施，确保在 2018 年 7 月 4 日之前建立的生产者延伸责任计划在 2025 年 8 月 18 日之前符合本条。”

（*）欧洲议会和欧盟理事会 2023 年 7 月 12 日颁布的（EU）2023/1542 号条例，涉及电池和废电池，2008/98/EC 号指令和（EU）2019/1020 号条例的修订，2006/66/EC 号指令的废止（OJL191，2023 年 7 月 28 日，第 1 页）。

第十四章 最后条款

第 93 条 处罚

到 2025 年 8 月 18 日，成员方应制定适用于违反本条例的处罚规则，并应采取一切必要措施，确保此类规则得到实施。规定的处罚应有效、适当和具有劝诫性。成员方应立即将此类规则和措施以及随后对它们的修订通知欧盟委员会。

第 94 条 评审

1. 2031 年 6 月 30 日之前，欧盟委员会应评审和起草一份关于本条例的应用情况及其对环境、人类健康和内部市场运行影响的报告，并将其提交给欧洲议会和欧盟理事会。

2. 考虑到成员方取得的技术进展和实际经验，欧盟委员会应在报告中对本条例的以下方面进行评价：

（a）属于通用便携式电池定义下的通用格式列表；

（b）第二章中规定的可持续性和安全要求，包括可能需要对不符合附件 I 中规定的限制条件的电池实行出口禁令；

（c）第三章中规定的标签和信息要求；

（d）第 48 条至第 53 条中规定的电池尽职调查要求；

（e）第八章所规定的有关废电池管理的措施，包括引入便携式电池两个子类别的可能性，即可充电和不可充电的便携式电池并分别收集目标，以及引入通用便携式电池的单独的收集目标的可能性。

（f）第九章中规定的有关电池护照的措施；

（g）违规情况以及第 93 条规定的处罚的有效、适应和具有劝诫性；

（h）分析本条例对电池行业的竞争力和投资的影响，以及本条例带来的行政负担。

适当时，第 1 款所述的报告应附对本条例相关条款修订的立法提案。

3. 考虑到（EC）1907/2006 号条例的修订，欧盟委员会应在其报告中包括一份对修订该条例第 6 条、第 86 条、第 87 条、第 88 条的立法提案的必要性的详细评估。

4. 欧盟委员会应当评估，对第七章进行的修订是否必要，如果有，应考虑欧盟立法行为的可采纳性，立法行为对可持续公司管理和尽职调查制定规则，包括涉及与公司自身运营、子公司和分公司运营，以及他们的价值链运营相关的人权不利影响和环境不利影响的公司义务。

欧盟委员会应在本款第 1 项所述的任何立法行为生效后 12 个月后，或在 2031 年 6 月 30 日之前，发布一份含有上述评估结果的报告（以最早发布内容为准）。适当情况下，欧盟委员会应在报告中附上修订第七章的立法提案。

5. 2031 年 6 月 30 日之前，欧盟委员会应向欧洲议会和欧盟理事会提交一份报告，评估扩大第 3 条（11）点中“LMT 电池”定义范围的可行性和技术后果，特别是包括驱动非轮式车辆的电池。该报告应酌情附有一项立法建议。

6. 2025 年 1 月 1 日之前，欧盟委员会应评估如何最好地引入通用充电器的协调标准，分别用于为轻型运输工具设计的可充电电池，以及 2012/19/EU 号指令涵盖的特定类别的电子电气设备的可充电电池。评估范围不包含 2014/53/EU 号指令第 3 条（4）点规定的无线电设备类别的充电设备。

第 95 条　废除和过渡规则

2006/66/EC 号指令自 2025 年 8 月 18 日起废止。

但是，下列规定条款应继续适用：

（a）第 11 条适用至 2027 年 2 月 18 日；

（b）第 12 条（4）点和（5）点适用至 2025 年 12 月 31 日，但有关向欧盟委员会传输数据的规定除外，该规定将继续适用至 2027 年 6 月 30 日；

（c）第 21 条（2）点适用至 2026 年 8 月 18 日。

被废止指令的参考文献应被解释为本条例的参考文献。

第 96 条　生效和适用

1. 本条例应于《欧盟官方公报》发布之后第 20 日生效。

2. 除本条例第 2 项和其他条款外，本条例自 2024 年 2 月 18 日起适用。

下述条款应按如下实施：

（1）第 11 条自 2027 年 2 月 18 日起适用；

（2）第 17 条和第六章自 2024 年 8 月 18 日起实施，但第 17 条（2）点除外，其应自第 30 条（2）点所述清单首次公布之日起 12 个月内适用；

（3）第八章应自 2025 年 8 月 18 日起适用。

本条例应具有整体约束力，并直接适用于所有成员方。

2023 年 7 月 12 日于斯特拉斯堡。

欧洲议会	欧盟委员会
主席	主席
R. METSOLA	P. NAVARRO RIOS

附件Ⅰ　物质限制

物质或物质组的名称	限制条件
1. 汞 CAS 编号：7439-97-6 EC No231-106-7 及其化合物	电池，无论是否嵌在电器、轻型运输工具或其他车辆中，按重量计，汞（以金属汞表示）不得超出 0.0005%。
2. 镉 CAS 编号：7440-43-9 EC No231-152-8 及其化合物	便携式电池，无论是否装在电器、轻型运输工具或其他车辆中，按重量计，镉（以金属镉表示）不得超出 0.002%。
3. 铅 CAS 编号：7439-92-1 EC No231-100-4 及其化合物	1. 从 2024 年 8 月 18 日起，便携式电池，无论是否嵌在电器中，按重量计，铅（以金属铅表示）不得超出 0.01%。 2. 第 1 点中规定的限制在 2028 年 8 月 18 日之前不适用于便携式锌空气纽扣电池。

附件Ⅱ　碳足迹

1. 范围

本附件提供了关于如何计算碳足迹的基本要素。

根据第 7 条采用的授权法案方式的碳足迹计算和验证方法应进一步建立本附件中的基本要素，应符合欧盟委员会产品环境足迹（PEF）方法和相关产品环境足迹类别规则（PEFCRs），并反映生命周期评估领域的国际协议和科学技术进展。

生命周期碳足迹的计算应以特定制造工厂生产特定电池型号的材料清单、能源和辅助材料为基础。特别是电子元器件，如电池管理单元和安全单元，以及阴极材料应被准确地识别，因为它们可能成为电池碳足迹的主要贡献者。

2. 定义

在本附件中，适用以下定义：

（a）“活动数据”是指在建模生命周期清单（LCI）时与流程相关的信息，在此情形下，表示一个过程活动的过程链的合计生命周期清单结果分别乘以相应的活动数据，然后组合导出与该过程相关的碳足迹；

（b）“材料清单”是指制造电池所需的原材料、子装配品、中间组件、子组件和部件计及其数量的清单；

（c）“公司特定数据”是指从一个或多个设施中直接测量或收集的代表公司活动的数据（现场特定数据），此类数据也称为“原始数据”；

（d）“功能单元”是指由电池提供的功能、服务或两者的定性和定量方面；

（e）“生命周期”是指一个产品系统的连续和相互关联的阶段，从原材料获取或从自然资源生成，到最终处置（基于 ISO 14040-2006 或同等标准）；

（f）“生命周期清单”是指在生命周期清单中对基本、废弃物和产品流动的综合交换集资料组；

（g）“生命周期清单数据集”是指含有一个特定产品生命周期信息或其他参考资料的文档或文件，如现场或流程，包括描述性元数据和定量生命周期清单，可包括单元流程数据集、部分聚合数据集或聚合数据集；

（h）“参考流”是指对给定产品系统中满足功能单元所表达的功能所需的过程输出的测量（基于 ISO 14040-2006 或同等标准）；

（i）“次级数据”指未直接从公司供应链内收集或者测量或由该公司估算，而是来自第三方生命周期清单数据库或其他来源的数据。此类数据包括行业平均数据（例如已公布的生产数据、政府统计数据和行业协会数据，以及文献研究、工程研究和专利），也可以基于财务数据（包含代理数据和其他通用数据），也包括经过水平聚合步骤的原始数据；

（j）“系统边界”是指在生命周期阶段中包括或排除的方面。

此外，电池碳足迹计算的协调规则应包括对其解释所需的更多定义。

3. 功能单元和参考流

功能单元定义为电池系统在电池使用寿命内提供的总能量为千瓦时（kWh），以千瓦时计量。总能量是由回收数乘每次回收中释放的能量的乘积。

参考流是完成某一特定功能所需的电池重量，以电池在其使用寿命内提供的总能量每千瓦时的电池千克数来测量。制造商收集的所有量化碳足迹的定量输入和输出数据应根据参考流计算。

作为第一项的例外情况，对于具有主要功能来保证连续能量来源的备用电池，功能单元定义为在电池生命周期内随时提供 1 千瓦分钟（kWmin）的备用电源能力。相应地，备用电池的参考流是满足规定功能所需的电池重量，以电池的使用寿命的年份数除每千瓦分钟的电池千克数。由备用电池制造商收集的用来量化碳足迹的所有定量输入和输出数据都应根据该参考流进行计算。

在特殊情况下，如混合动力非插电式汽车的电池，方法可以定义一个不同的功能单元。

4. 系统边界

系统边界中应包括以下生命周期阶段及其所涉及的过程

生命周期阶段	涉及过程
原材料获取与预处理	包括活性材料的采矿和其他相关采购、预加工和运输，直至电芯和电池组件（活性材料、隔膜、电解质、外壳、有源和无源电池组件），以及电气和电子元器件的生产。
主要产品生产	电芯的组装和带有电芯与电气和电子元器件的电池的组装。
分销	运输到销售点。
报废和回收	收集、拆解和回收。

生命周期阶段中涉及的以下过程应被排除在系统边界之外：

——电池组装和回收设备的制造，因为对于移动设备的高效能充电电池的 PEFCRs 中，碳足迹影响可忽略不计；

——使用原始设备制造商（OEM）系统组件的电池组装过程；该过程很大程度上相当于机械组装，并被包括在原始设备制造商设备或车辆组装生产线内；与原始设备制造商部件的制造过程相比，该特定过程的能源和材料消耗可忽略不计。

使用阶段应排除在生命周期碳足迹计算之外，因为它不受制造商的直接影响，除非证明电池制造商在设计阶段做出的选择可以对该影响作出不可忽视的贡献。

5. 使用公司特定的数据集和次级数据集

由于电池组件的高数量和制造过程的复杂性，经济运营商应在合理的情况下，限制使用公司特定的数据来对电池特定的部件进行处理和部件分析。

特别是，所有与电池的阳极、阴极、电解液、分离器和电池外壳相关的活动数据都应参考在特定生产工厂生产的特定电池型号。因此，不应使用默认的活动数据。电池特定活动数据应与相关符合产品环境足迹的二次数据集结合使用。

由于碳足迹声明是专门针对在一个特定的生产地点生产的电池型号的，因此不允许对从生产相同电池型号的不同工厂收集的数据进行采样。

如果用于生产电池型号的材料清单或能源组合发生变化，应重新计算该电池型号的碳足迹。

通过第 7 条第 1 款所述的授权行为规定的协调规则应包括以下生命周期阶段的详细建模：

——原材料的获取和预处理；

——生产；

——分销；

——自有电力生产；

——生命周期结束。

6. 碳足迹影响评估

电池的碳足迹应采用 2019 年联合研究中心“产品环境足迹（PEF）方法更新建议”的报告中推荐的“气候变化”生命周期影响评估方法进行计算。

应提供特征化结果，不进行标准化和加权。使用的特征因子列表可在欧洲生命周期评价平台（LCA）上获得。

7. 抵消

抵消是相对于一个基准线来计算的，该基准线代表了一种假设情况，即如果未产生抵消的减排项目，排放量数值情况如何。

抵消不包括在碳足迹声明中，但可作为附加环境信息单独报告，用于交流。

8. 碳足迹性能等级

根据市场上电池碳足迹声明中数值的分布，确定有意义的碳足迹性能等级数，其中 A 类是最佳等级，碳足迹生命周期影响最小，以实现第 7（1）条中提到的电池类别的市场差异化。

各性能等级的阈值，以及该等级的宽度，应基于前 3 年投放市场的参考第 7（1）条的电池性能分布情况、预期的技术改进，以及其他技术因素而定。

9. 最大碳阈值

根据通过碳足迹声明收集的信息和投放市场的电池型号的碳足迹性能等级的相对分布，并考虑到该领域的科技进展，欧盟委员会应在进行专门的影响评估以确定阈值的值后，为第 7（1）条所述的电池类别设定最大寿命周期碳足迹阈值。

设置第一项所述的最大生命周期碳足迹阈值时，欧盟委员会应考虑市场上电池的碳足迹值的相对分布，减少市场上电池的碳足迹的进展程度，以及此类生命周期碳足迹阈值对欧盟到 2050 年实现可持续交通和气候中和目标的实际和潜在贡献。

附件Ⅲ　通用便携式电池的电化学性能和耐用性参数

A 部分　非充电电池的参数

1. 最短平均持续时间：在特定条件下，如温度和相对湿度，使用电池样品放电时达到的最短平均时间。

2. 延迟放电性能：在特定条件下，如温度和相对湿度，经过一段时间，以初始测量的最短平均持续时间为参考点的最短平均持续时间的相对减少。

3. 抗泄漏：防止电解质、气体或其他材料意外泄漏的能力。

B 部分　可充电电池的参数

1. 额定容量：在特定条件下，如温度和相对湿度，制造商声明的电池的容量值。

2. 充电（容量）[①] 保持能力：电池在特定条件下，如温度和相对湿度，存储一段时间后，未经再充电，能够释放的电容量，以额定电容的百分比表示。

3. 充电（容量）恢复能力：在特定条件下，如温度和相对湿度，存储一段时间后，经过再充电，能够释放的电容量，以额定电容的百分比表示。

4. 循环持久力：电池在特定的条件下，如温度和相对湿度，在容量下降至额定容量的某一比率前，充放电循环次数。

5. 抗泄漏：防止电解质、气体或其他材料的意外泄漏的能力。

---

① IEC 提到了充电和容量。两者代表相同的物理量（电荷）；唯一的区别是，充电用 C＝A×s 表示，而电容用 A×h 表示。在实践中，大多数情况下使用容量。

附件Ⅳ　LMT电池、容量大于2千瓦时的工业电池和电动汽车电池的电化学性能和耐用性要求

针对本附件，适用以下定义：

1.“额定容量”是指在标准条件下可从满电电池中提取的总安培小时（Ah）数。

2.“容量衰减”是指相对于原始额定容量，电池随时间推移和使用，在额定电压下可提供的电量减少。

3.“功率”是指电池在标准条件下在给定时间内能够提供的能量。

4.“功率衰减”是指电池随着时间推移和使用，在额定电压下可以提供的功率的减少。

5.“内阻”是指在标准条件下对电池内电流的阻力，即电子电阻和离子电阻对总有效电阻的作用，包括感应/电容特性。

6.“能量循环效率”是指电池在放电测试中传递的净能量与通过标准电荷恢复初始充电状态所需的总能量之比。

A部分　与电化学性能和耐用性相关的参数

1. 额定容量（以Ah为单位）和容量衰减（%）。
2. 功率（以W为单位）和功率衰减（%）。
3. 内阻（以Ω表示）和内阻增加（%）。
4. 能源回收效率及其衰减（%，如适用）。
5. 电池在其设计的标准条件下的预期周期寿命，以循环周期和历年表示，非回收使用除外。

B部分　解释A部分所列参数测量的要素

1. 应用放电率和充电率。
2. 标称电池功率（W）与电池能量（Wh）之间的比率。
3. 回收寿命试验中的放电深度。
4. 在80%和20%的电量状态下的功率能力。
5. 如果适用，使用测量参数进行任意计算。

附件Ⅴ　安全参数

1. 热冲击和回收

该测试应旨在评估暴露于极端温度和温度骤变时，由于电池组件的膨胀和收缩而引起的电池完整性的变化，以及这种变化的潜在后果。在热冲击期间，电池应暴露在两个温度极限下，并在每个温度极限下保持规定的一段时间。

2. 外部短路保护

该测试应评估电池在施加外部短路时的安全性能。该测试可以评估过流保护装置的激活情况或细胞在承受电流而不产生危险情况下的能力（例如，热失控、爆炸、火灾）。主要的危险因素是电池水平的发热和电弧，将会损坏电路或导致隔离电阻降低。

3. 过充保护

该测试应评估电池在过度充电情况下的安全性能。过度充电过程中的主要安全风险是电解质的分解、阴极和阳极的击穿、固体电解质间相（SEI）层的放热分解、隔膜的降解、锂沉积等，此类可能导致电池的自热和热失控。影响测试结果的因素至少应包括充电率和最终达到的电量状态。可以通过电压控制（达到极限充电电压后中断）或电流控制（超过最大充电电流后中断）来确保保护。

4. 过放保护

该测试应评估电池在过放电情况下的安全性能。过放电期间的安全风险包括极性反转导致阳极集流器（铜）的氧化和阴极侧的电镀。即使是轻微的过放电也会导致枝晶的形成，并最终导致短路。

5. 过温保护

本试验应评估温度控制故障或其他功能的故障对防止内部过热的影响。

6. 热扩散保护

该测试应评估电池在热扩散情况下的安全性能。一个电池内的热失控可以引起整个电池的级联反应，因为整个电池可以由许多电池模块组成。热失控也可能会导致严重的后果，比如大量的气体释放。该测试应考虑到 ISO 和联合国全球技术法规正在为运输应用程序开发的测试。

7. 由外力造成的机械损伤

该测试应模拟电池意外地暴露在机械应力时的一种或多种情况，并能确保电池维持其设计目的和正常运作。所采用的模拟标准应贴近真实生活中的使用场景。

8. 内部短路

该测试应评估电池在内部短路情况下的安全性能。发生内部短路是电池制造商关注的主要问题之一，还可能导致排气、热失控和火花，从而点燃从电池中泄漏的电解质蒸汽。这种内部短路可能由制造缺陷、电池中杂质的存在或锂的枝晶状生长引发，这也是大多数现场安全事故的原因。

可能存在多种内部短路情况（例如，阴极/阳极、铝集电器/铜集电器、铝集电器/阳极）的电接触，每种情况均有不同的接触电阻。

9. 热滥用

在此测试中，电池应暴露在高温下（在 IEC 62619 中的温度为 85℃），这可能会引发外热分解反应，并导致电池内的热失控。

10. 火灾试验

应通过将电池暴露于火中来评估爆炸的风险。

11. 气体排放

电池可能含有大量的潜在危险物质，例如高度易燃的电解质、腐蚀性和有毒成分。如果暴露在某些条件下，电池的完整性可能会受到损害，从而导致有害气体的释放。因此，在测试过程中识别电池释放物质的气体排放很重要：第 1 点至第 10 点列出的所有安全参数应适当考虑非水电解质排放的有毒气体的风险。

附件Ⅵ　标签、标记和信息要求

A 部分　电池的一般信息

电池标签上的信息应包括以下有关电池的信息：

1. 根据第 38（7）条识别制造商的信息；
2. 根据第 38（6）条规定的电池类别和识别信息；
3. 生产地点（电池生产厂的地理位置）；
4. 生产日期（年、月份）；
5. 重量；
6. 容量；
7. 化学物质；
8. 电池含有的有害物质，汞、镉或铅除外；
9. 可用的灭火剂；
10. 电池含有的浓度超过按重量计的 0.1%的关键原材料。

B 部分　单独收集电池的符号

二维码的颜色应与背景色有明显的对比，其尺寸易于被常用的二维码阅读器读取，如集成在手持通信设备中的二维码阅读器。

附件Ⅶ 确定电池的健康状况和预期寿命的参数

A 部分

确定电动汽车电池、固定电池储能系统和 LMT 电池健康状况的参数：

电动汽车电池：认证能量状态（SOCE）。

固定电池储能系统和 LMT 电池：

1. 剩余容量；
2. 如可能，剩余功率容量；
3. 如可能，剩余回收效率；
4. 自放电率的演变；
5. 如可能，欧姆电阻。

B 部分

确定固定电池储能系统和 LMT 电池预期寿命的参数：

1. 电池的制造日期和，适当时，投入使用的日期；
2. 能量吞吐量；
3. 容量吞吐量；
4. 跟踪有害事件，如深度放电事件的数量、在极端温度下花费的时间、在极端温度下充电的时间；
5. 全等效充放电回收的次数。

附件Ⅷ　合格评定程序

A 部分　模块 A——内部生产控制

1. 模块描述

内部生产控制是制造商据此履行第 2 点、第 3 点和第 4 点规定的义务，并确保和声明其全权负责相关电池符合第 6 条、第 9 条、第 10 条、第 12 条、第 13 条和第 14 条适用规定的要求的合格评定程序。

2. 技术文件

制造商应起草技术文件。该文件应使其能够评估电池是否符合第 1 点中提到的相关要求，并应包括对风险的充分分析和评估。

技术文件应规定适用的要求，并尽可能涵盖有关的评估、电池的设计、制造和操作。如适用，技术文件应至少包含以下要素：

（a）对电池及其预期用途的一般描述；

（b）组件、子组件和电路的概念设计、制造图纸和方案；

（c）为理解（b）中提到的图纸和方案以及电池的操作所需的描述和说明；

（d）第 13 条所要求的标签样本；

（e）第 15 条所述的全部或部分适用的协调标准清单，包括指示哪些部件已适用，第 16 条所述的全部或部分适用的通用规范，包括指示哪些部件已适用，以及用于测量或计算的其他相关技术规范清单；

（f）如果（e）中提到的协调标准和通用规范不适用或不可用，为符合第 6 条、第 9 条、第 10 条、第 12 条、第 13 条和第 14 条中规定的适用要求而采用的解决方案，或验证电池符合此类要求；

（g）设计计算的结果和所做检查，以及使用的技术或文件证据；

（h）测试报告。

3. 制造

制造商应采取一切必要措施，使制造过程及其监控确保电池符合第 2 点中所述的技术文件和第 1 点中所述的适用要求。

4. CE 标志和欧盟符合性声明

制造商应在符合第 1 点中所述适用要求的每个电池上加贴 CE 标志，或者由于电池的性质无法做到或不保证做到，应在包装和电池附带的文件上粘贴 CE 标志。

制造商应按照第 18 条为每个电池型号起草一份欧盟符合性声明，属于各自的电池型号的最后一块电池投放市场之后，符合性声明应与技术文档应由主管机关，保存期限是 10 年。欧盟符合性声明应识别为其起草的电池型号。

应按主管机关的要求向其提供欧盟符合性声明的副本。

5. 制造商授权代表

如果在授权范围内指定，第 4 点中规定的制造商义务可由制造商授权代表代表制造商并在其负责的情况下履行。

B 部分 模块 D1——生产过程的质量保证

1. 模块描述

生产过程的质量保证是制造商履行第 2 点、第 4 点和第 7 点规定的义务，确保并声明其唯一责任，依据本条例不损害其他经济运营商的义务的情况下，符合第 7、8 条规定的适用要求，或由制造商选择符合第 6 至 10 条和第 12、13 和 14 条规定的所有适用要求的合格评定程序。

2. 技术文件

制造商应起草技术文件。技术文件应使其能够评估电池是否符合第 1 点中提到的相关要求，并应包括对风险的充分分析和评估。

技术文件应详细说明适用的要求，并尽可能涵盖有关的评估、电池的设计、制造和操作。适用时，技术文件应至少包含以下要素：

（a）对电池及其预期用途的一般描述；

（b）组件、子组件和电路的概念设计和制造图纸和方案；

（c）为理解（b）中提到的图纸和方案以及电池的操作所需的描述和说明；

（d）根据第 13 条所要求的标签样本；

（e）第 15 条所述的协调标准清单，以及第 16 条所述的通用规范，或两者都适用，如果协调标准、通用规范，或两者部分适用，应指示哪些部件已适用；

（f）用于测量或计算目的的其他相关技术规范的清单和为满足第 6 条至第 10 条或第 12 条、第 13 条和第 14 条规定的适用要求的说明，或协调标准、通用规范或两者不适用或不可用时，验证符合此类要求而采用的解决方案；

（g）设计计算的结果和所进行的检查，以及所使用的技术或文件证据；

（h）支持第 7 条第 1 款所述碳足迹值和第 7 条第 2 款所述碳足迹类别的研究，包含根据第 7 条第 1 款第 4 项第（a）点通过的授权法案中规定的方法进行的计算，以及确定此类计算输入数据的证据和信息；

（i）支持第 8 条所述的回收内容份额的研究，包含根据第 8 条第 1 款第二项通过的授权法案中规定的方法进行的计算，以及确定此类计算的输入数据的证据和信息；

（j）测试报告。

3. 技术文件的可用性

电池上市后，制造商应将技术文件供主管机关使用，期限为 10 年。

4. 制造

制造商应按照第 5 点的规定运行对有关电池的生产、最终产品检验和测试的认可质量体系，并应按照第 6 点的规定进行监管。

5. 质量体系

（1）制造商应向其选择的公告机构就相关电池提交其质量体系的评估申请。

申请应包括：

（a）制造商的名称和地址，如果申请是由制造商的授权代表提出的，应同时提供授权代表的名称和地址；

(b) 书面声明，声明该公司未同时向其他公告机构提交相同申请；

(c) 预期评估的电池类别的所有相关信息；

(d) 在第5（2）点中提到的有关质量体系的文件；

(e) 第5（2）点所述的技术文件。

(2) 质量体系应确保电池符合第6条至第10条和第12条、第13条和第14条中规定的适用要求。

制造商所采用的所有要素、要求和规定都应以书面政策、程序和说明的形式系统、有序地记录下来。制造商应能依据质量体系文件对质量计划、计划、手册和记录有一致的解释。

质量体系文件应包含对以下内容的充分描述：

(a) 质量目标和组织结构，对产品质量的管理、责任和权力；

(b) 记录和监测第8条所述的计算和更新可回收内容份额所需的参数和数据的程序，如适用，则包括第7条所述的碳足迹值和类别；

(c) 将使用的相应的制造、质量控制和质量保证技术、过程和系统措施；

(d) 在制造前、期间和之后实施的检查、计算、测量和测试，以及实施频率；

(e) 质量记录，如检验报告和计算、测量和试验数据、校准数据、相关人员资格报告等；

(f) 实现要求的产品质量和有效经营的监测方式。

(3) 公告机构应对质量体系进行评估，以确定其是否符合第5（2）点所述的要求。它应假定符合相应协调标准的相应规范就是质量体系的要素符合相应的要求。

除质量管理体系经验外，审核小组应至少有一名成员，具有相关产品领域和产品技术的评估经验，并具有第6条至第10条和第12条、第13条和第14条中规定的适用要求相关知识。

审核应包括对制造商生产场所的评估访问。

审核小组应审查第2点所述的技术文件，以验证制造商识别第6条至第10第、第12条、第13条和第14条规定的适用要求，并进行必要的检查、计算、测量和测试，以确保电池符合此类要求。审核小组应检查用于计算第8条所述的回收内容份额的数据的可靠性，如适用，还应检查第7条所述的碳足迹值和类别，以及相关计算方法的正确实施。

经过质量体系评估后，公告机构应将其决定通知制造商。通知应包括审核结论和该决定的理由。

(4) 制造商应承诺履行经批准的质量体系所产生的义务，并对其进行维护，使其合乎需要并有效。

(5) 制造商应随时通知批准质量体系的公告机构其质量体系的预期变更。

公告机构应评估任何提议的变更，并决定修改后的质量体系是否将继续满足第5（2）点中提到的要求，或是否需要重新评估。

公告机构应将其决定通知制造商。通知应当载有检查结论和合理的评估决定。

(6) 公告机构负责的监督

(a) 监督的目的是确保制造商按时履行认可的质量体系所产生的义务。

(b) 为达到评估目的，制造商应允许公告机构进入制造、检验、测试和存储地点，并应向其提供所有必要的信息，特别是：

① 第 5（2）点所述的质量体系文件；

② 第 5（2）点所述的技术文件；

③ 质量记录，如检验报告和计算、测量和试验数据、校准数据和有关人员的资格报告等。

（c）公告机构应进行定期的审核，以确保制造商维护和应用质量体系，并应向制造商提供审核报告。在审核期间，公告机构应至少检查第 8 条所述的用于计算回收内容份额的数据的可靠性，如适用，还应检查第 7 条所述的碳足迹值和类别，以及是否使用正确的计算方法；

（d）此外，公告机构可以对制造商进行随机访问。在访问期间，公告机构可在必要时实施检查、计算、测量和测试，或使其被实施，以验证质量体系是否正常运行。公告机构应向制造商提供访问报告，如果已经实施测试，还应提供测试报告。

（7）CE 标志和欧盟合格声明

（a）由第 5（1）点中提到的公告机构负责，制造商应对符合第 1 点适用的要求的每一个电池加贴 CE 标志和识别号，或者由于电池的性质不可能或不保证贴上 CE 标志或识别号的情况下，应在包装和电池附带的文件上加贴；

（b）制造商应按照第 18 条为每个电池型号起草一份欧盟符合性声明，各电池型号的最后一块电池投放市场之后，符合性声明应与技术文档由主管机关保存，保存期限为 10 年。欧盟符合性声明应识别为其起草的电池型号。

应要求，应向主管机关提供欧盟符合性声明的副本。

（8）质量体系文件的可用性

制造商应在电池上市后的 10 年内，供主管机关随时使用：

（a）第 5（2）点所述的质量体系文件；

（b）第 5（5）点中提到的变化，如果批准；

（c）第 5（5）点、第 6（3）点和第 6（4）点所述的公告机构的决定和报告。

（9）公告机构的信息义务

各公告机构应将已发布或撤回的质量体系审批通知其通告机构，并应定期或依申请，向其通告机构提供被拒绝、暂停或以其他方式限制的质量体系审批清单。

各公告机构应将其拒绝、撤回、暂停或其他限制的质量体系批准的情况通告给其他公告机构，并依申请，提供质量体系发布情况。

（10）制造商的授权代表

如果制造商在授权中规定，制造商授权代表制造商并有制造商负责，可以履行第 3 点、第 5（1）点、第 5（5）点、第 7 点和第 8 点制造商的义务。

C 部分　模块 G——基于单元验证的符合性

1. 模块描述

基于单元验证的符合性是制造商履行第 2 点、第 3 点和第 5 点规定的义务，确保并声明其唯一责任，依据本条例不损害其他经济运营商权益的情况下，遵循第 4 点条款，符合第 7 条、第 8 条规定的适用要求，或由制造商选择符合第 6 条至第 10 条和第 12 条、第 13 条和第 14 条规定的所有适用要求的合格评定程序。

2. 技术文件

（1）制造商应起草技术文件，并将其提供给第 4 点所述的公告机构。技术文件应使其能够评估电池是否符合第 1 点中提到的相关要求，并应包括对风险的充分分析和评估。

技术文件应详细说明适用的要求，并尽可能涵盖有关的评估、电池的设计、制造和操作。适用时，技术文件应至少包含以下要素：

（a）对电池及其预期用途的一般描述；

（b）组件、子组件和电路的概念设计和制造图纸和方案；

（c）为理解（b）中提到的图纸和方案以及电池的操作所需的描述和说明；

（d）根据第 13 条所要求的标签样本；

（e）第 15 条所述的协调标准清单，以及第 16 条所述的共同规范，或两者都适用，如果协调标准、通用规范，或两者部分适用，应指示哪些部件已适用；

（f）用于测量或计算目的的其他相关技术规范的清单和为满足第 1 点规定的适用要求的说明，或协调标准、通用规范或两者不适用或不可用时，验证符合此类要求而采用的解决方案；

（g）设计计算的结果和所进行的检查，以及所使用的技术或文件证据；

（h）支持第 7（1）条所述碳足迹值和第 7（2）条所述碳足迹类别的研究，包含根据第 7（1）条规定的方法进行的计算，以及确定此类计算输入数据的证据和信息；

（i）支持第 8 条所述的回收内容份额的研究，包含根据第 8 条第 1 款第 2 项通过的授权法案中规定的方法进行的计算，以及确定此类计算的输入数据的证据和信息；

（j）测试报告。

（2）电池上市后，制造商应将技术文件提供给主管机关使用。

（3）制造：

制造商应采取一切必要措施，使制造过程及其监控确保电池符合第 1 点中所述的适用要求。

（4）验证

（a）制造商选择的公告机构应按照第 15 条所述的相关协调标准，第 16 条所述的通用规范，或两者进行适当的检测、计算、测量和测试，或等效测试，以检查电池是否符合第 1 点所述的适用要求，或使其实施。在没有协调标准或通用规范，有关公告机构应决定要进行的适当的检查、计算、测量和测试。

公告机构应就所进行的检查、计算、测量和测试出具符合性证书，并应将其识别号贴在经批准的电池上，或由其负责加贴。

（b）制造商应在电池上市后，应保持符合性证书 10 年，以供主管机关使用。

（5）CE 标记和欧盟符合性声明

制造商应对符合第 1 点适用的要求的每一个电池加贴 CE 标志，并在符合第 4 点所述适用要求的通知机构的责任下，加贴识别号，或者由于电池的性质不可能或不保证，应在包装和电池附带的文件上加贴。

制造商应根据第 18 条为每个电池制定一份欧盟符合性声明，并在电池上市后保留 10 年，供主管机关使用。

欧盟符合性声明应识别为其起草的电池型号。

应要求，应向主管机关提供欧盟符合性声明的副本。

（6）制造商授权代表

如果制造商在授权中规定，制造商授权代表制造商并由制造商负责，可以履行第2（2）点、第4（2）点和第5点制造商的义务。

附件Ⅸ　欧盟符合性声明

＊（声明的识别号）

1. 电池型号（产品、类别、批次或序列号）。

2. 制造商的名称和地址，其授权代表的名称和地址（适用时）。

3. 本符合性声明由制造商全权负责。

4. 声明的对象（电池的描述和可追溯性的识别信息，适当情况下可包括电池的图像）。

5. 第 4 点所述的声明的目的是符合相关的欧盟协调立法：……（参照其他适用的欧盟法案）。

6. 参考相关的协调标准或所使用的通用规范，或参考已声明符合性的其他技术规范：

7. 公告机构……（姓名、地址、号码）……执行……（干预说明）……并颁发证书：……（详细信息，包括日期，以及适当时效力的期限和条件）。

8. 附加信息

授权签字人：

（签发地点和日期）：

（名称、职能）（签字）

附件X　原始材料和风险类别的清单

1. 原料：

（a）钴；

（b）天然石墨；

（c）锂；

（d）镍；

（e）基于（a）至（d）所列原料的化合物，这是制造电池活性材料的必需物质。

2. 社会和环境风险类别：

（a）鉴于直接、诱导、间接和累积的影响，环境、气候和人类健康类别包括：

（i）空气，包括温室气体排放等空气污染；

（ii）水，包括海床和海洋环境，并包括水污染、用水、水量（洪水或干旱）和获得水的途径；

（iii）土壤，包括土壤污染、土壤侵蚀、土地利用和土地退化；

（iv）生物多样性，包括对栖息地、野生动植物和生态系统的破坏，包括生态系统服务；

（v）有害物质；

（vi）噪声和振动；

（vii）装置安全；

（viii）能源使用；

（ix）废弃物和残留物。

（b）人权、劳动权利和劳资关系，包括：

（i）职业健康和安全；

（ii）童工；

（iii）强迫劳动；

（iv）歧视；

（v）工会自由。

（c）社区生活，包括土著人民的社区生活。

3. 涵盖第2点所述风险的国际文书包括：

（a）《联合国全球契约十项原则》；

（b）联合国环境规划署《产品社会生命周期评价指南》；

（c）《生物多样性公约》，特别是缔约方会议第8/28号决定《关于生物多样性包容性影响评估的自愿准则》；

（d）《巴黎协定》；

（e）根据国际劳工组织《工作中基本原则和权利宣言》所界定的八项劳工组织基本公约和工作中的权利；

（f）对欧盟或其成员方具有约束力的任何其他国际环境公约；

（g）国际劳工组织《关于工作中的基本原则和权利宣言》；

（h）《国际人权法》，包括《公民权利和政治权利国际公约》和《经济、社会及文化权利国际公约》。

4. 适用于本条例第七章所规定的尽职调查要求的国际公认的尽职调查工具：

（a）《国际人权法》，包括《公民权利和政治权利国际公约》和《经济、社会及文化权利国际公约》；

（b）联合国《工商企业与人权指导原则》；

（c）经济合作与发展组织《跨国企业准则》；

（d）国际劳工组织《关于多国企业和社会政策的三方原则宣言》；

（e）经济合作与发展组织《负责任商业行为尽职调查指南》；

（f）经济合作与发展组织《受冲突影响和高风险地区矿产负责任供应链尽职调查指南》。

附件Ⅺ　废便携式电池和废 LMT 电池的回收率的计算

1. 相关类别电池的生产者，或根据第 57 条第 1 款指定的生产者责任组织和成员方应计算收集率的百分比，方法为用一个日历年在某一成员方分别按照第 59 条、第 60 条和第 69 条收集的废电池的重量，除以生产者直接提供给终端用户或者第三方提供给终端用户的此类电池的连续三年的平均重量。根据第 59 条计算的便携式电池回收率，按照第 60 条计算 LMT 电池的收集率。

年	数据收集		计算	报告要求
第 1 年	第 1 年的销售量（S1）			
第 2 年	第 2 年的销售量（S2）			
第 3 年	第 3 年的销售量（S3）			
第 4 年	第 4 年的销售量（S4）	第 4 年的收集量（C4）	回收率（CR4）= 3 * C4/（S1+S2+S3）	CR4
第 5 年	第 5 年的销售量（S5）	第 5 年的收集量（C5）	回收率（CR5）= 3 * C5/（S2+S3+S4）	CR5
……	……	……	……	

2. 相关类别的电池生产者或根据第 57 条第 1 款指定的生产者责任组织和成员方应计算某年度对终端用户的年度电池销售额，作为首次在成员方境内上市的电池重量，不包括该年度离开该成员方范围后出售给终端用户的电池。便携式电池和 LMT 电池的销售额应单独计算。

3. 对于每一块电池，只有在成员方首次上市时才应计算在内。

4. 第 1 点和第 2 点规定的计算应基于收集的数据或基于收集的数据具有统计意义的估计。

附件Ⅻ　储存和处理，包括回收要求

A 部分　储存和处理要求

1. 处理至少应包括去除所有液体和酸。

2. 在处理场所中，包括回收场所的处理和任何储存，包括临时储存，都应在具有不透水表面和适当的防风雨覆盖物的地点或在适当的容器中进行。

3. 处理场所，包括回收场所中的废电池不得与导电或可燃材料的废弃物混合储存。

4. 废锂电池在搬运、分类、储存过程中应采取特殊的预防措施和安全措施。此类措施应包括防止暴露于：

（a）过热，如高温、火灾或阳光直射；

（b）水，如降雨或洪水；

（c）任何挤压或物理损坏。

废锂电池应存放在正常安装的方向，即不得倒置，存放在通风良好的区域，并覆盖高压绝缘橡胶。废锂电池的储存场所应标明警示标志。

5. 在处理过程中，汞应分离成为一条可识别的液流，并被安全地固定和处理，且不会对人类健康或环境造成不利影响。

6. 在处理期间，镉应被分离成为一条可识别的液流，并提供一个安全的目的地，且不会对人类健康或环境造成不利影响。

B 部分　回收率的目标

1. 2025 年 12 月 31 日之前，回收应至少达到以下回收率目标：

（a）铅酸电池平均重量的回收率为 75%；

（b）锂电池平均重量的回收率为 65%；

（c）镍镉电池平均重量的回收率为 80%；

（d）其他废电池平均重量回收率为 50%。

2. 2030 年 12 月 31 日之前，回收应至少达到以下回收率目标：

（a）铅酸电池平均重量的回收率为 80%；

（b）按锂电池的平均重量回收 70%。

C 部分　材料回收目标

1. 2027 年 12 月 31 日之前，所有回收应至少达到以下回收目标：

（a）钴，90%；

（b）铜，90%；

（c）铅，90%；

（d）锂，50%；

（e）镍，90%。

2. 2031 年 12 月 31 日之前，所有回收应至少达到以下回收目标：

（a）钴，95%；

（b）铜，95%；

（c）铅，95%；

（d）锂，80%；

（e）镍，95%。

附件XIII 电池护照上应包含的信息

1. 与电池型号有关的可访问获取的信息。

电池护照应包括以下与电池型号有关的信息，并允许公众访问：

（a）附件Ⅵ中 A 部分规定的信息；

（b）电池的材料组成，包括其化学成分，电池中存在的有害物质，除了汞、镉、铅和电池中存在的关键原材料；

（c）第 7 条第 1 款和第 2 款所述的碳足迹信息；

（d）第 52 条第 3 款所述电池尽职调查政策报告中所述的负责采购的信息；

（e）第 8 条第 1 款所述的文件中包含的可回收内容信息；

（f）可再生内容的份额；

（g）额定容量（单位为安时）；

（h）最小电压、标称电压和最大电压，以及相关时的温度范围；

（i）原始功率容量（单位为瓦）和限值，以及相关时的温度范围；

（j）以循环表示的预期电池寿命，以及使用的参考试验；

（k）耗尽的容量阈值（仅用于电动汽车电池）；

（l）电池不使用时所能承受的温度范围（参考试验）；

（m）适用日历寿命的商业保修期；

（n）初始回收能源效率和回收寿命的 50%；

（o）内部电芯和组件电阻；

（p）相关回收寿命试验的电池充放电能力倍率；

（q）第 13 条第 3 款和第 4 款规定的标记要求；

（r）第 18 条所述的欧盟符合性声明；

（s）第 74（1）条（a）至（f）点规定的关于废电池的防止和管理的资料。

2. 只有具有合法利益的人和委员会才能访问电池的型号信息，电池护照应包含以下与电池型号有关的信息：

（a）详细组成成分，包括在阴极、阳极和电解液中使用的材料；

（b）部件编号和更换备件来源的联系方式；

（c）拆卸信息，至少包括：

——电池系统/电池组的分解图，显示电芯的位置；

——拆卸顺序；

——需要解锁的紧固技术的类型和数量；

——拆卸所需的工具；

——如果存在损坏部件风险，应有警告；

——使用的单元格数量和布局。

（d）安全措施。

3. 只有公告机构、市场监督部门和欧盟委员会才能访问的信息电池护照应包括第二项与电池型号有关的信息，有公告机构、市场监督部门和欧盟委员会才能访问。

证明符合本条例的要求或任何依照本条例授权或实施法案的测试报告的结果。

4. 只有有合法利益的人才能访问的某种电池有关的信息和数据电池护照应包括下列与某种电池有关的具体资料和数据，只有有合法利益的人士才能访问：

（a）当投放市场和当其状态发生变化时，第 10（1）条中提到的性能和耐用性参数值；

（b）第 14 条提到的关于电池健康状况的信息；

（c）关于电池状态的信息，定义为“原始的”“重新赋予用途的”“再使用的”“再制造的”或“废弃的”；

（d）使用过程产生的信息和数据，包括充放电循环次数和负面事件，如事故，以及定期记录的运行环境条件信息，包括温度和电量状态。

附件XIV 对旧电池装运的最低要求

1. 为了区分旧电池和废电池，持有人，指拥有旧电池或废电池的自然人或法人，声称打算装船或者正在装船旧电池而不是废电池，其应当被要求提供以下信息证实声称内容：

（a）有关出售或转让电池所有权的发票和合同的副本，其中声明此类电池目的是直接再使用而且功能齐全；

（b）以记录副本的形式提供的评估或测试证据，如测试证书、货物中每个电池或其部分的功能证明，以及根据第3点包含记录上所有信息的协议；

（c）持有人的声明：货物中的任何材料或设备不属于2008/98/EC号指令第3条第（1）点规定的废弃物；

（d）采取适当的防护措施避免在运输、装卸过程中损坏，特别是通过足够的包装和适当的码放。

2. 如果文件证明货物是企业对企业转让协议框架内的，第1点（a）和（b）和第3点不适用，并且：

（a）旧电池被发回生产者或代表其行事的第三方，在保修期内进行维修，以便重复使用；

（b）如果旧电池用于专业用途，被发回给生产者或代表其行事的第三方或第三方设施，经合组织理事会决定C（2001）107/《关于控制运往回收的废弃物越境转移的最后文件》适用其所在国家，根据有效合同进行翻新或修复；

（c）如果旧电池是用于专业用途并且存在缺陷的，应根据有效合同发回给生产者或第三方代表去分析根本原因，前提是分析只能由生产者或代表其行事的第三方实施。

3. 为了证明所运输的电池是旧电池，而不是废电池，持有人应执行以下步骤进行测试和记录：

步骤1：测试

（a）测试电池的健康状况，并评估存在的有害物质；

（b）应记录（a）中提到的评估和测试结果。

步骤2：记录

（a）记录应牢固固定，但并非永久固定在还未包装的旧电池上或包装上，因此可以不去除包装来读取；

（b）记录应包含以下信息：

——电池或其组成部分的名称，

——电池的识别号或其组成部分，如适用；

（c）生产年份，如果有；

（d）负责检测健康状况的公司的名称和地址；

（e）为步骤 1 执行的测试类型；

（f）为步骤 1 执行的测试结果，包括测试的日期。

4. 除第 1 点、第 2 点和第 3 点所要求的文件外，旧电池的（例如运输集装箱或卡车）时都应附带：

（a）相关的运输文件；

（b）责任人的责任声明。

5. 如果没有第 1 点、第 2 点、第 3 点和第 4 点要求的适当文件作为证据证明货物是旧电池，而不是废电池，而且没有适当的防护措施特别是通过充分的包装和适当的堆垛避免在运输、装卸过程中损坏（这是安排运输的持有人的义务），该货物应视为废弃物，并推定该物体构成非法装运。在这种情况下，应按照欧盟（EC）1013/2006 号条例第 24 条和第 25 条处理。

附件XV 修订对照表

2006/66/EC号指令	本条例
第1条	第1条
第1条第1项第1点	第1条第1款
第1条第1项第2点	第1条第1款
第1条第2项	—
第2条	第1条第3、4和5款
第2（1）条	第1条第3、4款
第2（2）条	第1条第5款
第2（2）条第（a）点	第1条第5款第（a）点
第2（2）条第（b）点	第1条第5款第（a）点
第3条	第3条
第3条第1点	第3条第1款第1点
第3条第2点	第3条第1款第2点
第3条第3点	第3条第1款第9点
第3条第4点	—
第3条第5点	第3条第1款第12点
第3条第6点	第3条第1款第13点
第3条第7点	第3条第1款第50点
第3条第8点	第3条第2款第（a）点
第3条第9点	—
第3条第10点	第3条第1款第53点
第3条第11点	第3条第1款第26点
第3条第12点	第3条第1款第47点
第3条第13点	第3条第1款第65点
第3条第14点	第3条第1款第16点
第3条第15点	第3条第1款第22点
第3条第16点	—
第3条第17点	—

续表1

2006/66/EC 号指令	本条例
第 4 条	第 6 条
第 4（1）条	附件 I
第 4（1）条第（a）点	附件 I 条目 1
第 4（1）条第（b）点	附件 I 条目 2
第 4（2）条	—
第 4（3）条	—
第 4（3）条第（a）点	—
第 4（3）条第（b）点	—
第 4（3）条第（c）点	—
第 4（4）条	—
第 5 条	—
第 6 条	第 4 条
第 6（1）条	第 4 条第 1 款
第 6（2）条	—
第 7 条	第 2 条
第 8 条	第 59 条至第 62 条和第 64 条至第 67 条
第 8（1）条	第 59 条
第 8（1）条第 1 项，第（a）点	第 59 条第 1 款第（a）点，第 59 条第 1 款第（b）点
第 8（1）条第 1 项，第（b）点	第 62 条
第 8（1）条第 1 项，第（c）点	第 61 条第 1 款、第 62 条第 1 款
第 8（1）条第 1 项，第（d）点	第 59 条第 2 款第（1）（a）点，第 61 条第 1 款第（c）点
第 8（1）条第（2）点	第 59 条第 5 款
第 8（2）条	第 59 条第 1 款和第 59 条第 2 款
第 8（2）条第（a）点	第 59 条第 1 款和第 59 条第 2 款
第 8（2）条第（b）点	第 59 条第 2 款
第 8（2）条第（c）点	—
第 8（3）条	第 61 条
第 8（4）条	第 61 条
第 9 条	—
第 10 条	第 59 条，第 60 条，第 59 条
第 10（1）条	—
第 10（1）条第 2 项	第 75 条第 4 款

续表2

2006/66/EC号指令	本条例
第10（2）条	第59条，第60条
第10（2）条第（a）点	—
第10（2）条第（b）点	第59条第3款、第60条第3款
第10（3）条	第69条第2款、第76条第1款第2项
第10（4）条	—
第11条	第11条第1款
第11条第1项	第11条第3款
第11条第2项	第70条
第12条	第70条第2款
第12（1）条	第59条第1款第（f）点，第60条第1款第（f）点，第61条第3款第（c）点
第12（1）条第1项，第（a）点	第71条第1款
第12（1）条第1项，第（b）点	—
第12（1）条第2项	—
第12（1）条第3项	第71条第4款
第12（2）条	第71条第3款
第12（3）条	第71条第3款
第12（4）条	第71条第2款、第71条第3款
第12（5）条	第75条第5款第（c）点，第76条第1款第（d）点
第12（6）条	第74条第4款
第13条	—
第13（1）条	—
第13（2）条	—
第14条	第70条第1款
第15条	第72条
第15（1）条	第72条第1款
第15（2）条	第72条第3款
第15（3）条	第72条第4款
第16条	第56条
第16（1）条	第56条第1款、第56条第4款
第16（1）条第（a）点	第56条第4款第（a）点
第16（1）条第（b）点	第56条第4款第（b）点
第16（2）条	—

续表3

2006/66/EC 号指令	本条例
第 16（3）条	第 56 条第 1 款第（c）点
第 16（4）条	第 74 条第 5 款
第 16（5）条	—
第 16（6）条	—
第 17 条	第 55 条
第 18 条	第 57 条第 2 款第（3）点
第 18（1）条	—
第 18（2）条	—
第 18（3）条	—
第 19 条	第 59 条第 1 款、第 60 条第 1 款、第 61 条第 1 款、第 62 条、第 64 条至第 67 条
第 19（1）条	第 59 条第 2 款、第 60 条第 2 款、第 61 条第 1 款、第 62 条、第 65、66、67 条
第 19（2）条	第 57 条第 2 款第（c）点
第 20 条	第 74 条
第 20（1）条	第 74 条第 1 款
第 20（1）条第（a）点	第 74 条第 1 款第（f）点
第 20（1）条第（b）点	第 74 条第 1 款第（b）点
第 20（1）条第（c）点	第 74 条第 1 款第（c）点
第 20（1）条第（d）点	第 74 条第 1 款第（d）点
第 20（1）条第（e）点	第 74 条第 1 款第（e）点
第 20（2）条	第 74 条
第 20（3）条	第 74 条第 4 款
第 21 条	第 20 条、第 13 条、附录Ⅳ中 A、B、C 部分
第 21（1）条	第 13 条第 4 款
第 21（2）条	第 13 条第 2 款
第 21（3）条	第 13 条第 5 款
第 21（4）条	第 13 条第 4 款
第 21（5）条	第 13 条第 4 款
第 21（6）条	—
第 21（7）条	—
第 22（a）条	—
第 23 条	第 94 条

续表4

2006/66/EC 号指令	本条例
第 23（1）条	第 94 条第 1 款
第 23（2）条	第 94 条第 2 款
第 23（2）条第（a）点	—
第 23（2）条第（b）点	第 94 条第 2 款第（e）点
第 23（2）条第（c）点	第 71 条第 5 款、第 71 条第 6 款
第 23（3）条	第 94 条第 2 款第（b）点
第 23（a）条	第 89 条
第 23（a）（1）条	第 89 条第 1 款
第 23（a）（2）条	第 89 条第 2 款
第 23（a）（3）条	第 89 条第 3 款
第 23（a）（4）条	第 89 条第 5 款
第 23（a）（5）条	第 89 条第 6 款
第 24 条	第 90 条
第 24（1）条	第 90 条第 1 款
第 24（2）条	第 90 条第 3 款
第 24（2）条第 2 项	第 90 条第 3 款第 2 项
第 25 条	第 93 条
第 26 条	—
第 27 条	—
第 28 条	第 95 条
第 29 条	第 96 条
第 30 条	—
附件Ⅰ	附件Ⅺ
附件Ⅱ	附件Ⅵ中 B 部分
附件Ⅲ	附件Ⅻ
附件Ⅲ中 A 部分	附件Ⅻ中 A 部分
附件Ⅲ中 B 部分	附件Ⅻ中 A 部分
附件Ⅳ	第 55 条

附　录
《欧盟电池和废电池条例》原文（英文）

REGULATION（EU）2023/1542 OF THE EUROPEAN PARLIAMENT AND OF THE COUNCIL of 12 July 2023

concerning batteries and waste batteries, amending Directive 2008/98/EC and Regulation（EU）2019/1020 and repealing Directive 2006/66/EC

（Text with EEA relevance）

THE EUROPEAN PARLIAMENT AND THE COUNCIL OF THE EUROPEAN UNION,

Having regard to the Treaty on the Functioning of the European Union, and in particular Article 114 thereof and Article 192（1）thereof in relation to Articles 54 to 76 of this Regulation,

Having regard to the proposal from the European Commission,

After transmission of the draft legislative act to the national parliaments,

Having regard to the opinion of the European Economic and Social Committee①,

After consulting the Committee of the Regions,

Acting in accordance with the ordinary legislative procedure②,

Whereas:

（1）The Communication of the Commission of 11 December 2019 on 'The European Green Deal'（the 'European Green Deal'）is Europe's growth strategy that aims to transform the Union into a fair and prosperous society, with a modern, resource-efficient and competitive economy where there are no net greenhouse gas emissions in 2050 and where economic growth is decoupled from resource use. A shift from the use of fossil fuels in vehicles to electromobility is one of the prerequisites for reaching the climate neutrality goal in 2050. In order for the Union's product policies to contribute to lowering carbon emissions on a global level, it needs to be ensured that products marketed and sold in the Union are sourced and manufactured in a sustainable manner.

（2）Batteries are thus an important source of energy and one of the key enablers for sustainable development, green mobility, clean energy and climate neutrality. It is expected that the demand for batteries will grow rapidly in the coming years, notably for electric road transport vehicles and light means of transport using batteries for traction, making the market for batteries an increasingly strategic one at the global level. Significant scientific and technical progress in the field of battery technology will continue. In view of the strategic importance of batteries, to

① OJ C 220, 9. 6. 2021, p. 128.

② Position of the European Parliament of 14 June 2023（not yet published in the Official Journal）and decision of the Council of 28 June 2023.

provide legal certainty to all operators involved and to avoid discrimination, barriers to trade and distortions on the market for batteries, it is necessary to set out rules on the sustainability, performance, safety, collection, recycling and second life of batteries as well as on information about batteries for end-users and economic operators. It is necessary to create a harmonised regulatory framework for dealing with the entire life cycle of batteries that are placed on the market in the Union.

(3) It is also necessary to update Union law on the management of waste batteries and to take measures to protect the environment and human health by preventing or reducing the adverse impacts of the generation and management of waste, by reducing the impact of resource use and by improving resource efficiency. Such measures are crucial for the transition to a circular and climate-neutral economy and toxic-free environment, and for the Union's long-term competitiveness and strategic autonomy. They can create important economic opportunities, increasing synergies between the circular economy and energy, climate, transport, industry and research policies, and protecting the environment and reducing greenhouse gas emissions.

(4) Directive 2006/66/EC of the European Parliament and of the Council① has brought about an improvement in the environmental performance of batteries and established some common rules and obligations for economic operators, in particular through harmonised rules for the heavy metal content and labelling of batteries and rules and targets for the management of all waste batteries, based on extended producer responsibility.

(5) The Commission's reports on the implementation, impact and evaluation of Directive 2006/66/EC submitted in 2019 highlighted not only the achievements but also the limitations of that Directive, in particular against a fundamentally changed context characterised by the strategic importance of batteries and their increased use.

(6) The Communication of the Commission of 17 May 2018 on 'Europe on the move – Sustainable Mobility for Europe: safe, connected and clean' includes the Strategic Action Plan on Batteries. That action plan sets out measures to support efforts to build a battery value chain in Europe, covering raw materials extraction, sustainable sourcing and processing, sustainable battery materials, cell manufacturing as well as re-use and recycling of batteries.

(7) In the European Green Deal, the Commission confirmed its commitment to implement the Strategic Action Plan on Batteries and stated that it would propose legislation to ensure a safe, circular and sustainable battery value chain for all batteries, including to supply the growing market of electric vehicles.

(8) In its conclusions of 4 October 2019 on 'More circularity – Transition to a sustainable society', the Council called, inter alia, for coherent policies supporting the development of technologies that improve the sustainability and circularity of batteries to accompany the transition to electro-mobility. Furthermore, the Council called for an urgent revision of Directive 2006/66/EC, which should include all relevant battery materials and which should consider, in particular, specific requirements for lithium and cobalt as well as a mechanism allowing the adaptation of that Directive to future changes in battery technologies.

(9) The Communication of the Commission of 11 March 2020 on 'A new Circular Economy Action Plan – For a cleaner and more competitive Europe' states that the proposal for a new regulatory framework for batteries will consider rules on recycled content and measures to improve the collection and recycling rates of all batteries, in order to ensure the recovery of valuable materials and to provide guidance to consumers and will address the possible phasing out of non-rechargeable batteries where alternatives exist. Furthermore, it is stated that sustainability and transparency requirements will be considered, taking into account the carbon footprint of battery manufacturing, the ethical sourcing of raw materials and the security of supply in order to facilitate re-use, repurposing and recy-

① Directive 2006/66/EC of the European Parliament and of the Council of 6 September 2006 on batteries and accumulators and waste batteries and accumulators and repealing Directive 91/157/EEC (OJ L 266, 26.9.2006, p. 1).

cling of batteries.

(10) Addressing the entire life cycle of all batteries placed on the Union market requires the setting up of harmonised product and marketing requirements, including conformity assessment procedures, as well as requirements to fully address the end-of-life stage of batteries. Requirements concerning the end-of-life stage are necessary to address the environmental implications of the batteries and, in particular, to support the creation of recycling markets for batteries and markets for secondary raw materials from waste batteries. In order to reach the envisaged objectives of addressing the whole life cycle of a battery in one legal instrument while avoiding barriers to trade and a distortion of competition and safeguarding the integrity of the internal market, the rules setting out the requirements for batteries should be of uniform application for all economic operators across the Union and not leave room for divergent implementation by Member States. Directive 2006/66/EC should therefore be replaced by a Regulation.

(11) This Regulation should apply to all categories of batteries placed on the market or put into service within the Union, regardless of whether they were produced in the Union or imported. It should apply regardless of whether a battery is incorporated into appliances, light means of transport or other vehicles or otherwise added to products or whether a battery is placed on the market or put into service within the Union on its own. This Regulation should apply regardless of whether a battery is specifically designed for a product or is of general use and regardless of whether it is incorporated into a product or is supplied together with or separately from a product in which it is to be used. Placing on the market is considered to take place when the battery has been made available for the first time on the Union market, by being supplied by the manufacturer or importer for distribution, consumption or use in the course of a commercial activity, whether in return for payment or free of charge. Thus, batteries placed in stock in the Union by distributors, including retailers, wholesalers and sales divisions of manufacturers, before the date of application of relevant requirements of this Regulation do not need to meet those requirements.

(12) This Regulation should prevent and reduce adverse impacts of batteries on the environment and ensure a safe and sustainable battery value chain for all batteries, taking into account, for instance, the carbon footprint of battery manufacturing, ethical sourcing of raw materials and security of supply, and facilitating re-use, repurposing and recycling. It should seek to improve the environmental performance of batteries and of the activities of all operators involved in the life cycle of batteries, such as producers, distributors and end-users and, in particular, those operators directly involved in the treatment and recycling of waste batteries. Such measures will help to ensure the transition to a circular economy and the long-term competitiveness of the Union and should contribute to the efficient functioning of the internal market, while taking into account a high level of protection of the environment. This Regulation should also aim to prevent and reduce the adverse impacts of the generation and management of waste batteries on human health and the environment and it should aim to reduce the use of resources and favour the practical application of the waste hierarchy. Thus, to prevent divergences hampering the free circulation of batteries, by laying down uniform obligations and requirements throughout the internal market, Article 114 of the Treaty on the Functioning of the European Union (TFEU) is the appropriate legal basis for this Regulation. To the extent that this Regulation contains specific rules on the management of waste batteries, the appropriate legal basis, in so far as those specific rules are concerned, is Article 192 (1) TFEU.

(13) Products placed on the market as battery packs, which are batteries or groups of cells that are connected or encapsulated within an outer casing to form a complete unit ready for use by end-users or in applications that the end-user is not intended to split up or open and which conform to the definition of batteries, or battery cells that conform to the definition of batteries, should be subject to requirements applicable to batteries.

(14) Batteries that can be made ready for use by the end-user with commonly available tools by using a 'Do It Yourself' kit, should be considered to be batteries for the purposes of this Regulation. The economic operator placing such kits on the market should be subject to this Regulation.

(15) Within the broad scope of this Regulation, it is appropriate to distinguish between different categories of batteries in accordance with their design and use, independently of their battery chemistry. The classification into portable batteries, on the one hand, and industrial batteries and automotive batteries on the other hand under Directive 2006/66/EC should be further developed to better reflect new developments in the use of batteries. Batteries that are used for traction in electric vehicles and which, under Directive 2006/66/EC, fall under the category of industrial batteries, constitute a large and growing part of the market due to the quick growth of electric road transport vehicles. It is therefore appropriate to classify those batteries that are used for traction in road vehicles as a new separate category of electric vehicle batteries. Batteries used for traction in light means of transport, such as e-bikes and e-scooters, were not classified as a separate category of battery under Directive 2006/66/EC. However, such batteries constitute a significant part of the market due to their growing use in urban sustainable mobility. It is therefore appropriate to classify those batteries as a new separate category of batteries, namely light means of transport batteries (LMT batteries). Batteries used for traction in other transport vehicles including rail, waterborne and aviation transport or off-road machinery, continue to fall under the category of industrial batteries under this Regulation. The industrial battery category encompasses a broad group of batteries, intended to be used for industrial activities, communication infrastructure, agricultural activities, or generation and distribution of electric energy. Batteries which are given industrial uses after being subject to preparation for repurposing or repurposing, even though they were initially designed for a different use, should be considered to be industrial batteries under this Regulation. In addition to this non exhaustive list of examples, any battery that weighs more than 5 kg that does not fall under any other categories under this Regulation should be considered to be an industrial battery. Batteries used for energy storage in private or domestic environments, should be considered to be industrial batteries for the purposes of this Regulation. Batteries used for traction in wheeled vehicles considered to be toys within the meaning of Directive 2009/48/EC of the European Parliament and of the Council①, should, for the purposes of this Regulation, not be considered to be LMT batteries, but to be portable batteries.

(16) After being placed on the market or put into service within the Union for the first time, a battery can be subject to re-use, repurposing, remanufacturing, preparation for re-use or preparation for repurposing. For the purposes of this Regulation, in accordance with the Union framework on product regulation, a used battery, meaning a battery that has been subject to re-use, is considered to have already been placed on the market when it was first made available on the market for use or distribution. Conversely, batteries that have been subject to preparation for re-use, preparation for repurposing, repurposing or remanufacturing, are considered to be placed on the market anew and should therefore comply with this Regulation. In addition, in accordance with the Union framework on product regulation, a used battery that has been imported from a third country is considered to be placed on the market when it enters the Union for the first time. Therefore, a battery that has been subject to re-use, repurposing, remanufacturing, preparation for re-use or preparation for repurposing and that has been imported from a third country should comply with this Regulation.

(17) Remanufacturing covers a wide range of technical operations that can be carried out on batteries or on waste batteries. As regards waste batteries, remanufacturing can be considered to be preparation for re-use or preparation for repurposing. For that reason, it is not necessary to provide in this Regulation a specific regime for the remanufacturing of waste batteries that is different from the regime on preparation for re-use or preparation for repurposing of waste batteries. As regards used batteries, remanufacturing has the objective of restoring the original performance of a battery. In that sense remanufacturing can be seen as an extreme case of re-use entailing the disassembly and evaluation of the cells and modules of the battery and the replacement of a certain amount of these cells

① Directive 2009/48/EC of the European Parliament and of the Council of 18 June 2009 on the safety of toys (OJ L 170, 30.6.2009, p.1).

and modules. In order to differentiate remanufacturing from mere re-use, the restoration of the battery capacity to at least 90% of the original rated battery capacity should be considered to be remanufacturing and necessitates the application of a specific regime.

(18) Where the end-user is a consumer, and the battery has been subject to preparation for re-use, preparation for repurposing, repurposing or remanufacturing, that battery should be covered by a sales contract that complies with Directive (EU) 2019/771 of the European Parliament and of the Council①. In particular, the requirements of that Directive cover conformity of the product, liability of the seller, including the option of a shorter liability or limitation period, burden of proof, remedies for lack of conformity, repair or replacement of the goods, and commercial guarantees.

(19) Batteries should be designed and manufactured to optimise their performance, durability and safety and to minimise their environmental footprint. It is appropriate to lay down specific sustainability requirements for rechargeable industrial batteries with a capacity greater than 2 kWh, LMT batteries and electric vehicle batteries, as such batteries represent the market segment which is expected to increase the most in the coming years.

(20) For the safety of electric vehicle batteries and starting, lighting and ignition batteries (SLI batteries), the continued validity of the EU type-approval for vehicles of categories M, N and O in accordance with Regulation (EU) 2018/858 of the European Parliament and of the Council② requires that any battery which has been repaired or exchanged continues to comply with the applicable safety requirements. Where safety particulars have changed, further inspections or tests are required to verify continued compliance with the requirements upon which the existing EU type-approval has been based.

(21) In line with the Communication of the Commission of 12 May 2021 on 'Pathway to a Healthy Planet for All-EU Action Plan: "Towards Zero Pollution for Air, Water and Soil"', Union policies should be based on the principle that preventive action should be taken at source. In its Communication of 14 October 2020 on 'Chemicals Strategy for Sustainability-Towards a Toxic-Free Environment' (the 'Chemicals Strategy for sustainability'), the Commission underlines that the Regulation (EC) No 1907/2006 of the European Parliament and of the Council③ and Regulation (EC) No 1272/2008 of the European Parliament and of the Council④should be reinforced as the Union's cornerstones for regulating chemicals in the Union and that they should be complemented by coherent approaches to assess and manage chemicals in existing sectorial legislation. The use of hazardous substances in batteries should therefore primarily be restricted at source in order to protect human health and the environment and to

---

① Directive (EU) 2019/771 of the European Parliament and of the Council of 20 May 2019 on certain aspects concerning contracts for the sale of goods, amending Regulation (EU) 2017/2394 and Directive 2009/22/EC, and repealing Directive 1999/44/EC (OJ L 136, 22.5.2019, p. 28).

② Regulation (EU) 2018/858 of the European Parliament and of the Council of 30 May 2018 on the approval and market surveillance of motor vehicles and their trailers, and of systems, components and separate technical units intended for such vehicles, amending Regulations (EC) No 715/2007 and (EC) No 595/2009 and repealing Directive 2007/46/EC (OJ L 151, 14.6.2018, p. 1).

③ Regulation (EC) No 1907/2006 of the European Parliament and of the Council of 18 December 2006 concerning the Registration, Evaluation, Authorisation and Restriction of Chemicals (REACH), establishing a European Chemicals Agency, amending Directive 1999/45/EC and repealing Council Regulation (EEC) No 793/93 and Commission Regulation (EC) No 1488/94 as well as Council Directive 76/769/EEC and Commission Directives 91/155/EEC, 93/67/EEC, 93/105/EC and 2000/21/EC (OJ L 396, 30.12.2006, p. 1).

④ Regulation (EC) No 1272/2008 of the European Parliament and of the Council of 16 December 2008 on classification, labelling and packaging of substances and mixtures, amending and repealing Directives 67/548/EEC and 1999/45/EC, and amending Regulation (EC) No 1907/2006 (OJ L 353, 31.12.2008, p. 1).

manage the presence of such substances in waste. This Regulation should complement the Regulation (EC) No 1907/2006 and Regulation (EC) No 1272/2008 and allow the adoption of risk management measures related to substances including the waste phase.

(22) In addition to the restrictions set out in Annex XVII to Regulation (EC) No 1907/2006, it is appropriate to set out restrictions for the presence of mercury, cadmium and lead in certain categories of batteries. Batteries used in vehicles which benefit from an exemption under Annex II to Directive 2000/53/EC of the European Parliament and of the Council① should be excluded from the prohibition to contain cadmium. With a view to further restrictions on substances present in batteries or used in their manufacturing, it is appropriate to carry out a mapping of substances of concern, defined in the Chemicals Strategy for Sustainability as substances having a chronic effect for human health or the environment, such as substances in the candidate list for eventual inclusion in Annex XIV to Regulation (EC) No 1907/2006 and in Annex VI to Regulation (EC) No 1272/2008, but also those which hamper recycling for safe and high quality secondary raw materials, in the context of the substance evaluation planned in the REACH Evaluation Joint Action Plan published on the website of the European Chemicals Agency set up under Regulation (EC) No 1907/2006('the Agency').

(23) In order to ensure that substances that pose an unacceptable risk to human health or to the environment when used in batteries or present in waste batteries, can be duly addressed, the power to adopt acts in accordance with Article 290 TFEU should be delegated to the Commission in respect of amending restrictions on substances in batteries.

(24) The assessment procedure for adopting new and amending current restrictions on substances in batteries and waste batteries should be fully streamlined with Regulation (EC) No 1907/2006. To ensure effective decision-making, coordination and management of the related technical, scientific and administrative aspects of this Regulation, the Agency should carry out specified tasks with regard to the evaluation of risks from substances in the manufacture and use of batteries, as well as those that may occur after their end-of-life as well as the evaluation of the socioeconomic elements and the analysis of alternatives, in accordance with relevant guidance by the Agency. Consequently, the Committees for Risk Assessment and Socioeconomic Analysis of the Agency should facilitate the carrying out of certain tasks conferred on the Agency by this Regulation.

(25) In order to ensure that this Regulation is coherent with any future amendment of Regulation (EC) No 1907/2006 or of other future Union law concerning sustainability criteria for hazardous substances and chemicals, the Commission should assess whether an amendment of Articles 6, 86, 87 and 88 of this Regulation is required. Where appropriate, the Commission should propose amendments to this Regulation in a future regulation amending Regulation (EC) No 1907/2006 or in other future Union law concerning sustainably criteria for hazardous substances and chemicals.

(26) In order to promote a sustainable European economic model, the Commission should, where appropriate, propose amendments to the provisions of this Regulation regulating the restrictions on substances in batteries and in waste batteries, including the introduction of an export ban on batteries that are not compliant with those restrictions.

(27) The expected massive deployment of batteries in sectors like mobility and energy storage should reduce carbon emissions. However, to maximise that potential, it is necessary that their overall life cycle have a low carbon footprint. According to the Product Environmental Footprint Category Rules for High Specific Energy Rechargeable Batteries for Mobile Applications, climate change is the second highest related impact category for batteries after the mining and use of minerals and metals. Rechargeable industrial batteries with a capacity greater than 2 kWh,

---

① Directive 2000/53/EC of the European Parliament and of the Council of 18 September 2000 on end-of life vehicles(OJ L 269,21. 10. 2000, p. 34).

LMT batteries and electric vehicle batteries placed on the Union market should therefore be accompanied by a carbon footprint declaration. Harmonising the technical rules for calculating the carbon footprint for all rechargeable industrial batteries with a capacity greater than 2 kWh, LMT batteries and electric vehicle batteries placed on the Union market is a prerequisite for introducing a requirement for a carbon footprint declaration and subsequently for establishing carbon footprint performance classes that will enable batteries with lower overall carbon footprints to be identified. Information and clear labelling requirements on the carbon footprint of batteries is not expected in itself to lead to the behavioural change necessary to ensure that the Union's objective to decarbonise the mobility and energy storage sectors is achieved, in line with the internationally agreed objectives on climate change. Therefore, maximum carbon thresholds should be introduced, further to a dedicated impact assessment to determine those values. In proposing the level of the maximum carbon footprint threshold, the Commission should, inter alia, take into account the relative distribution of the carbon footprint values in batteries on the market, the extent of progress in the reduction of carbon footprint of batteries placed on the Union market and the effective and potential contribution of this measure to the Union's objectives on sustainable mobility and climate neutrality by 2050 at the latest. In order to bring about transparency on the batteries' carbon footprint, and shift the Union market towards batteries with a lower carbon footprint, regardless of where they are produced, a gradual and cumulative increase in the carbon footprint requirements is justified. As a result of these requirements, the avoided carbon emissions in batteries' life cycle, will contribute to the Union's climate objectives, particularly that of reaching climate neutrality by 2050 at the latest. This could also contribute to other policies at Union and national level, such as by means of incentives or green public procurement criteria, fostering the production of batteries with lower environmental impacts.

(28) The maximum life cycle carbon footprint thresholds should be future-proof. Therefore, when adopting a delegated act determining the maximum life cycle carbon footprint threshold, the Commission should take into account the best available manufacturing and production processes and ensure that the technical criteria it selects are consistent with the objective of this Regulation of ensuring that batteries placed on the Union market guarantee a high level of protection of human health, safety of persons, and of property and the environment.

(29) Certain substances present in batteries, such as cobalt, lead, lithium or nickel, are acquired from scarce resources which are not easily available in the Union, and some are considered critical raw materials by the Commission. In line with the communication of the Commission of 5 May 2021 on 'Updating the 2020 New Industrial Strategy: Building a stronger Single Market for Europe's recovery', the Union needs to enhance its strategic autonomy and increase its resilience in preparation for potential disruptions in supply due to health or other crises. Enhancing circularity and resource efficiency with increased recycling and recovery of those raw materials, will contribute to reaching that goal.

(30) The increased use of recovered raw materials would support the development of the circular economy and allow a more resource-efficient use of raw materials, while reducing Union dependency on raw materials from third countries. For batteries, this is particularly relevant for cobalt, lead, lithium and nickel. Therefore, it is necessary to promote the recovery of such materials from waste, by establishing a requirement for the level of recycled content in batteries using cobalt, lead, lithium and nickel in active materials. This Regulation should therefore set mandatory recycled content targets for cobalt, lead, lithium and nickel, which should be met by 2031. For cobalt, lithium and nickel, increased targets should be established by 2036. All targets should take into account the availability of waste from which such materials can be recovered, the technical feasibility of the recovery and manufacture processes involved, as well as the time needed by the economic operators to adapt their supply and manufacturing processes. Therefore, before such mandatory targets become applicable, the requirement related to recycled content should be limited to disclosure of information on recycled content. Battery manufacturing waste is likely to be the main source of secondary raw materials for battery manufacturing due to the increase in the production of batteries and should be subject to the same recycling processes as post-consumer waste. Therefore, battery manufacturing waste

should be counted as part of the recycled content targets with the objective of accelerating the development of the necessary recycling infrastructure. However, by-products of battery manufacturing that are re-used in the production process, such as manufacturing scrap, do not constitute waste and should therefore not be counted as part of the recycled content targets.

(31) In order to take into account the risk of short supply of cobalt, lead, lithium and nickel and to assess the availability of those raw materials, the power to adopt acts in accordance with Article 290 TFEU should be delegated to the Commission in respect of amending the targets for the minimum share of recycled cobalt, lead, lithium or nickel present in active materials in batteries.

(32) In order to take into account changes in battery technologies, which impact the types of materials that can be recovered, the power to adopt acts in accordance with Article 290 TFEU should be delegated to the Commission to supplement this Regulation by inserting further raw materials and respective targets in the list of minimum shares of recycled content present in active materials in batteries.

(33) In order to ensure that the calculations and verifications of the percentage share of cobalt, lead, lithium and nickel recovered are accurate and reliable and ensure that there is greater legal certainty, the power to adopt acts in accordance with Article 290 TFEU should be delegated to the Commission to supplement this Regulation by establishing the methodology for the calculation and verification of the percentage share of cobalt, lithium or nickel that is present in active materials and that has been recovered from battery manufacturing waste or post- consumer waste and the percentage share of lead that is present in the battery and that has been recovered from waste and the format for the technical documentation on those percentage shares, for each battery model per year and per manufacturing plant. The reutilisation of materials, such as rework, regrind or scrap generated in the battery manufacturing process, which can be reclaimed within the same process that generated the material, should be excluded from that methodology.

(34) Batteries placed on the Union market should be durable and of high performance. It is therefore necessary to set out performance and durability parameters for portable batteries of general use as well as for rechargeable industrial batteries, LMT batteries and electric vehicle batteries. For electric vehicle batteries, the informal UNECE Working Group on Electric Vehicles and the Environment has developed in-vehicle durability requirements that are to apply in the Union through a future regulation on type-approval of motor vehicles and engines and of systems, components and separate technical units intended for such vehicles, with respect to their emissions and battery durability (Euro 7) ('Euro 7 Regulation'). Therefore this Regulation should only set information requirements for the performance and durability of electric vehicle batteries. On the other hand, in the area of batteries for energy storage, existing measurement methods to test battery performance and durability are not considered to be sufficiently precise and representative to enable introducing minimum requirements. The introduction of minimum requirements related to performance and durability of these batteries should be accompanied by available adequate harmonised standards or common specifications.

(35) In order to reduce the life cycle environmental impact of batteries, the power to adopt acts in accordance with Article 290 TFEU should be delegated to the Commission in respect of amending the performance and durability parameters for portable batteries of general use and for rechargeable industrial batteries and establishing minimum values for those parameters. Those delegated acts should also establish how those minimum values are to apply to batteries that have been subject to remanufacturing.

(36) In order to ensure that the Union's rules on electrochemical performance and durability for electric vehicle batteries are consistent with the technical specifications of the informal UNECE Working Group on Electric Vehicles and the Environment and in view of technical and scientific progress, the power to adopt acts in accordance with Article 290 TFEU should be delegated to the Commission in respect of amending the performance and durability parameters for electric vehicle batteries. For thc minimum values of those parameters for electric vehicle batteries

that are incorporated in motor vehicles, it is appropriate to set minimum performance requirements through a future Euro 7 Regulation, based on the minimum performance requirements set out in United Nations (UN) Global Technical Regulation No 22 on in-vehicle battery durability for electrified vehicles.

(37) Some non-rechargeable batteries of general use can be inefficient in terms of use of resources and energy. Objective requirements regarding the performance and durability of such batteries should be established in order to ensure that fewer low performing non-rechargeable portable batteries of general use are placed on the market, in particular, where, based on a life cycle assessment, the alternative use of rechargeable batteries would result in overall environmental benefits. For batteries that are incorporated in mobile phones and tablets it is appropriate to set performance and durability requirements regarding those batteries through a future ecodesign regulation addressing phones and tablets and to update Commission Regulation (EU) No 617/2013① on computers and computer servers. For other portable batteries that are incorporated in other appliances, such asgardening tools or cordless power tools, the possibility of setting minimum performance and durability requirements should be addressed in relevant product legal acts, such as implementing acts under Directive 2009/125/EC of the European Parliament and of the Council②, or in other Union legal act.

(38) In order to ensure that portable batteries that were incorporated into appliances are subject to separate collection, treatment and high quality recycling once those appliances become waste, provisions to ensure the removability and replaceability of batteries in such appliances are necessary. Consumer safety should be ensured, in line with Union law and in particular Union safety standards, during the removal of portable batteries from or the replacement of portable batteries in an appliance. A portable battery should be considered to be removable by the end-user when it can be removed with the use of commercially available tools and without requiring the use of specialised tools, unless they are provided free of charge, or proprietary tools, thermal energy or solvents to disassemble it. Commercially available tools are considered to be tools available on the market to all end-users without the need for them to provide evidence of any proprietary rights and that can be used with no restriction, except health and safety-related restrictions. The general provisions of this Regulation should apply without prejudice to the safety and maintenance requirements for professional medical imaging and radiotherapy devices as defined in Regulation (EU) 2017/745 of the European Parliament and of the Council③ and for in vitro diagnostic medical devices as defined in Regulation (EU) 2017/746 of the European Parliament and of the Council④, and could be complemented with requirements laid down for particular products powered by batteries under implementing measures under Directive 2009/125/EC. Where other Union law lays down more specific requirements, for safety reasons, regarding the removal of batteries from products, such as toys, those specific rules should apply.

(39) To ensure the safety of end-users, this Regulation should provide for a limited derogation for portable batteries from the removability and replaceability requirements set for portable batteries concerning appliances that

---

① Commission Regulation (EU) No 617/2013 of 26 June 2013 implementing Directive 2009/125/EC of the European Parliament and of the Council with regard to ecodesign requirements for computers and computer servers (OJ L 175, 27. 6. 2013, p. 13).

② Directive 2009/125/EC of the European Parliament and of the Council of 21 October 2009 establishing a framework for the setting of ecodesign requirements for energy-related products (OJ L 285, 31. 10. 2009, p. 10).

③ Regulation (EU) 2017/745 of the European Parliament and of the Council of 5 April 2017 on medical devices, amending Directive 2001/83/EC, Regulation (EC) No 178/2002 and Regulation (EC) No 1223/2009 and repealing Council Directives 90/385/EEC and 93/42/EEC (OJ L 117, 5. 5. 2017, p. 1).

④ Regulation (EU) 2017/746 of the European Parliament and of the Council of 5 April 2017 on in vitro diagnostic medical devices and repealing Directive 98/79/EC and Commission Decision 2010/227/EU (OJ L 117, 5. 5. 2017, p. 176).

incorporate portable batteries and that are specifically designed to be used, for the majority of the active service of the appliance, in an environment that is regularly subject to splashing water, water streams or water immersion and that are intended to be washable or rinseable. This derogation should only apply when it is not possible, by way of redesign of the appliance, to ensure the safety of the end-user and the safe continued use of the appliance after the end-user has correctly followed the instructions to remove and replace the battery. Where the derogation applies, the product should be designed in such a way as to make the battery removable and replaceable only by independent professionals, and not by end-users.

(40) For repaired electric vehicle batteries and SLI batteries, the safety requirements of Regulation (EU) 2019/2144 of the European Parliament and of the Council① apply to type-approved vehicles of categories M, N and O and batteries designed and constructed for those vehicles. It is important that the safety of such batteries when repaired can be assessed based on non-destructive tests adapted to them. For repaired LMT batteries, the Commission will prepare rules on the safety of micromobility devices, building on experience at national and local levels of safety requirements, as announced in the communication of the Commission of 14 December 2021 on 'The new EU Urban Mobility Framework'. For other repaired batteries intended for consumers or likely to be used by them, the requirements of Directive 2001/95/EC of the European Parliament and of the Council② apply.

(41) The interoperability of chargers for specific categories of batteries could reduce unnecessary waste and costs for the benefit of consumers and other end-users. It should be possible therefore to recharge LMT batteries and rechargeable batteries that are incorporated into specific categories of electrical and electronic equipment, by making use of common chargers that allow interoperability within each category of batteries. This Regulation should therefore require the Commission to assess how to introduce harmonised standards for common chargers for those categories of batteries, excluding charging devices for categories and classes of radio equipment under Directive 2014/53/EU of the European Parliament and of the Council③.

(42) SLI batteries and electric vehicle batteries that are incorporated in motor vehicles should be removable and replaceable by independent professionals. It is appropriate to consider revising Directive 2000/53/EC to ensure that those batteries can be removed, replaced and disassembled, including as regards joining, fastening and sealing elements. For the purposes of the design, manufacturing and the repair of SLI batteries and electric vehicle batteries, manufacturers should provide the relevant vehicle on-board diagnostic information and vehicle repair and maintenance information on a non-discriminatory basis to any interested manufacturer, installer or repairer of equipment for vehicles of categories M, N and O, as provided for in Regulation (EU) 2018/858. Furthermore, the Commis-

---

① Regulation (EU) 2019/2144 of the European Parliament and of the Council of 27 November 2019 on type-approval requirements for motor vehicles and their trailers, and systems, components and separate technical units intended for such vehicles, as regards their general safety and the protection of vehicle occupants and vulnerable road users, amending Regulation (EU) 2018/858 of the European Parliament and of the Council and repealing Regulations (EC) No 78/2009, (EC) No 79/2009 and (EC) No 661/2009 of the European Parliament and of the Council and Commission Regulations (EC) No 631/2009, (EU) No 406/2010, (EU) No 672/2010, (EU) No 1003/2010, (EU) No 1005/2010, (EU) No 1008/2010, (EU) No 1009/2010, (EU) No 19/2011, (EU) No 109/2011, (EU) No 458/2011, (EU) No 65/2012, (EU) No 130/2012, (EU) No 347/2012, (EU) No 351/2012, (EU) No 1230/2012 and (EU) 2015/166 (OJ L 325, 16.12.2019, p. 1).

② Directive 2001/95/EC of the European Parliament and of the Council of 3 December 2001 on general product safety (OJ L 11, 15.1.2002, p. 4).

③ Directive 2014/53/EU of the European Parliament and of the Council of 16 April 2014 on the harmonisation of the laws of the Member States relating to the making available on the market of radio equipment and repealing Directive 1999/5/EC (OJ L 153, 22.5.2014, p. 62).

sion should encourage the development of standards for design and assembly techniques that facilitate the maintenance, repair and repurposing of batteries and battery packs.

(43) Reliable batteries are fundamental for the operation and safety of many products, appliances and services. Therefore, batteries should be designed and manufactured to ensure they pose no risk to human health or the safety of persons, to property or the environment. This is particularly relevant for stationary battery energy storage systems, which are currently not covered by other Union law. Parameters to be considered in safety tests should therefore be laid down for those batteries and be complemented by applicable standards of the European standardisation organisations.

(44) Batteries should be labelled in order to provide end-users with transparent, reliable and clear information about batteries and waste batteries. That information would enable end-users to make informed decisions when buying and discarding batteries and waste operators to appropriately treat waste batteries. Batteries should be labelled with all the necessary information concerning their main characteristics, including their capacity and the amount of certain hazardous substances present. To ensure the availability of information over time, that information should also be made available by means of QR codes which are printed or engraved on batteries or are affixed to the packaging and to the documents accompanying the battery and should respect the guidelines of ISO/IEC Standard 18004: 2015. The QR code should give access to a battery's product passport. Labels and QR codes should be accessible to persons with disabilities, in accordance with Directive (EU) 2019/882 of the European Parliament and of the Council①.

(45) The inclusion on the battery label of information about the performance of batteries is essential to ensure that end-users, especially consumers, before making their purchase are appropriately informed and in particular that they have a common basis to compare different batteries. Therefore, non-rechargeable portable batteries should be marked with a label indicating 'non-rechargeable' and containing the information on their minimum average duration when used in specific applications. Additionally, it is important to offer guidance to the end-user on how to discard waste batteries in an appropriate way.

(46) For stationary battery energy storage systems, LMT batteries and electric-vehicle batteries using a battery management system, it should be possible for the end-user or any other third party acting on behalf of that end-user to determine the state of health and expected lifetime of the batteries at any time from the data stored in the battery management system. Read-only access to those data should be provided to the person who purchased the battery or any third party acting on behalf of that person at any time for the purposes of evaluating the residual value of the battery, facilitating the preparation for re-use, preparation for repurposing, repurposing or remanufacturing of the battery or for making the battery available to independent aggregators, as defined in Directive (EU) 2019/944 of the European Parliament and of the Council②, which operate virtual power plants in electricity grids. Therefore, the data should be up to date. It should be updated at least daily and more frequently where that is required for a specific purpose. Technical specifications that originate from the work of the informal UNECE Working Group on Electric Vehicles and the Environment on data access in electric vehicles should be considered to be a benchmark for the state of health and expected lifetime of electric vehicle batteries. These requirements should apply in addition to Union law on type-approval of vehicles, which is the appropriate legal framework for addressing, inter alia, smart charging functions such as vehicle-to-grid, vehicle-to- load, vehicle-to-vehicle, vehicle-to-powerbank and vehicle-to-building charging.

---

① Directive (EU) 2019/882 of the European Parliament and of the Council of 17 April 2019 on the accessibility requirements for products and services(OJ L 151,7.6.2019,p.70).

② Directive (EU) 2019/944 of the European Parliament and of the Council of 5 June 2019 on common rules for the internal market for electricity and amending Directive 2012/27/EU(OJ L 158,14.6.2019,p.125).

(47) A number of product-specific requirements under this Regulation, including on performance, durability, repurposing and safety, should be measured by using reliable, accurate and reproducible methods that take into account the generally recognised state-of-the-art measurements, standards and calculation methodologies. In order to ensure that there are no barriers to trade on the internal market, standards should be harmonised at Union level. Such methods and standards should, to the extent possible, take into account the real-life usage of batteries, reflect the average range of consumer behaviour and be robust in order to deter intentional and unintentional circumvention. Once a reference to such a standard has been published in the Official Journal of the European Union in accordance with Regulation (EU) No 1025/2012 of the European Parliament and of the Council①, batteries that meet that standard should be presumed to be in conformity with those product-specific requirements under this Regulation, provided that the minimum values established for those product-specific requirements are attained. In order to avoid the duplication of technical specifications on the one hand and to maximise efficiency and to take account of the highest levels of expertise and state-of the art knowledge on the other, the Commission should aim to request one or more European standardisation organisations to draft a standard where there is no standard in existence. In the absence of published standards at the time of the application of product-specific requirements, or in the event of an unsatisfactory response by the relevant European standardisation organisation the Commission should adopt, in exceptional and justified cases and after consultation with the relevant stakeholders, common specifications through implementing acts. The compliance with such specifications should also give rise to the presumption of conformity. In cases where the common specifications are, at a later stage, found to have shortcomings, the Commission should by implementing act amend or repeal the common specifications in question. After the references of harmonised standards are published in the Official Journal of the European Union, any common specification should be repealed within a reasonable period which allows manufacturers to take the changes into account.

(48) Active involvement in the work of international standardisation committees is an important strategic prerequisite for placing future battery technologies on the market. European involvement in some of those committees has been less effective than it could have been. European involvement should be improved to strengthen the Union's voice in global standardisation, also with a view to enhance the competitiveness of Union companies, to reduce the Union's dependencies and to protect the interests, policy objectives and values of the Union. Therefore, the Commission and the Member States should monitor and coordinate the European approach to international standardisation. Harmonised standards that complement the implementation of this Regulation should take into account existing international standards, in particular at IEC and ISO level.

(49) The Commission should ensure that there is consistency regarding harmonised standards and common specifications under this Regulation, including when reviewing Regulation (EU) No 1025/2012.

(50) To ensure effective access to information for market surveillance purposes, to adapt to new technologies and to ensure resilience in case of global crises, such as the Covid-19 pandemic, it should be possible to provide information online regarding conformity with all Union acts applicable to batteries in the form of a single EU declaration of conformity.

(51) Regulation (EC) No 765/2008 of the European Parliament and of the Council② lays down rules on the

---

① Regulation (EU) No 1025/2012 of the European Parliament and of the Council of 25 October 2012 on European standardisation, amending Council Directives 89/686/EEC and 93/15/EEC and Directives 94/9/EC, 94/25/EC, 95/16/EC, 97/23/EC, 98/34/EC, 2004/22/EC, 2007/23/EC, 2009/23/EC and 2009/105/EC of the European Parliament and of the Council and repealing Council Decision 87/95/EEC and Decision No 1673/2006/EC of the European Parliament and of the Council (OJ L 316, 14. 11. 2012, p. 12).

② Regulation (EC) No 765/2008 of the European Parliament and of the Council of 9 July 2008 setting out the requirements for accreditation and repealing Regulation (EEC) No 339/93 (OJ L 218, 13. 8. 2008, p. 30).

accreditation of conformity assessment bodies, provides a framework for the market surveillance of products and for controls on products from third countries, and lays down the general principles of the CE marking. That Regulation should be applicable to batteries covered by this Regulation in order to ensure that products benefiting from the free movement of goods within the Union fulfil requirements providing a high level of protection of public interests such as human health, safety of persons and the environment.

(52) In order to enable economic operators to demonstrate and the competent authorities to verify that batteries made available on the market comply with this Regulation, it is necessary to provide for conformity assessment procedures. Decision No 768/2008/EC of the European Parliament and of the Council① establishes modules for conformity assessment procedures, ranging from the least to the most stringent depending on the level of risk involved and the level of safety required. In accordance with that Decision, where conformity assessment is required, the procedures to be used for that assessment are to be chosen from among those modules. Robust conformity assessment procedures are needed to ensure that batteries comply with the novel and complex carbon footprint and recycled content requirements and due diligence obligations laid down in this Regulation.

(53) The CE marking on a battery indicates the conformity of that battery with this Regulation. General principles governing the CE marking and its relationship to other markings are set out in Regulation (EC) No 765/2008. Those principles should apply to the CE marking on batteries. In order to ensure that batteries are stored, used and discarded in a manner which is safe from the point of view of protecting human health and the environment, specific rules governing the affixing of the CE marking for batteries should be laid down.

(54) The conformity assessment procedures set out in this Regulation require the intervention of conformity assessment bodies. In order to ensure a uniform implementation of the provisions in this Regulation, those bodies should be notified by the Member State authorities to the Commission.

(55) Due to the novelty and complexity of the sustainability, performance, safety, labelling and information requirements for batteries under this Regulation and in order to ensure a consistent level of quality of conformity assessment of batteries, it is necessary to set requirements for the notifying authorities that are involved in the assessment, notification and monitoring of conformity assessment bodies that have been notified to the Commission, thereby becoming notified bodies. In particular, it should be ensured that the notifying authority is objective and impartial with regard to its activities and has a sufficient number of technically competent members of staff to perform its tasks. Furthermore, notifying authorities should be required to safeguard the confidentiality of the information they obtain, but should nonetheless be able to exchange information on notified bodies with national authorities, the notifying authorities of other Member States and the Commission to ensure consistency in the conformity assessment.

(56) It is essential that all notified bodies perform their functions to the same level and under conditions of fair competition and autonomy. Therefore, this Regulation should lay down requirements for conformity assessment bodies wishing to be notified in order to carry out conformity assessment activities. Those requirements should continue to apply as a prerequisite for keeping the competence of the notified body up-to-date. To ensure its autonomy, the notified body and the staff it employs should be required to remain independent of economic operators in the battery value chain and from other companies, including business associations and parent companies and subsidiaries. The notified body should be required to provide documentary proof of its independence and provide that documentation to the notifying authority. The notified bodies should ensure rotation of the personnel carrying out different conformity assessment tasks.

① Decision No 768/2008/EC of the European Parliament and of the Council of 9 July 2008 on a common framework for the marketing of products, and repealing Council Decision 93/465/EEC (OJ L 218, 13.8.2008, p. 82).

(57) If a conformity assessment body demonstrates conformity of the battery with the criteria laid down in harmonised standards it should be presumed to comply with the corresponding requirements laid down in this Regulation.

(58) Conformity assessment bodies frequently subcontract parts of their activities linked to the assessment of conformity or have recourse to a subsidiary. Certain activities and decision-making processes, both regarding the conformity assessment of batteries and other activities internal to the notified body, should however be carried out exclusively by the notified body itself, in order to ensure its independence and autonomy. Furthermore, in order to safeguard the level of protection required for batteries to be placed on the Union market, conformity assessment subcontractors and subsidiaries should fulfil the same requirements as notified bodies in relation to the performance of conformity assessment tasks under this Regulation.

(59) Since the services offered by notified bodies in a Member State might relate to batteries made available on the market throughout the Union, it is appropriate to give the other Member States and the Commission the opportunity to raise objections concerning a notified body. The Commission, during its investigations, can seek the advice of a Union testing facility, designated in accordance with Regulation (EU) 2019/1020 of the European Parliament and of the Council①. In order to ensure uniform conditions for the implementation of this Regulation, implementing powers should be conferred on the Commission in order to request the notifying authority to take corrective action in case a notified body does not meet or no longer meets the requirements of this Regulation.

(60) In the interests of facilitating and accelerating the conformity assessment procedure, certification and ultimately market access, and in view of the novelty and complexity of the sustainability, safety, labelling and information requirements for batteries provided for in this Regulation, it is crucial that notified bodies have continuous access to all testing equipment and testing facilities needed and that they apply the procedures without creating an unnecessary burden for economic operators. For the same reasons, and to ensure equal treatment of economic operators, it is necessary that notified bodies apply the conformity assessment procedures consistently.

(61) Prior to taking a final decision on whether a battery can be granted a conformity certificate, the economic operator that wishes to place a battery on the market should be allowed to submit complementary documentation on the battery once.

(62) The Commission should enable appropriate coordination and cooperation between notified bodies.

(63) It is appropriate to lay down the obligations on the economic operators related to the placing on the market or putting into service of batteries. For the purposes of this Regulation the term 'economic operator' should be understood to cover the manufacturer, the authorised representative, the importer, the distributor, the fulfilment service provider or any other natural or legal person who is subject to obligations in relation to the manufacture of batteries, making them available or placing them on the market or putting them into service. Batteries, for the purposes of this Regulation, should include batteries that have been subject to preparation for re-use, preparation for repurposing, repurposing or remanufacturing.

(64) It is appropriate to provide that the requirements for batteries, which are put into service without being placed on the market beforehand, should be the same as for batteries that are placed on the market before being put into service. This concerns for example batteries that the manufacturer uses for its own purposes, or batteries that, because of their characteristics, can only be assembled and tested on-site in their final destination. However, to avoid the need to demonstrate compliance twice for the same product, batteries that are placed on the market should not be subject to the same requirements when they are put into service.

---

① Regulation (EU) 2019/1020 of the European Parliament and of the Council of 20 June 2019 on market surveillance and compliance of products and amending Directive 2004/42/EC and Regulations (EC) No 765/2008 and (EU) No 305/2011 (OJ L 169, 25.6.2019, p. 1).

(65) Economic operators should be responsible for the compliance of batteries with the requirements of this Regulation, in relation to their respective roles in the supply chain, to ensure a high level of protection of public interests such as human health, safety of persons, the protection of property and the environment.

(66) All economic operators active in the supply and distribution chain should take appropriate measures to ensure that they only make available on the market batteries which are in conformity with this Regulation. It is necessary to provide for a clear and proportionate distribution of obligations which corresponds to the role of each economic operator in the supply and distribution chain.

(67) The manufacturer, having detailed knowledge of the design and production process, is best placed to carry out the conformity assessment procedure. Conformity assessment should therefore remain the obligation of the manufacturer alone.

(68) The manufacturer should provide sufficiently detailed information on the intended use of the battery to allow its correct and safe placing on the market, putting into service, use and waste management, including possible repurposing.

(69) In order to facilitate communication between economic operators, market surveillance authorities and end-users, economic operators should, as part of their contact details, indicate a postal and, if available, email and website address.

(70) The single market should ensure equal conditions of competition for all economic operators and protection against unfair competition. To that end, strengthened enforcement of Union harmonisation legislation on batteries is necessary. Good cooperation between economic operators and the market surveillance authorities is a key element of such strengthened enforcement, allowing immediate intervention and corrective action. It is important that there be an economic operator established in the Union so that there is someone to whom market surveillance authorities can address requests, including requests for information regarding a battery's compliance with Union harmonisation legislation, and who can cooperate with market surveillance authorities in making sure that immediate corrective action is taken to remedy instances of non-compliance. The economic operators who should perform those tasks are the manufacturer, or the importer when the manufacturer is not established in the Union, or an authorised representative mandated by the manufacturer for this purpose, or a fulfilment service provider established in the Union for batteries handled by it when no other economic operator is established in the Union.

(71) It is necessary to ensure that batteries from third countries entering the Union market comply with the requirements of this Regulation, and with other applicable Union law, whether imported on their own or incorporated into or added to products, and, in particular, that appropriate conformity assessment procedures have been carried out by manufacturers with regard to those batteries. Provision should therefore be made for importers to make sure that the batteries they place on the market and put into service comply with the requirements of this Regulation and that the CE marking on batteries and documentation drawn up by manufacturers are available for inspection by the national authorities, whether imported as new or used batteries or batteries that have been subject to preparation for re-use, preparation for repurposing, repurposing or remanufacturing.

(72) When placing a battery on the market or putting it into service, every importer should indicate on the battery the importer's name, registered trade name or registered trade mark as well as the postal and, if available, email and website address. Exceptions should be provided for cases where the size of the battery is too small for that information to be affixed to it or where the importer would have to open the packaging in order to affix the importer's name, registered trade name or registered trade mark and the other contact details. In those exceptional cases, the importer should provide the information in a document accompanying the battery or in another immediately accessible way. Where packaging exists, the importer should indicate the information on that packaging.

(73) Where a distributor makes a battery available on the market after it has been placed on the market or put into service by the manufacturer or the importer, the distributor should act with due care to ensure that its handling

of the battery does not adversely affect its compliance with the requirements of this Regulation.

(74) Any importer or distributor that places a battery on the market or puts it into service under the importer's or distributor's own name or trademark, or modifies a battery in such a way that compliance with the requirements of this Regulation could be affected or modifies the purpose of a battery that is already placed on the market should be considered to be the manufacturer and should assume the obligations of the manufacturer provided for in this Regulation.

(75) Distributors, importers and fulfilment service providers, being close to the market place, should be involved in market surveillance tasks carried out by the national authorities, and should be ready to participate actively, providing those authorities with all necessary information relating to the battery concerned.

(76) Ensuring traceability of a battery throughout the whole supply chain helps to make market surveillance simpler and more efficient, and provides transparency to consumers. An efficient traceability system facilitates the market surveillance authorities' task of tracing economic operators who have placed on the market, made available on the market or put into service non-compliant batteries. Economic operators should therefore be required to keep information on their transactions involving batteries for a certain period, including in electronic form.

(77) The extraction, processing and trading of natural mineral resources is fundamental in providing the necessary raw materials for the production of batteries. Battery manufacturers, regardless of their position or leverage over suppliers and of their geographical location, could inadvertently contribute to adverse impacts in the mineral supply chain. For some raw materials, over half of global production is intended for use in battery applications. For example, over 50% of the global demand for cobalt and over 60% of the world's lithium is used for battery production. About 8% of global natural graphite production and 6% of global nickel production goes into battery manufacturing.

(78) Only a few countries supply the raw materials used in battery manufacture and, in some cases, low standards of governance in those countries can exacerbate environmental and social problems. Both cobalt and nickel mining and refining are connected with a large range of social and environmental issues. While the social and environmental impacts for natural graphite are less severe, the mining of natural graphite can have serious health and environmental impacts since it is mainly carried out by artisanal and small scale operations, mostly in informal settings. This, together with the absence of regularly updated mine closure plans and rehabilitation, can result in the destruction of ecosystems and soils. The expected increase in the use of lithium in battery manufacturing is likely to put additional pressure on extraction and refining operations. It is therefore appropriate that lithium be included in the scope of battery due diligence obligations. The expected massive increase in demand for batteries in the Union should not contribute to an increase of such environmental and social risks.

(79) Some of the raw materials used in battery manufacturing, such as cobalt, lithium and natural graphite, are considered to be critical raw materials for the Union, as indicated by the Commission in its communication of 3 September 2020 on 'Critical Raw Materials Resilience: Charting a Path towards greater Security and sustainability', and their sustainable sourcing is required for the Union battery ecosystem to perform adequately.

(80) A number of voluntary efforts from actors in the battery supply chain are already in place in order to encourage adherence to sustainable sourcing practices, including the Initiative for Responsible Mining Assurance, the Responsible Minerals Initiative and the Cobalt Industry Responsible Assessment Framework. However, it is not certain that voluntary efforts to set up due diligence schemes will ensure that all economic operators placing batteries in the Union market abide by the same set of minimum rules.

(81) In the Union, general requirements on due diligence in relation to certain minerals and metals were in-

troduced by Regulation (EU) 2017/821 of the European Parliament and of the Council①. That Regulation does not, however, address the minerals and materials used for battery production.

(82) Therefore, in view of the expected exponential growth in battery demand in the Union, an economic operator that places a battery on the Union market should set up a battery due diligence policy. Requirements therefore should be laid down in this Regulation, in order to address the social and environmental risks inherent in the extraction, processing and trading of certain raw materials and secondary raw materials used for the purposes of battery manufacturing. Such policy should encompass all operators in the supply chain, and their subsidiaries and subcontractors, that extract, process and trade certain raw materials and secondary raw materials.

(83) When putting in place a risk-based battery due diligence policy, the economic operator should base it on internationally recognised due diligence standards and principles, such as those in the United Nations Guiding Principles on Business and Human Rights, the Ten Principles of the United Nations Global Compact, the United Nations Environment programme (UNEP) Guidelines for Social Life Cycle Assessment of Products, the International Labour Organisation (ILO) Tripartite Declaration of Principles concerning Multinational Enterprises and Social Policy, the Organisation for Economic Cooperation and Development (OECD) Guidelines for Multinational Enterprises and the OECD Due Diligence Guidance for Responsible Business Conduct. Those standards and principles which each economic operator should tailor to its specific context and circumstances, reflect a common understanding amongst governments and stakeholders. In relation to the extraction, processing and trading of natural mineral resources used for battery production, the OECD Due Diligence Guidance for Responsible Supply Chains of Minerals from Conflict-Affected and High-Risk Areas represents an internationally acknowledged standard addressing the specific risks of gross human rights violations, and a long-standing effort by governments and stakeholders to establish good practice in this area.

(84) According to the UN, ILO and OECD standards and principles, due diligence is an on-going, proactive and reactive process through which companies can ensure that they respect human rights and the environment and do not contribute to conflict. Risk-based due diligence refers to the steps companies should take to identify, prevent, mitigate and otherwise address adverse impacts associated with their activities or sourcing decisions. Economic operators should hold informed, effective and meaningful consultations with affected communities. A company can assess the risks posed by its activities and relationships and adopt risk-mitigation measures, which can include requiring additional information, negotiating with a view to redressing the situation, or suspending or discontinuing engagement with suppliers, in line with relevant standards provided under national and international law, recommendations on responsible business conduct by international organisations, government- backed tools, private sector voluntary initiatives and a company's internal policies and systems. This approach also helps to scale the due diligence exercise in proportion to the size of the company's activities or supply chain relationships.

(85) While private sector due diligence schemes can support economic operators in fulfilling their battery due diligence obligations in line with the OECD Guidelines for Multinational Enterprises and the United Nations Guiding Principles on Business and Human Rights, economic operators should be individually responsible for fulfilment of the due diligence obligations laid down in this Regulation.

(86) Mandatory battery due diligence policies should be adopted or changed and should address, at least the most prevalent social and environmental risk categories. Such a policy should cover the current and foreseeable impacts on social issues, in particular human rights, human health and safety of persons as well as occupational health and safety, and labour rights, on the one hand, and on the environment, in particular on water use, soil

---

① Regulation (EU) 2017/821 of the European Parliament and of the Council of 17 May 2017 laying down supply chain due diligence obligations for Union importers oftin, tantalum and tungsten, their ores, and gold originating from conflict-affected and high-risk areas(OJ L 130,19.5.2017,p.1).

protection, air pollution, climate change and biodiversity, as well as protection of community life, on the other.

(87) As regards the social risk categories, battery due diligence policies should address the risks in relation to the protection of human rights, including human health, community life, including that of indigenous peoples, the protection of children and gender equality, in line with international human rights law. The battery due diligence policies should include information on how the economic operator has contributed to the prevention of human rights abuses and on the instruments in place within the operator's business structure to fight corruption and bribery. The battery due diligence policies should also ensure proper implementation of the rules of fundamental conventions of the ILO as listed in Annex I to the ILO Tripartite Declaration of Principles concerning Multi- national Enterprises and Social Policy.

(88) Human rights abuses are common in resource-rich conflict-affected and high-risk areas. Therefore, such areas deserve specific attention in the battery due diligence policy of economic operators. Regulation (EU) 2017/821 includes provisions for an indicative, non-exhaustive, regularly updated list of conflict-affected and high-risk areas. That list is also relevant for the implementation of the battery due diligence provisions of this Regulation.

(89) As regards the environmental risk categories, the battery due diligence policies should address the risks for the protection of the natural environment and biological diversity, in line with the Convention on Biological Diversity, which includes the consideration of local communities and the protection and the development of those communities. Battery due diligence policies should also address the risks related to climate change, in line with the Paris Agreement①, adopted on 12 December 2015 under the United Nations Framework Convention on Climate Change (the 'UN Paris Agreement'), as well as environmental risks covered by other international environmental conventions.

(90) The battery due diligence obligations on the identification and mitigation of social and environmental risks associated with raw materials used in battery manufacturing should contribute to the implementation of UNEP Resolution 4/19 on Mineral Resource Governance, which recognises the important contribution of the mining sector towards the achievement of the 2030 Agenda and the Sustainable Development Goals.

(91) Other Union legal acts that lay down requirements regarding supply chain due diligence should apply to batteries in so far as there are no specific provisions with the same objective, nature and effect in this Regulation which can be adapted in the light of future legislative amendments. Such legal acts might address the civil liability of companies for damages arising due to their failure to comply with due diligence requirements. Where such legal acts do not or not completely address the civil liability consequences of battery due diligence obligations of this Regulation, it should be possible for them to be addressed by national rules.

(92) In order to adapt to developments in the battery value chain, including to changes in the scope and nature of the relevant environmental and social risks, as well as to technical and scientific progress in batteries and battery chemistries, the power to adopt acts in accordance with Article 290 TFEU should be delegated to the Commission in respect of amending the list of raw materials and risk categories, the list of international instruments and the battery due diligence obligations.

(93) In order to establish the equivalence of due diligence schemes that have been developed by governments, industry associations and groupings of interested organisations, implementing powers should be conferred on the Commission.

(94) In order to enable proper, sound and consistent evaluation of the due diligence schemes, the power to adopt acts in accordance with Article 290 TFEU should be delegated to the Commission to supplement this Regulation by establishing the criteria and the methodology for determining whether the due diligence schemes enable economic operators to fulfil the due diligence requirements of this Regulation.

(95) Harmonised rules for waste management are necessary to ensure that producers and other economic oper-

① OJ L 282, 19. 10. 2016, p. 4.

ators are subject to the same rules across the Member States in the implementation of the extended producer responsibility for batteries and to ensure a high level of protection of human health and the environment across the Union. Extended producer responsibility can contribute to reducing overall resource use, in particular by reducing the generation of waste batteries and the adverse impacts linked to the management of waste batteries. Maximising the separate collection of waste batteries and ensuring that all waste batteries that are collected are recycled through processes that meet common minimum recycling efficiencies is necessary in order to attain high levels of recovery of materials. In its evaluation of Directive 2006/66/EC, the Commission found that one of the shortcomings of that Directive is that its provisions were insufficiently detailed, leading to uneven implementation and creating significant barriers to the functioning of recycling markets and suboptimal levels of recycling. Consequently, more detailed and harmonised rules would avoid distortions of the market for the collection, treatment and recycling of waste batteries and ensure even implementation of the requirements across the Union. It would also result in further harmonisation of the quality of waste management services provided by economic operators and facilitate the functioning of the market for secondary raw materials.

(96) In order to ensure that the obligations under this Regulation are carried out and to monitor and verify compliance by producers and producer responsibility organisations with this Regulation, it is necessary that Member States designate one or more competent authorities.

(97) This Regulation builds on the waste management rules and general principles laid down in Directive 2008/98/EC of the European Parliament and of the Council①, which should be adapted to reflect the specific nature of waste batteries. For the collection of waste batteries to be organised in the most effective way, it is important that it be done both near to the place where the batteries are sold and to the end-user. Waste batteries should be collected separately from other waste streams, such as metals, paper and cardboard, glass, plastics, wood, textiles and bio- waste. Also, it should be possible for waste batteries to be collected both together with waste electrical and electronic equipment and with end-of-life vehicles, by way of national collection schemes set up on the basis of Directive 2012/19/EU of the European Parliament and of the Council②, and of Directive 2000/53/EC. While Directive 2006/66/EC sets up specific rules for batteries, there is a need for a coherent and complementary approach, building upon and further harmonising existing waste management structures. Consequently, and in order to effectively implement extended producer responsibility related to the waste management, obligations should be laid down with respect to the Member State where batteries are made available on the market for the first time.

(98) In order to monitor fulfilment by producers of their obligations as regards the waste treatment of batteries made available on the market for the first time within the territory of a Member State, it is necessary that a register be established and managed by the competent authority in each Member State. The information in the register should be accessible to those entities that play a role in monitoring compliance with and enforcement of the extended producer responsibility. It should be possible for that register to be the same as the national register set up pursuant to Directive 2006/66/EC. Producers should be required to register, in order to provide the necessary information to allow the competent authorities to monitor fulfilment by producers of their obligations. Registration requirements should be simplified across the Union.

(99) In the case of state-run producer responsibility organisations, as there is no represented producer's mandate, the requirements provided in this Regulation concerning such mandates do not apply.

(100) In view of the polluter pays principle, it is appropriate to impose obligations on producers as regards

① Directive 2008/98/EC of the European Parliament and of the Council of 19 November 2008 on waste and repealing certain Directives (OJ L 312, 22. 11. 2008, p. 3).

② Directive 2012/19/EU of the European Parliament and of the Council of 4 July 2012 on waste electrical and electronic equipment (WEEE) (OJ L 197, 24. 7. 2012, p. 38).

the management of waste batteries. In this context, producers should be understood to include any manufacturer, importer or distributor who, irrespective of the selling technique used, including by means of distance contracts as defined in Article 2, point (7), of Directive 2011/83/EU of the European Parliament and of the Council①, supplies a battery for the first time for distribution or use, including when incorporated into appliances, light means of transport or other vehicles, within the territory of a Member State on a commercial basis.

(101) Producers should have extended producer responsibility for the management of their batteries at the end-of-life stage. Accordingly, they should finance the costs of collecting, treating and recycling all collected batteries, carrying out compositional surveys of mixed collected municipal waste, reporting on batteries and waste batteries, and of providing information to end-users and waste operators about batteries and appropriate re-use and management of waste batteries. The new rules on extended producer responsibility under this Regulation are intended to ensure a high level of environmental and health protection in the Union by maximising separate collection of waste batteries and ensuring that all collected batteries are recycled through processes that reach high rates of recycling efficiency and recovery of materials in light of technical and scientific progress. The obligations related to extended producer responsibility should apply to all forms of supply, including distance selling. Producers should be able to exercise those obligations collectively, by means of producer responsibility organisations taking responsibility on their behalf. Producers or producer responsibility organisations should be subject to authorisation and they should demonstrate that they have the financial means to cover the costs entailed by the extended producer responsibility. When laying down administrative and procedural rules for authorisation of producers for individual compliance and of producer responsibility organisations for collective compliance, Member States should be able to differentiate processes for individual producers and producer responsibility organisations to limit the administrative burden on individual producers. In this context, it should be possible to consider permits issued in accordance with Directive 2008/98/EC to be an authorisation for the purposes of this Regulation. Where necessary to avoid distortion of the internal market and in order to ensure uniform conditions for the modulation of the financial contributions paid to producer responsibility organisations by producers, implementing powers should be conferred on the Commission. Waste management operators carrying out collection and treatment in accordance with this Regulation should be subject to a selection procedure by producers of the relevant batteries or by producer responsibility organisations acting on their behalf, in accordance with Directive 2008/98/EC. Where waste management operations take place in a Member State other than that in which a battery was made available on the market for the first time, producers should cover the costs incurred by the waste management operators in the Member State where the waste operations take place. In the discussion on possible proposals for Union legislative acts on end-of-life vehicles and waste electrical and electronic equipment, the establishment of a cross-border extended producer responsibility mechanism for waste batteries, including those incorporated into vehicles or appliances, between the relevant actors, should be considered. Furthermore, the adoption of other measures should be considered, such as information management and verification tools, including, as appropriate, authorised representatives for extended producer responsibility, waste management operators, producer responsibility organisations, digital product passports and registers of producers, and national vehicle registration systems when covering electric vehicle batteries.

(102) Extended producer responsibility should apply also to economic operators placing on the market a battery that results from preparation for re-use, preparation for repurposing, repurposing or remanufacturing operations. Therefore, the economic operator that originally placed the battery on the market should not bear the ad-

---

① Directive 2011/83/EU of the European Parliament and of the Council of 25 October 2011 on consumer rights, amending Council Directive 93/13/EEC and Directive 1999/44/EC of the European Parliament and of the Council and repealing Council Directive 85/577/EEC and Directive 97/7/EC of the European Parliament and of the Council(OJ L 304, 22. 11. 2011, p. 64).

ditional costs that could result from the waste management arising from the subsequent life of that battery. It should be possible for the economic operators subject to extended producer responsibility to establish a cost-sharing mechanism based on the attribution of the actual waste management costs.

(103) This Regulation is a lex specialis in relation to Directive 2008/98/EC for the extended producer responsibility minimum requirements on collection and recycling targets, distributor take-back and second life. Member States should be required to define the extended producer responsibility provided for in this Regulation, in accordance with Directive 2008/98/EC and national law transposing that Directive. In addition, where this Regulation does not provide for full harmonisation in Chapter Ⅷ, Member States should be able to provide for additional measures on those specific topics, provided such further regulation is in accordance with Directive 2008/98/EC and consistent both with national law transposing that Directive and with this Regulation.

(104) This Regulation should specify how the traceability of traders' obligations laid down in Regulation (EU) 2022/2065 of the European Parliament and of the Council① is to be applied to online platforms allowing consumers to conclude distance contracts with producers offering batteries, including batteries that are incorporated in appliances, light means of transport or other vehicles, and to consumers located in the Union in relation to the registers of producers established pursuant to this Regulation. For the purposes of this Regulation, any producer offering batteries, including those incorporated in appliances, light means of transport or other vehicles, by means of distance contracts directly to consumers located in a Member State, whether established in a Member State or a third country, should be considered to be a trader as defined in Regulation (EU) 2022/2065. Pursuant to that Regulation, providers of online platforms, falling within the scope of Section 4 of Chapter Ⅲ thereof and who allow consumers to conclude distance contracts with producers, should obtain from those producers information on the register of producers where they are registered as well as their registration number and a self-certification committing to comply with the extended producer responsibility requirements laid down in this Regulation. The implementation of the rules on the traceability of traders for the sale of batteries online are subject to the enforcement rules laid down in Regulation (EU) 2022/2065.

(105) In order to ensure high quality recycling in the battery supply chain, boost the uptake of quality secondary raw materials and protect the environment, there should be high rates of waste battery collection and recycling. The collection of waste batteries is a fundamental crucial step in the recovery of valuable materials present in batteries through their recycling and in keeping the battery supply chain in the Union, boosting the Union's strategic autonomy in this sector. Such recycling thus also facilitates access to materials recovered that can be used to manufacture new products.

(106) Producers should be responsible for financing and organising the separate collection of waste batteries. They should do so by establishing a take-back and collection network and related information campaigns that cover the whole territory of each Member State. Such networks should be close to the end-user and should not only target areas and batteries where collection of waste batteries is profitable. The collection network should include distributors, authorised treatment facilities for waste electrical and electronic equipment and end-of-life vehicles and civic amenity sites, and, on a voluntary basis other actors, such as public authorities and schools. In order to verify and improve the effectiveness of the collection network and related information campaigns, regular compositional surveys at least at NUTS 2 level, which is provided for in Regulation (EC) No 1059/2003 of the European Parlia-

① Regulation (EU) 2022/2065 of the European Parliament and of the Council of 19 October 2022 on a Single Market For Digital Services and amending Directive 2000/31/EC (Digital Services Act) (OJ L 277, 27.10.2022, p. 1).

ment and of the Council① should be carried out on mixed municipal waste and waste electrical and electronic equipment collected to determine the amount of waste portable batteries therein.

(107) It should be possible for waste batteries to be collected together with waste electrical and electronic equipment, by way of national collection schemes set up on the basis of Directive 2012/19/EU and with end-of-life vehicles in accordance with Directive 2000/53/EC. In such cases, as an obligatory minimum treatment requirement, batteries should be removed from the collected waste appliances and end-of-life vehicles. After having been removed from the collected waste appliances and end-of-life vehicles, batteries should be subject to the requirements of this Regulation. In particular, such waste batteries should be counted towards the attainment of the collection target for that category of battery and be subject to the treatment and recycling requirements laid down in this Regulation.

(108) Considering the environmental impact and the loss of materials due to waste batteries not being separately collected, and consequently not being treated in an environmentally sound way, the collection target for waste portable batteries established under Directive 2006/66/EC should continue to apply and should be gradually increased. In view of the current increase in sales of LMT batteries and the fact that they have a longer lifetime than portable batteries, it is appropriate to set a specific collection target for waste LMT batteries, separate from the collection target applicable to waste portable batteries. Due to the expected development of the market for LMT batteries and portable batteries and increase in their expected lifetime, the methodology for calculating and verifying collection targets should be reviewed in order to better ascertain the actual volume of waste LMT batteries and waste portable batteries available for collection. Therefore, the power to adopt acts in accordance with Article 290 TFEU should be delegated to the Commission in respect of amending such methodology and of amending the collection targets accordingly. It is crucial that a new 'Available for collection' methodology maintains or increases the level of environmental ambition with regard to the collection of waste LMT batteries and waste portable batteries compared to the existing methodology. Based on a Joint Research Centre study on alternative collection targets for waste portable and light means of transport batteries, it is estimated that a collection target for waste LMT batteries of 51% by 31 December 2028 and 61% by 31 December 2031, calculated on the basis of the quantities of LMT batteries made available on the market in a Member State, will correspond to a collection target for waste LMT batteries of 79% by 31 December 2028 and 85% by 31 December 2031, calculated on the basis of the quantities of LMT batteries available for collection in a Member State. The collection targets for waste portable batteries and waste LMT batteries should be reviewed. It should be possible for such review to also address the possibility of adding two sub-categories of portable batteries: rechargeable and non-rechargeable, with separate collection rates. The Commission should prepare a report to accompany those reviews.

(109) In order to maximise collection and reduce safety risks, the Commission should assess the feasibility and potential benefits of establishing a deposit return system for batteries, in particular for portable batteries of general use. National and harmonised Union-wide deposit return systems should be taken into account in that assessment.

(110) The collection rate of waste portable batteries should continue to be calculated on the basis of average annual sales in the preceding years to have targets proportionate to the level of battery consumption in a Member State. In order to best reflect changes in what is comprised in the portable batteries category, as well as in the lifetime and consumption patterns of batteries, the power to adopt acts in accordance with Article 290 TFEU should be delegated to the Commission to amend the methodology for calculation and verification of the collection rate for waste portable batteries, as well as for waste LMT batteries.

(111) The obligation on Member States to adopt measures concerning the achievement by producers and, where appointed, producer responsibility organisations, of collection targets for waste portable batteries and waste

---

① Regulation (EC) No 1059/2003 of the European Parliament and of the Council of 26 May 2003 on the establishment of a common classification of territorial units for statistics (NUTS) (OJ L 154, 21.6.2003, p. 1).

LMT batteries, reflects the general principle that Member States are to ensure the effectiveness of Union law.

(112) All waste SLI batteries, waste industrial batteries and waste electric vehicles batteries should be collected. For that purpose the producers of SLI batteries, industrial batteries and electric vehicle batteries should be required to accept and take back free of charge, all waste batteries for their respective category from end-users. Detailed reporting obligations should be established for all producers, waste management operators and waste holders involved in the collection of waste SLI batteries, waste industrial batteries and waste electric vehicles batteries.

(113) In view of the waste hierarchy as established by Directive 2008/98/EC which prioritises prevention, preparation for re-use and recycling and in line with Directive 2008/98/EC and Council Directive 1999/31/EC①, waste batteries collected should not be disposed of or be subject to an energy recovery operation.

(114) Any permitted facility carrying out treatment of batteries should comply with minimum requirements to prevent adverse impacts on the environment and human health and to allow a high degree of recovery of materials present in batteries. Directive 2010/75/EU of the European Parliament and of the Council② regulates a number of industrial activities involved in the treatment of waste batteries, for which it provides for specific authorisation requirements and controls reflecting best available techniques. Where industrial activities relating to the treatment and recycling of batteries are not covered by Directive 2010/75/EU, operators should in any case be obliged to apply best available techniques, defined in Article 3, point (10), of that Directive, and the specific requirements laid down in this Regulation. The requirements in this Regulation regarding the treatment and recycling of batteries should, where relevant, be adapted by the Commission in the light of scientific and technical progress and emerging new technologies in waste management. Therefore, the power to adopt acts in accordance with Article 290 TFEU should be delegated to the Commission in respect of amending those requirements.

(115) Targets for the efficiency of the recycling processes and recovery of materials should be established to ensure high quality of recovery of materials for the battery industry, while at the same time ensuring clear and common rules for recyclers and avoiding distortions of competition or other impediments to the smooth functioning of the internal market for secondary raw materials from waste batteries. Targets for recycling efficiency, as a measure of the total amount of materials recycled, should be established for lead-acid batteries, nickel-cadmium batteries, lithium-based batteries and other batteries. Targets for recovery of materials should also be established for cobalt, lead, lithium and nickel, in order to attain a high rate of recovery of materials throughout the Union. The rules on the calculation and reporting on recycling efficiency laid down in Commission Regulation (EU) No 493/2012③ should continue to apply. In order to ensure that the calculations and verifications of recycling efficiency and recovery of materials rates are accurate and reliable and ensure that there is greater legal certainty, the power to adopt acts in accordance with Article 290 TFEU should be delegated to the Commission to supplement this Regulation by establishing the methodology for calculation and verification of recycling efficiency and material recovery rates in the recycling processes for batteries and the format for the documentation on recycling efficiency and material recovery for waste batteries and on destination and yield of the final output fractions, in accordance with Part A of Annex XII. The Commission should also review Regulation (EU) No 493/2012 to properly reflect technological developments and changes in industrial recovery processes, to extend their scope to cover existing and new targets, and to provide tools for the characterisation of intermediate products. Treatment facilities should be encouraged to

① Council Directive 1999/31/EC of 26 April 1999 on the landfill of waste (OJ L 182, 16. 7. 1999, p. 1).

② Directive 2010/75/EU of the European Parliament and of the Council of 24 November 2010 on industrial emissions (integrated pollution prevention and control) (OJ L 334, 17. 12. 2010, p. 17).

③ Commission Regulation (EU) No 493/2012 of 11 June 2012 laying down, pursuant to Directive 2006/66/EC of the European Parliament and of the Council, detailed rules regarding the calculation of recycling efficiencies of the recycling processes of waste batteries and accumulators (OJ L 151, 12. 6. 2012, p. 9).

introduce certified environmental management schemes in accordance with Regulation (EC) No 1221/2009 of the European Parliament and of the Council①.

(116) It should only be possible to carry out treatment of waste batteries outside the Member State where the waste was collected or outside the Union, where the shipment of waste batteries is in compliance with Regulation (EC) No 1013/2006 of the European Parliament and of the Council② and Commission Regulation (EC) No 1418/2007③ and where the treatment meets the requirements applicable for this type of waste, according to their classification in Commission Decision 2000/532/EC④. That Decision should be revised to reflect all battery chemistries, in particular the codes for lithium-based waste batteries, in order to enable proper sorting and reporting of such waste batteries. This Regulation is without prejudice to the possible classification of waste batteries as hazardous waste under Directive 2008/98/EC. Where such treatment takes place outside the Union, in order to be counted towards the recycling efficiencies and targets, the waste management operator on whose behalf it is carried out should be obliged to report on that treatment to the competent authority of the Member State in which those waste batteries were collected and to prove that the treatment took place in conditions that are equivalent to those required under this Regulation and in line with other Union law regarding human health and environmental protection. In order to lay down what are the requirements for such treatment to be considered equivalent, the power to adopt acts in accordance with Article 290 TFEU should be delegated to the Commission to supplement this Regulation by laying down detailed rules containing criteria for the assessment of equivalent conditions.

(117) In the event waste batteries are exported from the Union for preparation for re-use, preparation for repurposing, or recycling, Member States' competent authorities should make effective use of the powers provided for in Regulation (EC) No 1013/2006 to require documentary evidence to ascertain compliance with the requirements laid down in this Regulation.

(118) It should be possible for industrial batteries and electric vehicle batteries that are no longer fit for the original purpose for which they were manufactured to be used for a different purpose as stationary energy storage batteries. A market for used industrial batteries and used electric vehicle batteries is emerging and in order to support the practical application of the waste hierarchy, specific rules should thus be established to allow responsible repurposing of used batteries while taking into account the precautionary principle and ensuring safety of use for end-users. Any such used battery should undergo an assessment of its state of health and available capacity to ascertain its suitability for a purpose other than its original purpose. Batteries that are found to be suitable for a purpose other than their original purpose should ideally be repurposed. In order to ensure uniform conditions for the implementation of requirements that waste industrial batteries, waste LMT batteries or waste electric vehicle batteries should fulfil to cease to be waste, implementing powers should be conferred on the Commission.

(119) Producers and distributors should be actively involved in providing information to end-users concerning

---

① Regulation (EC) No 1221/2009 of the European Parliament and of the Council of 25 November 2009 on the voluntary participation by organisations in a Community eco-management and audit scheme (EMAS), repealing Regulation (EC) No 761/2001 and Commission Decisions 2001/681/EC and 2006/193/EC (OJ L 342, 22.12.2009, p. 1).

② Regulation (EC) No 1013/2006 of the European Parliament and of the Council of 14 June 2006 on shipments of waste (OJ L 190, 12.7.2006, p. 1).

③ Commission Regulation (EC) No 1418/2007 of 29 November 2007 concerning the export for recovery of certain waste listed in Annex Ⅲ or ⅢA to Regulation (EC) No 1013/2006 of the European Parliament and of the Council to certain countries to which the OECD Decision on the control of transboundary movements of wastes does not apply (OJ L 316, 4.12.2007, p. 6).

④ Commission Decision 2000/532/EC of 3 May 2000 replacing Decision 94/3/EC establishing a list of wastes pursuant to Article 1(a) of Council Directive 75/442/EEC on waste and Council Decision 94/904/EC establishing a list of hazardous waste pursuant to Article 1(4) of Council Directive 91/689/EEC on hazardous waste (OJ L 226, 6.9.2000, p. 3.).

the mandatory separate collection of waste batteries and the availability of collection schemes. They should also inform end-users about the important role end-users have in ensuring the environmentally optimal management of waste batteries. Producers and distributors should make use of up-to-date information technology for the purposes of communicating information to all end-users as well as reporting on batteries. The information should be provided either by classical means, such as outdoor advertising, posters, through social media campaigns, or by more innovative means, such as electronic access to websites provided by QR codes affixed to the battery. Such information should be accessible for persons with disabilities in accordance with Directive (EU) 2019/882.

(120) To enable the verification of fulfilment of and the effectiveness of the obligations regarding the collection and treatment of waste batteries, it is necessary for operators to report to the competent authorities. Producers of batteries and other waste management operators collecting waste batteries should report for each calendar year, where applicable, the data on batteries sold and waste batteries collected. Regarding treatment, reporting obligations should be imposed upon the waste management operators and recyclers respectively.

(121) For each calendar year, Member States should provide the Commission with information on the amount of batteries supplied within their territory and the amount of waste batteries collected, by category and chemistry. With regard to waste portable batteries and waste LMT batteries data should be reported separately, allowing the respective collection targets to be adapted, considering the market share of such batteries and their specific purpose and characteristics. Such information should be provided electronically and be accompanied by a quality check report. In order to ensure uniform conditions for the reporting of those data and information to the Commission, as well as for the verification methods, implementing powers should be conferred on the Commission.

(122) For each calendar year, Member States should report to the Commission the rates for recycling efficiency and recovery of materials achieved taking into account all the individual steps of the recycling process and the output fractions.

(123) In order to enhance transparency along supply and value chains for all stakeholders, it is necessary to provide for a battery passport that maximises the exchange of information, enables tracking and tracing of batteries and provides information about the carbon intensity of their manufacturing processes as well as the origin of the materials used and whether renewable material, such as material produced from lignin to substitute graphite, is used, about composition of batteries, including raw materials and hazardous chemicals, about repair, repurposing and dismantling operations and possibilities, and about the treatment, recycling and recovery processes to which the batteries could be subject to at the end of their lifetime. The battery passport should provide the public with information about batteries placed on the market and their sustainability requirements. It should provide remanufacturers, second-life operators and recyclers with up-to-date information for the handling of batteries and specific actors with tailored information such as on the state of health of batteries. It should be possible for the battery passport to support market surveillance authorities in carrying out their tasks under this Regulation, but it should not replace or modify the responsibilities of market surveillance authorities, which should, inline with Regulation (EU) 2019/1020, check the information provided in battery passports.

(124) Certain information in the battery passport should not be public, such as sensitive commercial information to which only a limited number of persons with a legitimate interest would need to have access. This applies to information on dismantling, including safety, and detailed information regarding the composition of the battery, which is essential for repairers, remanufacturers, second-life operators and recyclers. It also applies to information concerning individual batteries, which is essential to those who have purchased the battery or parties acting on their behalf for the purpose of making the battery available to independent energy aggregators or energy market participants, evaluating its residual value or remaining lifetime for further use, and facilitating the preparation for re-use, preparation for repurposing, repurposing or remanufacturing of the battery. Results of test reports should only be accessible to notified bodies, market surveillance authorities and the Commission.

(125) The battery passport should allow economic operators to gather and re-use in a more efficient way the information and data on individual batteries placed on the market and to make better informed choices in their planning activities. Once the battery is placed on the market it might, in certain cases, be more practical for another legal person, such as a vehicle manufacturer, to update information in the passport. The economic operator that

places the battery on the market should therefore be allowed to give written authorisation to any other operator to act on its behalf. The responsibility of compliance with the provisions for the battery passport should lie with the economic operator that places the battery on the market. In order to ensure uniform conditions for the implementation of the battery passport, implementing powers should be conferred on the Commission.

(126) To ensure that the battery passport is flexible, dynamic and market-driven and evolves in line with business models, markets and innovation, it should be based on a decentralised data system, set up and maintained by economic operators. To ensure the effective roll-out of the battery passport, the technical design, data requirements and operation of the battery passport should adhere to a set of essential technical requirements. Such requirements should be developed hand-in-hand with those for digital product passports required by other Union law concerning ecodesign for sustainable products. Technical specifications, for which the Commission's Connecting Europe Facility principles for the eDelivery Network should be considered, should be established to ensure the effective implementation of those essential requirements, either in the form of harmonised standards for which the references are published in the Official Journal of the European Union or, as a fall-back option, in the form of common specifications adopted by the Commission. The technical design should ensure that the battery passport carries data in a secure way which respects privacy rules.

(127) Regulation (EU) 2019/1020 lays down the general rules on market surveillance and control of products placed on the Union market or that enter the Union market from third countries. In order to ensure that batteries benefiting from the free movement of goods fulfil requirements providing for a high level of protection of public interests such as human health, safety of persons, protection of property and the environment, and to ensure full enforceability of the obligations, in particular relating to the battery due diligence policies, under this Regulation, Regulation (EU) 2019/1020 should also apply to the batteries and economic operators covered by this Regulation. Therefore, Annex I to Regulation (EU) 2019/1020 should be amended accordingly.

(128) Regulation (EU) 2019/1020 requires market surveillance authorities to perform appropriate checks on the characteristics of products on an adequate scale. It confers powers on the Commission to adopt implementing acts to determine the uniform conditions for checks, criteria for determination of the frequency of checks and amount of samples to be checked in relation to certain products or categories of products. That conferral of powers also applies to the batteries covered by this Regulation where the conditions specified in Regulation (EU) 2019/1020 are met.

(129) Regulation (EU) 2019/1020 introduced new instruments to improve compliance and market surveillance, which are also relevant to batteries. It provides for the Commission to designate a public testing facility of a Member State as a Union testing facility for specific categories of products or for specific risks related to a category of products. The Commission is to include the batteries covered by this Regulation in its next call for expression of interest for the designation of Union testing facilities pursuant to Commission Implementing Regulation (EU) 2022/1267①. Regulation (EU) 2019/1020 also provides that market surveillance authorities can carry out joint activities with organisations representing economic operators or end-users, with a view to promoting compliance, identifying non-compliance, raising awareness and providing guidance in relation to specific categories of products. That possibility should also be provided in relation to the requirements of this Regulation. In that context, Member States or market surveillance authorities might explore setting up battery competence centres.

(130) Batteries should be placed on the market only if they do not present a risk to human health, safety of persons, property or the environment when stored and used for their intended purpose, or under conditions of use which can be reasonably foreseen, that is, when such conditions of use could result from lawful and readily predictable human behaviour.

(131) A procedure should exist under which interested parties are informed of measures intended to be taken

---

① Commission Implementing Regulation (EU) 2022/1267 of 20 July 2022 specifying the procedures for the designation of Union testing facilities for the purposes of market surveillance and verification of product compliance in accordance with Regulation (EU) 2019/1020 of the European Parliament and of the Council (OJ L 192, 21. 7. 2022, p. 21).

with regard to batteries that present a risk to human health, safety of persons, property or the environment. Such a procedure should also allow market surveillance authorities in the Member States, in cooperation with the relevant economic operators, to act at an early stage in respect of such batteries. In order to ensure uniform conditions for the implementation of this Regulation, implementing powers should be conferred on the Commission in order to determine whether national measures in respect of non-compliant batteries are justified or not.

(132) The market surveillance authorities should be allowed to require an economic operator to take corrective action if they find either that a battery is not compliant with the requirements of this Regulation or that an economic operator has infringed the rules on the placing or making available on the market of a battery, or on sustainability, safety, labelling and information or on supply chain due diligence.

(133) Public procurement constitutes an important sector with regard to reducing the impacts on the environment of human activities and to stimulating market transformation towards more sustainable products. Contracting authorities, as defined in Directives 2014/24/EU① and 2014/25/EU② of the European Parliament and of the Council, and contracting entities as defined in Directive 2014/25/EU should take account of the environmental impacts when procuring batteries or products containing batteries and should ensure effective compliance by the economic operators with social and environmental requirements, in order to promote and stimulate the market for clean and energy-efficient mobility and energy-storage and thus contribute to the environment, climate and energy policy objectives of the Union.

(134) When adopting delegated acts under this Regulation, it is of particular importance that the Commission carry out appropriate consultations during its preparatory work, including at expert level, and that those consultations be conducted in accordance with the principles laid down in the Interinstitutional Agreement of 13 April 2016 on Better Law-Making③. In particular, to ensure equal participation in the preparation of delegated acts, the European Parliament and the Council receive all documents at the same time as Member States' experts, and their experts systematically have access to meetings of Commission expert groups dealing with the preparation of delegated acts.

(135) The implementing powers that are conferred on the Commission by this Regulation should be exercised in accordance with Regulation (EU) No 182/2011 of the European Parliament and of the Council④.

(136) The advisory procedure should be used for the adoption of an implementing act in situations where the Commission ascertains that a notified body does not meet the requirements for its notification, in order to request the notifying authority to take the necessary corrective action, including withdrawal of the notification if necessary.

(137) The Commission should adopt immediately applicable implementing acts determining whether a national measure taken in respect of a compliant battery that presents a risk is justified or not where, in duly justified cases relating to the protection of human health or the safety of persons, or the protection of property or the environment, imperative grounds of urgency so require.

(138) Member States should lay down rules on penalties applicable to infringements of this Regulation and en-

---

① Directive 2014/24/EU of the European Parliament and of the Council of 26 February 2014 on public procurement and repealing Directive 2004/18/EC(OJ L 94, 28. 3. 2014, p. 65).

② Directive 2014/25/EU of the European Parliament and of the Council of 26 February 2014 on procurement by entities operating in the water, energy, transport and postal services sectors and repealing Directive 2004/17/EC(OJ L 94, 28. 3. 2014, p. 243).

③ OJ L 123, 12. 5. 2016, p. 1.

④ Regulation (EU) No 182/2011 of the European Parliament and of the Council of 16 February 2011 laying down the rules and general principles concerning mechanisms for control by Member States of the Commission's exercise of implementing powers (OJ L 55, 28. 2. 2011, p. 13).

sure that those rules are implemented. The penalties provided for should be effective, proportionate and dissuasive. When imposing penalties, it is important that due regard be given to the nature, gravity, scope, intentional nature and repetition of the infringement and the level of cooperation of the natural or legal person held responsible with the competent authority. The imposition of penalties is to comply with Union and national law, including with applicable procedural safeguards and with the principles of the Charter of Fundamental Rights of the European Union.

(139) In view of the need to ensure a high level of environmental protection and the need to take into account new developments based on scientific facts, the Commission should submit to the European Parliament and to the Council a report on the application of this Regulation and its impact on the environment and the functioning of the internal market. The Commission should include, in its report, an evaluation of the provisions on sustainability, safety, labelling and information criteria, the waste batteries management measures and the supply chain due diligence requirements. Where appropriate, the report should be accompanied by a proposal to amend relevant provisions of this Regulation.

(140) It is necessary to provide for sufficient time for economic operators to fulfil their obligations under this Regulation, and for Member States to set up the administrative infrastructure necessary for its application. The application of this Regulation should therefore also be deferred to a date where those preparations can reasonably be finalised.

(141) In order to allow Member States to adapt the register of producers set up under Directive 2006/66/EC and to take the necessary administrative measures regarding the organisation of the authorisation procedures by the competent authorities, while keeping continuity for economic operators, Directive 2006/66/EC should be repealed as of 18 August 2025. Obligations under that Directive related to monitoring and reporting the collection rate of portable batteries should remain in force until 31 December 2023, and the related obligations for the transmission of data to the Commission should remain in force until 30 June 2025, obligations under that Directive related to monitoring and reporting the recycling efficiencies of recycling processes should remain in force until 31 December 2025, and the related obligations for the transmission of data to the Commission should remain in force until 30 June 2027, in order to ensure continuity until new calculation rules and reporting formats are adopted by the Commission under this Regulation.

(142) It is important that, in the implementation of this Regulation, environmental, social and economic impacts be considered. Moreover, in order to ensure that there is a level playing field, it is important that, in the implementation of this Regulation, all relevant available technologies are equally taken into consideration, provided that those technologies allow for full compliance of batteries with any relevant requirement set out in this Regulation. Furthermore, no excessive administrative burden should be imposed on economic operators, in particular on small- and medium-sized enterprises (SMEs).

(143) Since the objectives of this Regulation, namely to contribute to the functioning of the internal market and to prevent and reduce the adverse impacts of batteries and waste batteries to ensure a high level of protection of human health, safety of persons, property and the environment, cannot be sufficiently achieved by the Member States but can rather, by reason of the need for harmonisation, be better achieved at Union level, the Union may adopt measures, in accordance with the principle of subsidiarity as set out in Article 5 of the Treaty on European Union. In accordance with the principle of proportionality, as set out in that Article, this Regulation does not go beyond what is necessary in order to achieve those objectives.

HAVE ADOPTED THIS REGULATION:

CHAPTER Ⅰ General provisions

Article 1 Subject matter and scope

1. This Regulation lays down requirements on sustainability, safety, labelling, marking and information to allow the placing on the market or putting into service of batteries within the Union. It also lays down minimum requirements for extended producer responsibility, the collection and treatment of waste batteries and for reporting.

2. This Regulation imposes battery due diligence obligations on economic operators placing batteries on the market or putting them into service. It also lays down requirements for green public procurement when procuring batteries or products into which batteries are incorporated.

3. This Regulation applies to all categories of batteries, namely portable batteries, starting, lighting and ignition batteries (SLI batteries), light means of transport batteries (LMT batteries), electric vehicle batteries and industrial batteries, regardless of their shape, volume, weight, design, material composition, chemistry, use or purpose. It shall also apply to batteries that are incorporated into or added to products or that are specifically designed to be incorporated into or added to products.

For the purposes of Chapter Ⅱ, where batteries placed on the market can be considered to fall under more than one category, they shall be deemed to fall under the category to which the strictest requirements apply.

4. In cases where battery cells or battery modules are made available on the market for end use, without any further incorporation or assembly into larger battery packs or batteries, they shall be considered to have been placed on the market as batteries for the purposes of this Regulation, and the requirements for the most similar battery category shall apply. In cases where it can be considered that such battery cells or battery modules fall under more than one battery category, they shall be deemed to fall under the category to which the strictest requirements apply.

5. This Regulation does not apply to batteries that are incorporated into or that are specifically designed to be incorporated into:

(a) equipment connected with the protection of Member States' essential security interests, arms, munitions and war material, with the exclusion of products that are not intended for specifically military purposes; and

(b) equipment designed to be sent into space.

6. Chapters Ⅲ and Ⅷ of this Regulation do not apply to equipment specifically designed for the safety of nuclear installations, as defined in Article 3 of Council Directive 2009/71/Euratom①.

Article 2 Objectives

The objectives of this Regulation are to contribute to the efficient functioning of the internal market, while preventing and reducing the adverse impacts of batteries on the environment, and to protect the environment and human health by preventing and reducing the adverse impacts of the generation and management of waste batteries.

Article 3 Definitions

1. For the purposes of this Regulation, the following definitions apply:

(1) 'battery' means any device delivering electrical energy generated by direct conversion of chemical energy, having internal or external storage, and consisting of one or more non-rechargeable or rechargeable battery cells, modules or of packs of them, and includes a battery that has been subject to preparation for re-use, preparation for repurposing, repurposing or remanufacturing;

---

① Council Directive 2009/71/Euratom of 25 June 2009 establishing a Community framework for the nuclear safety of nuclear installations (OJ L 172, 2.7.2009, p.18).

(2) 'battery pack' means any set of battery cells or modules that are connected together or encapsulated within an outer casing, to form a complete unit which is not meant to be split up or opened by the end-user;

(3) 'battery module' means any set of battery cells that are connected together or encapsulated within an outer casing to protect the cells against external impact, and which is meant to be used either alone or in combination with other modules;

(4) 'battery cell' means the basic functional unit in a battery, composed of electrodes, electrolyte, container, terminals and, if applicable, separators, and containing the active materials the reaction of which generates electrical energy;

(5) 'active material' means a material which reacts chemically to produce electric energy when the battery cell discharges or to store electric energy when the battery is being charged;

(6) 'non-rechargeable battery' means a battery that is not designed to be electrically recharged;

(7) 'rechargeable battery' means a battery that is designed to be electrically recharged;

(8) 'battery with external storage' means a battery that is specifically designed to have its energy stored exclusively in one or more attached external devices;

(9) 'portable battery' means a battery that is sealed, weighs 5 kg or less, is not designed specifically for industrial use and is neither an electric vehicle battery, an LMT battery, nor an SLI battery;

(10) 'portable battery of general use' means a portable battery, whether or not rechargeable, that is specifically designed to be interoperable and that has one of the following common formats 4, 5 Volts (3R12), button cell, D, C, AA, AAA, AAAA, A23, 9 Volts (PP3);

(11) 'light means of transport battery' or 'LMT battery' means a battery that is sealed, weighs 25 kg or less and is specifically designed to provide electric power for the traction of wheeled vehicles that can be powered by an electric motor alone or by a combination of motor and human power, including type-approved vehicles of category L within the meaning of Regulation (EU) No 168/2013 of the European Parliament and of the Council①, and that is not an electric vehicle battery;

(12) 'starting, lighting and ignition battery' or 'SLI battery' means a battery that is specifically designed to supply electric power for starting, lighting, or ignition and that can also be used for auxiliary or backup purposes in vehicles, other means of transport or machinery;

(13) 'industrial battery' means a battery that is specifically designed for industrial uses, intended for industrial uses after having been subject to preparation for repurposing or repurposing, or any other battery that weighs more than 5 kg and that is neither an electric vehicle battery, an LMT battery, nor an SLI battery;

(14) 'electric vehicle battery' means a battery that is specifically designed to provide electric power for traction in hybrid or electric vehicles of category L as provided for in Regulation (EU) No 168/2013, that weighs more than 25 kg, or a battery that is specifically designed to provide electric power for traction in hybrid or electric vehicles of categories M, N or O as provided for in Regulation (EU) 2018/858;

(15) 'stationary battery energy storage system' means an industrial battery with internal storage that is specifically designed to store from and deliver electric energy to the grid or store for and deliver electric energy to end-users, regardless of where and by whom the battery is being used;

(16) 'placing on the market' means the first making available of a battery on the Union market;

(17) 'making available on the market' means any supply of a battery for distribution or use on the Union market in the course of a commercial activity, whether in return for payment or free of charge;

(18) 'putting into service' means the first use, for its intended purpose, in the Union, of a battery, without

---

① Regulation (EU) No 168/2013 of the European Parliament and of the Council of 15 January 2013 on the approval and market surveillance of two- or three-wheel vehicles and quadricycles (OJ L 60, 2.3.2013, p. 52).

having been previously placed on the market;

(19) 'battery model' means a version of a battery all units of which share the same technical characteristics relevant for the requirements of this Regulation on sustainability, safety, labelling, marking and information, and the same model identifier;

(20) 'battery presenting a risk' means a battery which has the potential to have adverse effects on human health or the safety of persons, on property or the environment to a degree which goes beyond that considered reasonable and acceptable in relation to the battery's intended purpose or under the normal or reasonably foreseeable conditions of use of the battery concerned, including the duration of use, and, where applicable, to its putting into service, installation and maintenance requirements;

(21) 'carbon footprint' means the sum of greenhouse gas emissions and greenhouse gas removals in a product system, expressed as carbon dioxide equivalents and based on a Product Environmental Footprint (PEF) study using the single impact category of climate change;

(22) 'economic operator' means the manufacturer, the authorised representative, the importer, the distributor or the fulfilment service provider or any other natural or legal person who is subject to obligations in relation to the manufacture, preparation for re-use, preparation for repurposing, repurposing or remanufacturing of batteries, the making available or the placing of batteries on the market, including online, or the putting of batteries into service in accordance with this Regulation;

(23) 'independent operator' means a natural or legal person who is independent from the manufacturer and the producer and is directly or indirectly involved in the repair, maintenance or repurposing of batteries, and includes waste management operators, repairers, manufacturers or distributors of repair equipment, tools or spare parts, as well as publishers of technical information, operators offering inspection and testing services, operators offering training for installers, manufacturers and repairers of equipment for alternative-fuel vehicles;

(24) 'QR code' means a machine-readable matrix code that links to information as required by this Regulation;

(25) 'battery management system' means an electronic device that controls or manages the electric and thermal functions of a battery in order to ensure the battery's safety, performance and service life, manages and stores the data for the parameters for determining the battery's state of health and expected lifetime set out in Annex Ⅶ and communicates with the vehicle, light means of transport or appliance in which the battery is incorporated, or with a public or private charging infrastructure;

(26) 'appliance' means any electrical or electronic equipment, as defined in Article 3 (1), point (a), of Directive 2012/19/EU, which is fully or partly powered by a battery or is capable of being so;

(27) 'state of charge' means the available energy in a battery expressed as a percentage of its rated capacity as declared by the manufacturer;

(28) 'state of health' means a measure of the general condition of a rechargeable battery and its ability to deliver the specified performance compared with its initial condition;

(29) 'preparation for re-use' means preparing for re-use as defined in Article 3, point (16), of Directive 2008/98/EC;

(30) 'preparation for repurposing' means any operation, by which a waste battery, or parts thereof, is prepared so that it can be used for a different purpose or application than that for which it was originally designed;

(31) 'repurposing' means any operation that results in a battery, that is not a waste battery, or parts thereof being used for a purpose or application other than that for which the battery was originally designed;

(32) 'remanufacturing' means any technical operation on a used battery that includes the disassembly and evaluation of all its battery cells and modules and the use of a certain number of battery cells and modules that are new, used or recovered from waste, or other battery components, to restore the battery capacity to at least 90% of

the original rated capacity, and where the state of health of all individual battery cells does not differ more than 3% between cells, and results in the battery being used for the same purpose or application as the one for which the battery was originally designed;

(33) 'manufacturer' means any natural or legal person who manufactures a battery or has a battery designed or manufactured, and markets that battery under its own name or trademark or puts it into service for its own purposes;

(34) 'technical specifications' means a document that prescribes technical requirements to be fulfilled by a product, process or service;

(35) 'harmonised standard' means a standard as defined in Article 2, point (1) (c), of Regulation (EU) No 1025/2012;

(36) 'CE marking' means a marking by which a manufacturer indicates that the battery is in conformity with the applicable requirements laid down in Union harmonisation legislation providing for its affixing;

(37) 'accreditation' means accreditation as defined in Article 2, point (10), of Regulation (EC) No 765/2008;

(38) 'national accreditation body' means a national accreditation body as defined in Article 2, point (11), of Regulation (EC) No 765/2008;

(39) 'conformity assessment' means the process demonstrating whether the sustainability, safety, labelling, information and due diligence requirements of this Regulation have been fulfilled;

(40) 'conformity assessment body' means a body that performs conformity assessment activities including calibration, testing, certification and inspection;

(41) 'notified body' means a conformity assessment body that has been notified in accordance with Chapter V;

(42) 'battery due diligence' means the obligations of an economic operator in relation to its management system, risk management, third-party verifications and surveillance by notified bodies and disclosure of information, for the purpose of identifying, preventing and addressing actual and potential social and environmental risks linked to the sourcing, processing and trading of the raw materials and secondary raw materials required for battery manufacturing, including by suppliers in the chain and their subsidiaries or subcontractors;

(43) 'subsidiary' means a legal person through which the activity of a controlled undertaking within the meaning of Article 2 (1), point (f), of Directive 2004/109/EC of the European Parliament and of the Council① is exercised;

(44) 'parent company' means a company which controls one or more subsidiaries;

(45) 'conflict-affected and high-risk areas' means conflict-affected and high-risk areas as defined in Article 2, point (f), of Regulation (EU) 2017/821;

(46) 'distance contracts' means distance contracts as defined in Article 2, point (7), of Directive 2011/83/EU;

(47) 'producer' means any manufacturer, importer or distributor or other natural or legal person that, irrespective of the selling technique used, including by means of distance contracts, either:

(a) is established in a Member State and manufactures batteries under its own name or trademark, or has batteries designed or manufactured and supplies them for the first time under its own name or trademark, including those incorporated in appliances, light means of transport or other vehicles, within the territory of that Member

① Directive 2004/109/EC of the European Parliament and of the Council of 15 December 2004 on the harmonisation of trans parency requirements in relation to information about issuers whose securities are admitted to trading on a regulated market and amending Directive 2001/34/EC (OJ L 390, 31. 12. 2004, p. 38).

State;

(b) is established in a Member State and resells within the territory of that Member State, under its own name or trademark, batteries, including those incorporated in appliances, light means of transport or other vehicles, manufactured by others, on which the name or trademark of those other manufacturers does not appear;

(c) is established in a Member State and supplies for the first time in that Member State on a professional basis, batteries, including those incorporated in appliances, light means of transport or other vehicles, from another Member State or from a third country; or

(d) sells batteries, including those incorporated in appliances, light means of transport or other vehicles, by means of distance contracts directly to end-users, whether or not they are private households, in a Member State, and is established in another Member State or in a third country;

(48) 'authorised representative for extended producer responsibility' means a natural or legal person established in a Member State in which the producer places batteries on the market and which is different from the Member State where the producer is established, and is appointed by the producer in accordance with Article 8a (5), third subparagraph, of Directive 2008/98/EC to fulfil the obligations of that producer under Chapter Ⅷ of this Regulation;

(49) 'producer responsibility organisation' means a legal entity that financially or financially and operationally organises the fulfilment of extended producer responsibility obligations on behalf of several producers;

(50) 'waste battery' means any battery which is waste as defined in Article 3, point (1), of Directive 2008/98/EC;

(51) 'battery manufacturing waste' means the materials or objects rejected during the battery manufacturing process, which cannot be re-used as an integral part in the same process and need to be recycled;

(52) 'hazardous substance' means a substance classified as hazardous pursuant to Article 3 of Regulation (EC) No 1272/2008;

(53) 'treatment' means any operation carried out on waste batteries after they have been handed over to a facility for sorting, preparation for re-use, preparation for repurposing, preparation for recycling or for recycling;

(54) 'preparation for recycling' means the treatment of waste batteries prior to any recycling process, including, inter alia, the storage, handling and dismantling of battery packs or the separation of fractions that are not part of the battery itself;

(55) 'voluntary collection point' means any non-profit, commercial or other economic undertaking or public body involved on its own initiative in the separate collection of waste portable batteries and waste LMT batteries, generated by it or by other end-users, before handing those waste batteries over to producers, to producer responsibility organisations or to waste management operators for subsequent treatment;

(56) 'waste management operator' means any natural or legal person dealing on a professional basis with the separate collection or treatment of waste batteries;

(57) 'permitted facility' means an establishment or undertaking that is permitted in accordance with Directive 2008/98/EC to carry out the treatment of waste batteries;

(58) 'recycler' means any natural or legal person who carries out recycling in a permitted facility;

(59) 'lifetime of a battery' means the period that starts when the battery is manufactured and ends when the battery becomes waste;

(60) 'recycling efficiency' means the ratio, expressed as a percentage, obtained by dividing the mass of output fractions accounting for recycling by the mass of the waste batteries' input fraction, in relation to a recycling process;

(61) 'Union harmonisation legislation' means any Union legislation harmonising the conditions for the marketing of products;

(62) 'national authority' means an approval authority or any other authority involved in and responsible for market surveillance in a Member State in respect of batteries;

(63) 'authorised representative' means any natural or legal person established in the Union who has received a written mandate from a manufacturer to act on its behalf in relation to specified tasks with regard to the manufacturer's obligations under Chapters Ⅳ and Ⅵ;

(64) 'importer' means any natural or legal person established within the Union who places on the market a battery from a third country;

(65) 'distributor' means any natural or legal person in the supply chain, other than the manufacturer or the importer, who makes a battery available on the market;

(66) 'unique identifier' means a unique string of characters for the identification of batteries that also enables a web link to the battery passport;

(67) 'online platform' means an online platform as defined in Article 3, point (i), of Regulation (EU) 2022/2065;

(68) 'market participant' means a market participant as defined in Article 2, point (25), of Regulation (EU) 2019/943 of the European Parliament and of the Council①.

2. In addition to the definitions referred to in paragraph 1, the following definitions apply:

(a) 'waste', 'waste holder', 'waste management', 'prevention', 'collection', 'separate collection', 'extended producer responsibility scheme', 're-use' and 'recycling', laid down in Article 3 of Directive 2008/98/EC;

(b) 'market surveillance', 'market surveillance authority', 'fulfilment service provider', 'corrective action', 'end-user', 'recall' and 'withdrawal', as well as 'risk' in relation to requirements of Chapters Ⅰ, Ⅳ, Ⅵ, Ⅶ and Ⅸ of and Annexes Ⅴ, Ⅷ and ⅩⅢ to this Regulation, laid down in Article 3 of Regulation (EU) 2019/1020;

(c) 'independent aggregator' and 'energy storage', laid down in Article 2 of Directive (EU) 2019/944.

Article 4　Free movement

1. Member States shall not, for reasons relating to the sustainability, safety, labelling and information requirements for batteries covered by this Regulation, prohibit, restrict or impede the making available on the market or the putting into service of batteries that comply with this Regulation.

2. At trade fairs, exhibitions, demonstrations or similar events, Member States shall not prevent the showing of batteries which do not comply with this Regulation, provided that a visible sign clearly indicates that those batteries do not comply with this Regulation and that they cannot be made available on the market or put into service until they have been brought into conformity with this Regulation. During demonstrations of such batteries, the relevant economic operator shall take adequate measures to ensure the safety of persons.

Article 5　Sustainability, safety, labelling and information requirements for batteries

1. Batteries shall only be placed on the market or put into service if they meet the following requirements:

(a) the sustainability and safety requirements laid down in Articles 6 to 10 and 12; and

(b) the labelling and information requirements laid down in Chapter Ⅲ.

2. For any aspects not covered by Chapters Ⅱ and Ⅲ, batteries placed on the market or put into service pursuant to paragraph 1 shall not present a risk to human health, to the safety of persons, to property or to the environment.

---

① Regulation (EU) 2019/943 of the European Parliament and of the Council of 5 June 2019 on the internal market for electricity (OJ L 158, 14.6.2019, p. 54).

CHAPTER Ⅱ Sustainability and safety requirements

Article 6 Restrictions on substances

1. In addition to the restrictions set out in Annex Ⅷ to Regulation (EC) No 1907/2006 and in Article 4 (2), point (a), of Directive 2000/53/EC, batteries shall not contain substances for which Annex I to this Regulation contains a restriction unless the conditions of that restriction are complied with.

2. In the event of an unacceptable risk to human health or the environment, arising from the use of a substance in the manufacture of batteries or from the presence of a substance in the batteries when they are placed on the market, or arising during their subsequent life cycle stages, including during repurposing or the treatment of waste batteries, that is not adequately controlled and needs to be addressed on a Union-wide basis, the Commission shall adopt a delegated act in accordance with Article 89 to amend the restrictions in Annex Ⅰ, pursuant to the procedure laid down in Articles 86, 87 and 88.

3. Restrictions adopted pursuant to paragraph 2 of this Article shall not apply to the use of a substance in scientific research and development as defined in Article 3, point (23), of Regulation (EC) No 1907/2006, carried out in relation to batteries.

4. Where a restriction adopted pursuant to paragraph 2 of this Article does not apply to product and process orientated research and development, as defined in Article 3, point (22), of Regulation (EC) No 1907/2006, that exemption, as well as the maximum quantity of the substance exempted, shall be specified in Annex Ⅰ to this Regulation.

5. By 31 December 2027, the Commission, assisted by the European Chemicals Agency set up under Regulation (EC) No 1907/2006 ('the Agency'), shall prepare a report on substances of concern, namely substances having an adverse effect on human health or the environment or hampering recycling for safe and high quality secondary raw materials, present in batteries or used in their manufacture. The Commission shall submit that report to the European Parliament and to the Council detailing its findings and shall consider the appropriate follow-up measures including the adoption of delegated acts as referred to in paragraph 2 of this Article.

Article 7 Carbon footprint of electric vehicle batteries, rechargeable industrial batteries and LMT batteries

1. For electric vehicle batteries, rechargeable industrial batteries with a capacity greater than 2 kWh and LMT batteries a carbon footprint declaration shall be drawn up for each battery model per manufacturing plant, in accordance with the implementing act referred to in the fourth subparagraph and containing, at least, the following information:

(a) administrative information about the manufacturer;

(b) information about the battery model;

(c) information about the geographic location of the battery manufacturing plant;

(d) the carbon footprint of the battery, calculated as kg of carbon dioxide equivalent per one kWh of the total energy provided by the battery over its expected service life;

(e) the carbon footprint of the battery differentiated according to life cycle stage as described in point 4 of Annex Ⅱ;

(f) the identification number of the EU declaration of conformity of the battery;

(g) a web link giving access to a public version of the study supporting the carbon footprint values referred to in points (d) and (e).

The carbon footprint declaration shall apply from:

(a) 18 February 2025 or 12 months after the date of entry into force either of the delegated act or of the implementing act respectively referred to in the fourth subparagraph, points (a) and (b), whichever is the latest, for electric vehicle batteries;

(b) 18 February 2026 or 18 months after the date of entry into force either of the delegated act or of the implementing act respectively referred to in the fourth subparagraph, points (a) and (b), whichever is the latest, for rechargeable industrial batteries except those with exclusively external storage;

(c) 18 August 2028 or 18 months after the date of entry into force either of the delegated act or of the implementing act respectively referred to in the fourth subparagraph, points (a) and (b), whichever is the latest, for LMT batteries;

(d) 18 August 2030 or 18 months after the date of entry into force either of the delegated act or of the implementing act respectively referred to in the fourth subparagraph, points (a) and (b), whichever is the latest, for rechargeable industrial batteries with external storage.

Until it becomes accessible via the QR code referred to in Article 13 (6), the carbon footprint declaration shall accompany the battery.

The Commission shall, by 18 February 2024 for electric vehicle batteries, 18 February 2025 for rechargeable industrial batteries, except those with external storage, 18 February 2027 for LMT batteries and 18 February 2029 for industrial batteries with external storage, adopt:

(a) a delegated act in accordance with Article 89 to supplement this Regulation by establishing the methodology for the calculation and verification of the carbon footprint of the battery referred to in the first subparagraph, point (d), in accordance with the essential elements set out in Annex Ⅱ;

(b) an implementing act establishing the format for the carbon footprint declaration referred to in the first subparagraph. That implementing act shall be adopted in accordance with the examination procedure referred to in Article 90 (3).

2. Electric vehicle batteries, rechargeable industrial batteries with a capacity greater than 2 kWh and LMT batteries shall bear a conspicuous, clearly legible and indelible label indicating the carbon footprint of the battery referred to in paragraph 1, first subparagraph, point (d) and declaring the carbon footprint performance class to which the relevant battery model per manufacturing plant corresponds.

For batteries referred to in the first subparagraph, the technical documentation referred to in Annex Ⅷ shall demonstrate that the carbon footprint declared and the related classification into a carbon footprint performance class have been calculated in accordance with the methodology set out in the delegated acts adopted by the Commission pursuant to paragraph 1, fourth subparagraph, point (a) and the fourth subparagraph, point (a), of this paragraph.

The carbon footprint performance class requirements in the first subparagraph shall apply from:

(a) 18 August 2026 or 18 months after the date of entry into force either of the delegated act or of the implementing act respectively referred to in the fourth subparagraph, points (a) and (b), whichever is the latest, for electric vehicle batteries;

(b) 18 August 2027 or 18 months after the date of entry into force either of the delegated act or of the implementing act respectively referred to in the fourth subparagraph, points (a) and (b), whichever is the latest, for rechargeable industrial batteries except those with exclusively external storage;

(c) 18 February 2030 or 18 months after the date of entry into force either of the delegated act or of the implementing act respectively referred to in the fourth subparagraph, points (a) and (b), whichever is the latest, for LMT batteries;

(d) 18 February 2032 or 18 months after the date of entry into force either of the delegated act or of the implementing act respectively referred to in the fourth subparagraph, points (a) and (b), whichever is the latest, for rechargeable industrial batteries with external storage.

The Commission shall, by 18 February 2025 for electric vehicle batteries, 18 August 2026 for rechargeable industrial batteries except those with exclusively external storage, 18 August 2028 for LMT batteries and 18 August 2030 for rechargeable industrial batteries with external storage, adopt:

(a) a delegated act in accordance with Article 89 to supplement this Regulation by establishing the carbon footprint performance classes referred to in the first subparagraph. In preparing that delegated act, the Commission shall take into account the conditions set out in point 8 of Annex Ⅱ;

(b) an implementing act establishing the formats for the labelling referred to in the first subparagraph and the format for the declaration on the carbon footprint performance class referred to in that subparagraph. That implementing act shall be adopted in accordance with the examination procedure referred to in Article 90 (3).

The Commission shall, in accordance with the conditions set out in point 8 of Annex Ⅱ, review the number of performance classes and the thresholds between them, every three years and, where appropriate, adopt delegated acts in accordance with Article 89 to amend the number of performance classes and thresholds between them with a view to keeping them representative of the market reality and expected developments in the market.

3. For electric vehicle batteries, rechargeable industrial batteries with a capacity greater than 2 kWh and LMT batteries, the technical documentation referred to in Annex Ⅷ shall demonstrate that the declared life cycle carbon footprint value for the relevant battery model per manufacturing plant, is below the maximum threshold established in the delegated act adopted pursuant to the third subparagraph.

The requirement for a maximum lifecycle carbon footprint threshold referred to in the first subparagraph shall apply as of:

(a) 18 February 2028 or 18 months after the date of entry into force of the delegated act referred to in the third subparagraph, whichever is the latest, for electric vehicle batteries;

(b) 18 February 2029 or 18 months after the date of entry into force of the delegated act referred to in the third subparagraph, whichever is the latest, for rechargeable industrial batteries except those with exclusively external storage;

(c) 18 August 2031 or 18 months after the date of entry into force of the delegated act referred to in the third subparagraph, whichever is the latest, for LMT batteries;

(d) 18 August 2033 or 18 months after the date of entry into force of the delegated act referred to in the third subparagraph, whichever is the latest, for rechargeable industrial batteries with external storage.

The Commission shall, by 18 August 2026 for electric vehicle batteries, 18 February 2028 for rechargeable industrial batteries, except those with external storage, 18 February 2030 for LMT batteries and 18 February 2032 for industrial batteries with external storage, adopt a delegated act in accordance with Article 89 to supplement this Regulation by determining the maximum life cycle carbon footprint threshold referred to in the first subparagraph. In preparing that delegated act, the Commission shall take into account the relevant conditions set out in point 9 of Annex Ⅱ.

The introduction of a maximum life cycle carbon footprint threshold shall trigger, if necessary, a reclassification of the carbon footprint performance classes referred to in paragraph 2.

4. By 31 December 2030, the Commission shall assess the feasibility of extending the requirements in this Article to portable batteries, and the requirement laid down in paragraph 3 to rechargeable industrial batteries with a capacity of 2 kWh or less. To that end, the Commission shall submit a report to the European Parliament and the Council and consider taking the appropriate measures, including the adoption of legislative proposals.

5. Paragraphs 1, 2 and 3 shall not apply to a battery that has been subject to preparation for re-use, preparation for repurposing, repurposing or remanufacturing, if the battery had already been placed on the market or put into service before undergoing such operations.

Article 8　Recycled content in industrial batteries, electric vehicle batteries, LMT batteries and SLI batteries

1. From 18 August 2028 or 24 months after the date of entry into force of the delegated act referred to in the third subparagraph, whichever is the latest, industrial batteries with a capacity greater than 2 kWh, except those with exclusively external storage, electric vehicle batteries and SLI batteries that contain cobalt, lead, lithium or nickel in active materials, shall be accompanied by documentation containing information about the percentage share of cobalt, lithium or nickel that is present in active materials and that has been recovered from battery manufacturing waste or post-consumer waste, and the percentage share of lead that is present in the battery and that has been recovered from waste, for each battery model per year and per manufacturing plant.

The first subparagraph shall apply from 18 August 2033 to LMT batteries that contain cobalt, lead, lithium or nickel in active materials.

By 18 August 2026, the Commission shall adopt a delegated act in accordance with Article 89 to supplement this Regulation by establishing, for the batteries referred to in the first and second subparagraphs, the methodology for the calculation and verification of the percentage share of cobalt, lithium or nickel that is present in active materials and that has been recovered from battery manufacturing waste or post-consumer waste, and the percentage share of lead that is present in the battery and that has been recovered from waste, and the format for the documentation.

2. From 18 August 2031, for industrial batteries with a capacity greater than 2 kWh, except those with exclusively external storage, electric vehicle batteries and SLI batteries that contain cobalt, lead, lithium or nickel in-active materials, the technical documentation referred to in Annex Ⅷ shall demonstrate that those batteries contain, inactive materials, the following minimum percentage share of, respectively, cobalt, lithium or nickel that has been recovered from battery manufacturing waste or post-consumer waste, and the minimum percentage share of lead that is present in the battery and that has been recovered from waste, for each battery model per year and per manufacturing plant:

(a) 16% cobalt;

(b) 85% lead;

(c) 6% lithium;

(d) 6% nickel.

3. From 18 August 2036, for industrial batteries with a capacity greater than 2 kWh, except those with exclusively external storage, electric vehicle batteries, LMT batteries and SLI batteries that contain cobalt, lead, lithium or nickel in active materials, the technical documentation referred to in Annex Ⅷ shall demonstrate that those batteries contain, in the active materials, the following minimum percentage share of, respectively, cobalt, lithium or nickel that has been recovered from battery manufacturing waste or post-consumer waste, and the minimum percentage share of lead that is present in the battery and that has been recovered from waste, for each battery model per year and per manufacturing plant:

(a) 26% cobalt;

(b) 85% lead;

(c) 12% lithium;

(d) 15% nickel.

4. Paragraphs 1, 2 and 3 shall not apply to batteries that have been subject to preparation for re-use, preparation for repurposing, repurposing or remanufacturing, if the batteries had already been placed on the market or put into service before undergoing such operations.

5. After the date of entry into force of the delegated act adopted under paragraph 1, and no later than 31 December 2028, the Commission shall assess whether, due to the existing availability, and the forecasted availability

for 2030 and 2035, of cobalt, lead, lithium or nickel recovered from waste, or lack thereof, and in view of technical and scientific progress, it is appropriate to revise the targets laid down in paragraphs 2 and 3.

Where justified and appropriate on the basis of the assessment made under the first subparagraph or due to other considerable changes in battery technology impacting the type of materials recovered, the Commission shall adopt, by 18 August 2029, a delegated act in accordance with Article 89, to amend the targets laid down in paragraphs 2 and 3.

6. Where justified and appropriate due to market developments regarding battery chemistries impacting the type of materials that can be recovered, the Commission is empowered to adopt delegated acts in accordance with Article 89, to amend this Regulation by adding materials other than cobalt, lead, lithium and nickel, with specific minimum shares of recycled content per specific material in paragraphs 2 and 3 of this Article.

Article 9 Performance and durability requirements for portable batteries of general use

1. From 18 August 2028 or 24 months after the date of entry into force of the delegated act referred to in paragraph 2, whichever is the latest, portable batteries of general use, excluding button cells, shall meet the minimum values for the electrochemical performance and durability parameters set out in Annex Ⅲ as laid down in the delegated act adopted pursuant to paragraph 2.

2. By 18 August 2027, the Commission shall adopt a delegated act in accordance with Article 89 to supplement this Regulation by establishing mandatory minimum values for the electrochemical performance and durability parameters set out in Annex Ⅲ for portable batteries of general use, excluding button cells.

The Commission is empowered to adopt delegated acts in accordance with Article 89 to amend the minimum values referred to in the first subparagraph or add electrochemical performance and durability parameters to those set out in Annex Ⅲ in view of technical and scientific progress.

In preparing the delegated act referred to in the first subparagraph, the Commission shall consider the need to reduce the life cycle environmental impact of portable batteries of general use, including by means of increasing the resource efficiency thereof, and shall take into consideration relevant international standards and labelling schemes.

The Commission shall also ensure that the provisions laid down by the delegated act referred to in the first subparagraph do not have a significant adverse impact on the safety and functionality of those batteries or the appliances, light means of transport or other vehicles into which those batteries are incorporated, the affordability and the cost for end-users and the industry's competitiveness.

3. By 31 December 2030, the Commission shall assess the feasibility of measures to phase out non-rechargeable portable batteries of general use with a view to minimising their environmental impact based on the life cycle assessment methodology and viable alternatives for end-users. To that end, the Commission shall submit a report to the European Parliament and to the Council and consider taking the appropriate measures, including the adoption of legislative proposals for either the phase out or the setting of ecodesign requirements.

Article 10 Performance and durability requirements for rechargeable industrial batteries, LMT batteries and electric vehicle batteries

1. From 18 August 2024, rechargeable industrial batteries with a capacity greater than 2 kWh, LMT batteries and electric vehicle batteries shall be accompanied by a document containing values for the electrochemical performance and durability parameters set out in Part A of Annex Ⅳ.

For batteries referred to in the first subparagraph, the technical documentation referred to in Annex Ⅷ shall contain an explanation of the technical specifications, standards and conditions used to measure, calculate or estimate the values for the electrochemical performance and durability parameters. That explanation shall include, at least, the elements set out in Part B of Annex Ⅳ.

2. From either 18 August 2027 or 18 months after the date of entry into force of the delegated act referred to in the first subparagraph of paragraph 5, whichever is the latest, rechargeable industrial batteries with a capacity grea-

ter than 2 kWh, except those with exclusively external storage, shall meet the minimum values laid down in the delegated act adopted pursuant to the first subparagraph of paragraph 5 for the electrochemical performance and durability parameters set out in Part A of Annex Ⅳ.

3. From either 18 August 2028 or 18 months after the date of entry into force of the delegated act referred to in the second subparagraph of paragraph 5, whichever is the latest, LMT batteries shall meet the minimum values laid down in the delegated act adopted pursuant to the second subparagraph of paragraph 5 for the electrochemical performance and durability parameters set out in Part A of Annex Ⅳ.

4. Paragraphs 1, 2 and 3 shall not apply to a battery that has been subject to preparation for re-use, preparation for repurposing, repurposing or remanufacturing, where the economic operator placing that battery on the market or putting it into service demonstrates that the battery, before undergoing such operations, has been placed on the market or put into service before the dates on which those obligations become applicable in accordance with those paragraphs.

5. By 18 February 2026, the Commission shall adopt a delegated act in accordance with Article 89 to supplement this Regulation by establishing minimum values for the electrochemical performance and durability parameters set out in Part A of Annex Ⅳ that rechargeable industrial batteries with a capacity greater than 2 kWh, except those with exclusively external storage, shall attain.

By 18 February 2027, the Commission shall adopt a delegated act in accordance with Article 89 to supplement this Regulation by establishing minimum values for the electrochemical performance and durability parameters set out in Part A of Annex Ⅳ that LMT batteries shall attain.

In preparing the delegated acts referred to in the first and second subparagraph, the Commission shall consider the need to reduce the life cycle environmental impact of rechargeable industrial batteries with a capacity greater than 2 kWh, except of those with exclusively external storage, and of LMT batteries, and ensure that the requirements laid down therein do not have a significant adverse impact on the functionality of those batteries or the appliances, light means of transport or other vehicles into which those batteries are incorporated, their affordability and industry'scompetitiveness.

6. The Commission is empowered to adopt delegated acts in accordance with Article 89 to amend the electrochemical performance and durability parameters set out in Annex Ⅳ in light of market developments and technical and scientific progress, including, in particular, related to technical specifications of the informal UNECE Working Group on Electric Vehicles and the Environment.

Article 11　Removability and replaceability of portable batteries and LMT batteries

1. Any natural or legal person that places on the market products incorporating portable batteries shall ensure that those batteries are readily removable and replaceable by the end-user at any time during the lifetime of the product. That obligation shall only apply to entire batteries and not to individual cells or other parts included in such batteries.

A portable battery shall be considered readily removable by the end-user where it can be removed from a product with the use of commercially available tools, without requiring the use of specialised tools, unless provided free of charge with the product, proprietary tools, thermal energy, or solvents to disassemble the product.

Any natural or legal person that places on the market products incorporating portable batteries shall ensure that those products are accompanied with instructions and safety information on the use, removal and replacement of the batteries. Those instructions and that safety information shall be made available permanently online, on a publicly available website, in an easily understandable way for end-users.

This paragraph shall be without prejudice to any specific provisions ensuring a higher level of protection of the environment and human health relating to the removability and replaceability of portable batteries by end-users laid down in any Union law on electrical and electronic equipment as defined in Article 3 (1), point (a), of

Directive 2012/19/EU.

2. By way of derogation from paragraph 1, the following products incorporating portable batteries may be designed in such a way as to make the battery removable and replaceable only by independent professionals:

(a) appliances specifically designed to operate primarily in an environment that is regularly subject to splashing water, water streams or water immersion, and that are intended to be washable or rinseable;

(b) professional medical imaging and radiotherapy devices, as defined in Article 2, point (1), of Regulation (EU) 2017/745, and in vitro diagnostic medical devices, as defined in Article 2, point (2), of Regulation (EU) 2017/746.

The derogation set out in point (a) of this paragraph shall only be applicable where such derogation is required to ensure the safety of the user and the appliance.

3. The obligations laid down in paragraph 1 shall not apply where continuity of power supply is necessary and a permanent connection between the product and the respective portable battery is required to ensure the safety of the user and the appliance or, for products that collect and supply data as their main function, for data integrity reasons.

4. The Commission is empowered to adopt delegated acts in accordance with Article 89 to amend paragraph 2 of this Article by adding further products to be exempted from the removability and replaceability requirements laid down in paragraph 1 of this Article. Such delegated acts shall be adopted only on account of market developments and technical and scientific progress, and provided that there are scientifically grounded concerns over the safety of end- users removing or replacing the portable battery, or in cases where there is a risk that the removal or the replacement of the battery by end-users would be in violation of any product safety requirements provided for by applicable Union law.

5. Any natural or legal person that places on the market products incorporating LMT batteries shall ensure that those batteries, as well as individual battery cells included in the battery pack, are readily removable and replaceable by an independent professional at any time during the lifetime of the product.

6. For the purposes of paragraphs 1 and 5, a portable battery or LMT battery shall be considered readily replaceable where, after its removal from an appliance or light means of transport, it can be substituted by another compatible battery without affecting the functioning, the performance or the safety of that appliance or light means of transport.

7. Any natural or legal person that places on the market products incorporating portable batteries or LMT batteries shall ensure that those batteries are available as spare parts of the equipment that they power for a minimum of five years after placing the last unit of the equipment model on the market, with a reasonable and non-discriminatory price for independent professionals and end-users.

8. Software shall not be used to impede the replacement of a portable battery or LMT battery, or of their key components, with another compatible battery or key components.

9. The Commission shall publish guidelines to facilitate the harmonised application of this Article.

Article 12 Safety of stationary battery energy storage systems

1. Stationary battery energy storage systems placed on the market or put into service shall be safe during their normal operation and use.

2. By 18 August 2024, the technical documentation referred to in Annex Ⅷ shall:

(a) demonstrate that the stationary battery energy storage systems are compliant with paragraph 1 and include evidence that they have been successfully tested for the safety parameters set out in Annex V, for which state-of-the-art testing methodologies shall be used. The safety parameters shall only apply in so far as a corresponding hazard exists for the stationary battery energy storage system in question when it is used under the conditions envisaged by the manufacturer;

(b) include an assessment of possible safety hazards of the stationary battery energy storage system that are not addressed in Annex V;

(c) include evidence that the hazards referred to in point (b) have been successfully mitigated and tested; state-of-the-art testing methodologies shall be used for such testing;

(d) include mitigation instructions in case the identified hazards could occur, for example a fire or explosion.

The technical documentation shall be reviewed if a battery is prepared for re-use, prepared for repurposing, remanufactured or repurposed.

3. The Commission is empowered to adopt delegated acts in accordance with Article 89 to amend the safety parameters set out in Annex V in view of technical and scientific progress.

CHAPTER Ⅲ　Labelling, marking and information requirements

Article 13　Labelling and marking of batteries

1. From 18 August 2026 or 18 months after the date of entry into force of the implementing act referred to in paragraph 10, whichever is the latest, batteries shall bear a label containing the general information on batteries set out in Part A of Annex Ⅵ.

2. From 18 August 2026 or 18 months after the date of entry into force of the implementing act referred to in paragraph 10, whichever is the latest, rechargeable portable batteries, LMT batteries and SLI batteries shall bear a label containing information on their capacity.

3. From 18 August 2026 or 18 months after the date of entry into force of the implementing act referred to in paragraph 10, whichever is the latest, non-rechargeable portable batteries shall bear a label containing information on their minimum average duration when used in specific applications and a label indicating 'non-rechargeable'.

4. From 18 August 2025, all batteries shall be marked with the symbol for separate collection of batteries ('separate collection symbol') as shown in Part B of Annex Ⅵ.

The separate collection symbol shall cover at least 3% of the area of the largest side of the battery up to a maximum size of 5 × 5 cm.

In the case of cylindrical battery cells, the separate collection symbol shall cover at least 1.5% of the surface area of the battery and shall have a maximum size of 5 × 5 cm.

Where the size of the battery is such that the separate collection symbol would be smaller than 0.47 × 0.47 cm, the battery does not need to be marked with that symbol. Instead, a separate collection symbol measuring at least 1 × 1 cm shall be printed on the packaging.

5. All batteries containing more than 0.002% cadmium or more than 0.004% lead, shall be marked with the chemical symbol for the metal concerned: Cd or Pb.

The relevant chemical symbol indicating the heavy metal content shall be printed beneath the separate collection symbol and shall cover an area of at least one-quarter the size of that symbol.

6. From 18 February 2027, all batteries shall be marked with a QR code as described in Part C of Annex Ⅵ. The QR code shall provide access to the following:

(a) for LMT batteries, industrial batteries with a capacity greater than 2kWh and electric vehicles batteries, the battery passport in accordance with Article 77;

(b) for other batteries, the applicable information referred to in paragraphs 1 to 5 of this Article, the declaration of conformity referred to in Article 18, the report referred to in Article 52 (3) and the information regarding the prevention and management of waste batteries laid down in Article 74 (1), points (a) to (f);

(c) for SLI batteries, the amount of cobalt, lead, lithium or nickel recovered from waste and present in active materials in the battery, calculated in accordance with Article 8.

This information shall be complete, up-to-date and accurate.

7. The labels and the QR code referred to in paragraphs 1 to 6 shall be printed or engraved visibly, legibly and indelibly on the battery. Where this is not possible or not warranted on account of the nature and size of the battery, the labels and the QR code shall be affixed to the packaging and to the documents accompanying the battery.

8. The Commission is empowered to adopt delegated acts in accordance with Article 89 to amend this Regulation to provide for alternative types of smart labels for use instead of or in addition to the QR code, in view of technical and scientific progress.

9. Batteries that have been subject to preparation for re-use, preparation for repurposing, repurposing or remanufacturing shall bear new labels or shall be marked with markings in accordance with this Article, and containing information on their change of status in accordance with point 4 of Annex XIII, which shall be accessible through the QR code.

10. The Commission shall, by 18 August 2025, adopt implementing acts to establish harmonised specifications for the labelling requirements referred to in paragraphs 1, 2 and 3 of this Article. Those implementing acts shall be adopted in accordance with the examination procedure referred to in Article 90 (3).

Article 14 Information on the state of health and expected lifetime of batteries

1. From 18 August 2024, up-to-date data for the parameters for determining the state of health and expected lifetime of batteries as set out in Annex VII shall be contained in the battery management system of stationary battery energy storage systems, LMT batteries and electric vehicle batteries.

2. Read-only access to the data for the parameters set out in Annex VII through the battery management system referred to in paragraph 1 shall be provided, respecting the intellectual property rights of the battery manufacturer, on a non-discriminatory basis to the natural or legal person who has legally purchased the battery, including independent operators or waste management operators, or any third party acting on their behalf at any time, for the purpose of:

(a) making the battery available to independent aggregators or market participants through energy storage;

(b) evaluating the residual value or remaining lifetime of the battery and capability for further use, based on the estimation of the state of health of the battery;

(c) facilitating the preparation for re-use, preparation for repurposing, repurposing or remanufacturing of the battery.

3. The battery management system shall include a software reset function, in case economic operators carrying out preparation for re-use, preparation for repurposing, repurposing or remanufacturing need to upload different battery management system software. If the software reset function is used, the original battery manufacturer shall not be held liable for any breach of the safety or functionality of the battery that could be attributed to battery management system software uploaded after that battery was placed on the market.

4. The Commission is empowered to adopt a delegated act in accordance with Article 89 to amend the parameters for determining the state of health and expected lifetime of batteries set out in Annex VII in view of market developments and technical and scientific progress and to ensure synergies with parameters set in UN Global Technical Regulation No 22 on in-vehicle battery durability for electrified vehicles, with due regard to the intellectual property rights of the battery manufacturer.

5. The provisions of this Article shall apply in addition to those laid down in Union law on type approval of vehicles.

CHAPTER Ⅳ　Conformity of batteries

Article 15　Presumption of conformity of batteries

1. For the purposes of compliance and verification of compliance of batteries with the requirements laid down in Articles 9, 10, 12, 13, 14 and 78, tests, measurements and calculations shall be made using reliable, accurate and reproducible methods which take into account the generally recognised state-of-the-art methods, and the results of which are deemed to be of low uncertainty, including methods set out in standards for which references have been published for those purposes in the Official Journal of the European Union.

2. Harmonised standards shall aim to simulate real-life usage as far as possible while maintaining standard tests.

3. Batteries which are in conformity with harmonised standards, or parts thereof, for which references have been published in the Official Journal of the European Union shall be presumed to be in conformity with the requirements laid down in Articles 9, 10, 12, 13, 14 and 78 to the extent that those requirements are covered by such harmonised standards or parts thereof, and, if applicable, to the extent that the minimum values established for those requirements pursuant to Articles 9 and 10 are attained.

Article 16　Common specifications

1. In exceptional cases, the Commission may adopt implementing acts laying down common specifications for the requirements laid down in Articles 9, 10, 12, 13, 14 and 78 or tests referred to in Article 15 (1), where:

(a) those requirements or tests are not covered by harmonised standards, or parts thereof, for which references have been published in the Official Journal of the European Union;

(b) the Commission has requested one or more European standardisation organisations to draft a harmonised standard for those requirements or tests; and

(c) at least one of the following conditions has been fulfilled:

(i) the request of the Commission has not been accepted by any of the European standardisation organisations,

(ii) the Commission observes undue delays in the adoption of the requested harmonised standards, or

(iii) a European standardisation organisation has delivered a standard that does not entirely correspond to the request of the Commission.

Those implementing acts shall be adopted in accordance with the examination procedure referred to in Article 90 (3).

When preparing the draft implementing act establishing the common specifications, the Commission shall take into account the views of relevant bodies or the expert group and shall duly consult all relevant stakeholders.

2. Batteries which are in conformity with common specifications or parts thereof shall be presumed to be in conformity with the requirements laid down in Articles 9, 10, 12, 13, 14 and 78 to the extent that those requirements are covered by such common specifications or parts thereof, and, if applicable, to the extent that the minimum values established for those requirements pursuant to Articles 9 and 10 are attained.

3. Where a harmonised standard is adopted by an European standardisation organisation and proposed to the Commission for the purpose of publishing its reference in the Official Journal of the European Union, the Commission shall assess the harmonised standard in accordance with Regulation (EU) No 1025/2012. When the reference of a harmonised standard is published in the Official Journal of the European Union, the Commission shall repeal the implementing acts referred to in paragraph 1, or parts thereof which cover the same requirements or tests referred to in paragraph 1.

Article 17 Conformity assessment procedures

1. Conformity assessment of batteries with the requirements laid down in Articles 6, 9, 10, 12, 13 and 14 shall be carried out in accordance with one of the following procedures:

(a) for batteries manufactured in series:

(i) 'Module A——Internal production control', set out in Part A of Annex Ⅷ, or

(ii) 'Module D1——Quality assurance of the production process', set out in Part B of Annex Ⅷ;

(b) for batteries not manufactured in series:

(i) 'Module A——Internal production control', set out in Part A of Annex Ⅷ, or

(ii) 'Module G——Conformity based on unit verification', set out in Part C of Annex Ⅷ.

2. Conformity assessment of batteries with requirements laid down in Articles 7 and 8 shall be carried out in accordance with one of the following procedures:

(a) 'Module D1——Quality assurance of the production process' set out in Part B of Annex Ⅷ for batteries manufactured in series; or

(b) 'Module G——Conformity based on unit verification' set out in Part C of Annex Ⅷ for batteries not manufactured in series.

3. An additional conformity assessment of batteries that have been subject to preparation for re-use, preparation for repurposing, repurposing or remanufacturing, shall be carried out in accordance with the procedure 'Module A——Internal production control', set out in Part A of Annex Ⅷ, taking into account the requirements laid down in Articles 6, 9, 10, 12, 13 and 14.

4. Records and correspondence relating to the conformity assessment procedures of batteries shall be drawn up in the official language or languages of the Member State where the notified body carrying out the conformity assessment procedures is established, or in one or more languages accepted by that body.

Article 18 EU declaration of conformity

1. The EU declaration of conformity shall state that the compliance with the requirements laid down in Articles 6 to 10 and Articles 12, 13 and 14 has been demonstrated.

2. The EU declaration of conformity shall have the model structure set out in Annex Ⅸ, shall contain the elements specified in the relevant modules set out in Annex Ⅷ, and shall be kept up to date. It shall be translated into the language or languages required by the Member State in which the battery is placed or made available on the market or put into service. It shall be drawn up in electronic format and, where requested, it shall be provided in paper format.

3. Where a battery is subject to more than one Union act requiring an EU declaration of conformity, a single EU declaration of conformity shall be drawn up in respect of all such Union acts. That declaration shall state the Union acts concerned and their publication references.

4. By drawing up the EU declaration of conformity, the manufacturer shall assume responsibility for the compliance of the battery with the requirements laid down in this Regulation.

5. Without prejudice to paragraph 3, a single EU declaration of conformity may be made up of one or more individual EU declarations of conformity already drawn up in compliance with a different Union act or acts, in order to reduce the administrative burden on economic operators.

Article 19 General principles of the CE marking

The CE marking shall be subject to the general principles set out in Article 30 of Regulation (EC) No 765/2008.

Article 20 Rules and conditions for affixing the CE marking

1. The CE marking shall be affixed visibly, legibly and indelibly to the battery. Where that is not possible or

not warranted due to the nature of the battery, it shall be affixed to the packaging and to the documents accompanying the battery.

2. The CE marking shall be affixed before the battery is placed on the market or put into service.

3. The CE marking shall be followed by the identification number of the notified body where required under Annex Ⅷ. That identification number shall be affixed by the notified body itself or, under its instructions, by the manufacturer or by its authorised representative.

4. The CE marking and the identification number referred to in paragraph 3 may be followed, if applicable, by any pictogram or other mark indicating a special risk, use or any danger linked to the use, storage, treatment or transport of the battery.

5. Member States shall build upon existing mechanisms to ensure correct application of the regime governing the CE marking and shall take appropriate action in the event of improper use of that marking.

CHAPTER V Notification of conformity assessment bodies

Article 21 Notification

Member States shall notify the Commission and the other Member States of the conformity assessment bodies authorised to carry out conformity assessment tasks in accordance with this Regulation.

Article 22 Notifying authorities

1. Member States shall designate a notifying authority that shall be responsible for setting up and carrying out the necessary procedures for the assessment and notification of conformity assessment bodies and the monitoring of notified bodies, including compliance with Article 27.

2. Member States may decide that the assessment and monitoring referred to in paragraph 1 shall be carried out by a national accreditation body as defined in Regulation (EC) No 765/2008 and in accordance with the provisions of that Regulation.

3. Where the notifying authority delegates or otherwise entrusts the assessment, notification or monitoring referred to in paragraph 1 of this Article to a body, which is not a governmental entity, that body shall be a legal entity, comply mutatis mutandis with the requirements laid down in Article 23 and have arrangements to cover liabilities arising from its activities.

4. The notifying authority shall take full responsibility for the tasks performed by the body referred to in paragraph 3.

Article 23 Requirements relating to notifying authorities

1. A notifying authority shall be established in such a way that no conflict of interest with conformity assessment bodies occurs.

2. A notifying authority shall be organised and operated in such a way that the objectivity and impartiality of its activities are safeguarded.

3. A notifying authority shall be organised in such a way that each decision relating to notification of a conformity assessment body is taken by competent persons different from those who carried out the assessment of the conformity assessment bodies applying for notification in accordance with Article 28.

4. A notifying authority shall not offer or provide any activities that conformity assessment bodies perform and shall not provide consultancy services on a commercial or competitive basis.

5. A notifying authority shall safeguard the confidentiality of the information it obtains. However, it shall exchange information on notified bodies with the Commission as well as with notifying authorities of other Member States and other relevant national authorities.

6. A notifying authority shall have a sufficient number of competent personnel and sufficient funding at its disposal for the proper performance of its tasks.

Article 24 Information obligation on notifying authorities

Member States shall inform the Commission of their procedures for the assessment and notification of conformity assessment bodies and for the monitoring of notified bodies, and of any changes thereto.

The Commission shall make that information publicly available.

Article 25 Requirements relating to notified bodies

1. For the purposes of notification, a conformity assessment body shall meet the requirements laid down in paragraphs 2 to 11.

2. A conformity assessment body shall be established under the national law of a Member State and shall have legal personality.

3. A conformity assessment body shall be a third-party body independent from business and as regards the batteries it assesses, in particular from battery manufacturers, the battery manufacturers' trade partners, shareholding investors on the battery manufacturers' plants and from other notified bodies and the notified bodies' business associations, parent companies or subsidiaries.

4. A conformity assessment body, its top level management and the personnel responsible for carrying out the conformity assessment tasks shall not be the designer, manufacturer, supplier, importer, distributor, installer, purchaser, owner, user or maintainer of the batteries which they assess, nor the representative of any of those parties. That prohibition shall not preclude the use of assessed batteries that are necessary for the operations of the conformity assessment body or the use of such batteries for personal purposes.

A conformity assessment body, its top level management and the personnel responsible for carrying out the conformity assessment tasks shall not be directly involved in the design, manufacture, marketing, importation, distribution, installation, use or maintenance of those batteries, or represent the parties engaged in those activities. They shall not engage in any activity that could conflict with their independence of judgement or their integrity in relation to conformity assessment activities for which they are notified. This shall in particular apply to consultancy services.

A conformity assessment body shall ensure that the activities of its parent or sister companies, subsidiaries or subcon tractors do not affect the confidentiality, objectivity or impartiality of its conformity assessment activities.

5. A conformity assessment body and its personnel shall carry out the conformity assessment activities with the highest degree of professional integrity and the requisite technical competence in the specific field and shall be free from all pressures and inducements, particularly financial, which might influence their judgement or the results of their conformity assessment activities, especially as regards persons or groups of persons with an interest in the results of those activities.

6. A conformity assessment body shall be capable of carrying out all the conformity assessment tasks assigned to it in Annex Ⅷ, periodical audits in accordance with Article 48 (2) and third-party verification in accordance with Article 51 in relation to which it has been notified, whether those tasks are carried out by the conformity assessment body itself or on its behalf and under its responsibility.

At all times, and for each conformity assessment procedure set out in Annex Ⅷ, for periodical audits in accordance with Article 48 (2) and third-party verification in accordance with Article 51, and for each category of batteries in relation to which it has been notified, a conformity assessment body shall have at its disposal:

(a) the necessary personnel with technical knowledge and sufficient and appropriate experience to perform the conformity assessment tasks;

(b) the necessary descriptions of procedures in accordance with which conformity assessment is carried out, ensuring the transparency of those procedures and their ability to be reproduced;

(c) appropriate policies and procedures to distinguish between activities that it carries out as a notified body and other tasks;

(d) the necessary procedures for the performance of conformity assessment tasks which take due account of the size of an undertaking, the sector in which it operates, its structure, the degree of complexity of the battery technology in question and the mass or serial nature of the production process.

A conformity assessment body shall have the means necessary to perform the technical and administrative tasks related to its conformity assessment activities in an appropriate manner and shall have access to all necessary information, testing equipment or facilities. This shall include establishment and the supervision of internal procedures, general policies, codes of conduct or other internal rules, the assignment of personnel to specific tasks, and conformity assessment decisions, without delegating them to a subcontractor or a subsidiary.

7. The personnel responsible for carrying out conformity assessment tasks shall have the following:

(a) sound technical and vocational training covering all the conformity assessment activities in relation to which the conformity assessment body has been notified;

(b) satisfactory knowledge of the requirements of the assessments they carry out and adequate authority to carry out those assessments;

(c) appropriate knowledge and understanding of the requirements and obligations laid down in Articles 6 to 10 and Articles 12, 13 and 14 and in Articles 48 to 52, of the applicable harmonised standards referred to in Article 15 and common specifications referred to in Article 16 and of the relevant provisions of Union harmonisation legislation and of national law;

(d) the ability to draw up certificates, records and reports demonstrating that conformity assessments have been carried out.

8. The impartiality of a conformity assessment body, its top level management and the personnel responsible for carrying out the conformity assessment tasks shall be guaranteed.

The remuneration of the top-level management and the personnel responsible for carrying out the conformity assessments tasks shall not depend on the number of conformity assessments carried out or on the results of those assessments.

9. A conformity assessment body shall take out liability insurance unless liability is assumed by the state in accordance with national law in the notifying Member State, or the Member State itself is directly responsible for the conformity assessment.

10. The personnel of a conformity assessment body shall observe professional secrecy with regard to all information obtained in carrying out the conformity assessment tasks in accordance with Annex Ⅷ, periodical audits in accordance with Article 48 (2), or third-party verification in accordance with Article 51, except in relation to the notifying authority and national authorities of the Member State in which its activities are carried out. Proprietary rights shall be protected.

11. A conformity assessment body shall participate in, or ensure that its personnel responsible for carrying out the conformity assessment tasks is informed of, the relevant standardisation activities and the activities of the sectoral coordination group of notified bodies established pursuant to Article 37 and shall apply as general guidance the administrative decisions and documents produced by that group.

Article 26 Presumption of conformity of notified bodies

Where a conformity assessment body demonstrates its conformity with the criteria laid down in the relevant harmonised standards, or parts thereof, for which references have been published in the Official Journal of the European Union, it shall be presumed to comply with the requirements laid down in Article 25 in so far as the applicable harmonised standards cover those requirements.

Article 27 Subsidiaries of and subcontracting by notified bodies

1. Where a notified body subcontracts specific tasks related to conformity assessment or has recourse to a subsidiary, it shall ensure that the subcontractor or the subsidiary meets the requirements laid down in Article 25 and shall inform the notifying authority accordingly.

2. A notified body shall take full responsibility for the tasks performed by subcontractors or subsidiaries wherever those are established.

3. A notified body may subcontract activities or have activities carried out by a subsidiary only with the agreement of the client.

4. A notified body shall keep at the disposal of the notifying authority the relevant documents concerning the assessment of the qualifications of the subcontractor or the subsidiary and concerning the work carried out by them under Article 48 (2) and Article 51 and under Annex Ⅷ.

Article 28 Application for notification

1. A conformity assessment body shall submit an application for notification to the notifying authority of the Member State in which it is established.

2. The application for notification shall be accompanied by a description of the conformity assessment activities, of the conformity assessment module or modules set out in Annex Ⅷ or the procedures set out in Article 48 (2) and Article 51, and of the batteries for which the conformity assessment body claims to be competent, as well as by an accreditation certificate, where applicable, issued by a national accreditation body attesting that the conformity assessment body meets the requirements laid down in Article 25.

3. Where the conformity assessment body concerned cannot provide an accreditation certificate as referred to in paragraph 2 of this Article, it shall provide the notifying authority with all the documentary evidence necessary for the verification, recognition and regular monitoring of its compliance with the requirements laid down in Article 25, including appropriate documentation demonstrating that the conformity assessment body is independent within the meaning of Article 25 (3) .

Article 29 Notification procedure

1. A notifying authority shall only notify conformity assessment bodies which meet the requirements laid down in Article 25.

2. The notifying authority shall send a notification to the Commission and the notifying authorities of the other Member States of each conformity assessment body referred to in paragraph 1 using the electronic notification tool developed and managed by the Commission.

3. The notification shall include full details of the conformity assessment activities, the conformity assessment module or modules or the procedures set out in Article 48 (2) and Article 51, the categories of batteries concerned and the relevant attestation of competence.

4. Where a notification is not based on an accreditation certificate as referred to in Article 28 (2), the notifying authority shall provide the Commission and the other Member States with documentary evidence which attests to the conformity assessment body's competence and the arrangements in place to ensure that that body will be monitored regularly and will continue to meet the requirements laid down in Article 25.

5. The conformity assessment body concerned shall perform the activities of a notified body only where no objections are raised by the Commission or the other Member States within two weeks of the notification, where it includes an accreditation certificate referred to in Article 28 (2), or within two months of the notification, where it includes documentary evidence referred to in paragraph 4 of this Article. Only such a conformity assessment body shall be considered to be a notified body for the purposes of this Regulation.

6. The notifying authority shall inform the Commission and the other Member States of any subsequent changes to the notification referred to in paragraph 2.

Article 30 Identification numbers and lists of notified bodies

1. The Commission shall assign an identification number to each notified body. It shall assign a single number even where the body is notified under several Union acts.

2. The Commission shall make publicly available and keep updated a list of bodies notified under this Regulation, including the identification numbers that have been assigned to them and the conformity assessment activities for which they have been notified.

Article 31 Changes to notifications

1. Where a notifying authority has ascertained or has been informed that a notified body no longer meets the requirements laid down in Article 25 or that it is failing to fulfil its obligations, the notifying authority shall restrict, suspend or withdraw the notification, as appropriate, depending on the seriousness of the failure to meet those requirements or fulfil those obligations. It shall immediately inform the Commission and the other Member States accordingly.

2. In the event of restriction, suspension or withdrawal of notification pursuant to paragraph 1, or where a notified body has ceased its activity, the notifying authority shall take appropriate steps to ensure that the files of that body are either processed by another notified body or kept available for the responsible notifying and market surveillance authorities at their request.

Article 32 Challenge to the competence of notified bodies

1. The Commission shall investigate all cases where it has a doubt, or a doubt is brought to its attention, in particular by economic operators and other relevant stakeholders, regarding the competence of a notified body or the continued fulfilment by a notified body of the requirements and responsibilities to which it is subject.

2. The notifying authority shall provide the Commission, on request, with all information relating to the basis for the notification or the maintenance of the competence of the notified body concerned.

3. The Commission shall ensure that all sensitive information obtained in the course of its investigations is treated confidentially.

4. Where the Commission ascertains that a notified body does not meet or no longer meets the requirements for its notification, it shall adopt an implementing act requiring the notifying Member State to take the necessary corrective action, including withdrawal of the notification if necessary. That implementing act shall be adopted in accordance with the advisory procedure referred to in Article 74 (2) .

Article 33 Operational obligations of notified bodies

1. A notified body shall carry out conformity assessments in accordance with the conformity assessment procedures set out in Article 48 (2), Article 51 or Annex Ⅷ, as determined by the scope of the notification made in accordance with Article 29.

2. A notified body shall carry out conformity assessments in a proportionate manner, avoiding the creation of an unnecessary burden for economic operators, and taking due account of the size of an undertaking, the sector in which the undertaking operates, the structure of the undertaking, the degree of complexity of the battery to be assessed and the mass or serial nature of the production process. The notified body shall nevertheless respect the degree of rigour and the level of protection required for the compliance of the battery and of economic operators with this Regulation.

3. Where a notified body finds that the applicable requirements laid down in Articles 6 to 10 and Articles 12, 13, 14, 49 and 50, in corresponding harmonised standards referred to in Article 15, common specifications referred to in Article 16 or other technical specifications have not been met, it shall require the manufacturer or other relevant economic operator to take appropriate corrective action in anticipation of a second and final conformity assessment, unless the deficiencies cannot be remedied. Where the deficiencies cannot be remedied, the notified

body shall not issue the certificate of conformity or approval decision.

4. Where, in the course of the monitoring of conformity following the issue of an approval decision, a notified body finds that there is no longer compliance, it shall require the manufacturer or the economic operator referred to in Article 48 (1) as applicable, to take appropriate corrective action and shall suspend or withdraw the approval decision, if necessary.

5. Where corrective action as referred to in paragraph 4 is not taken or does not have the required effect, the notified body shall restrict, suspend or withdraw the approval decision, as appropriate.

Article 34 Appeal against decisions of notified bodies

Member States shall ensure that an appeal procedure against the decisions of notified bodies is available.

Article 35 Information obligation on notified bodies

1. A notified body shall inform the notifying authority of the following:

(a) any refusal, restriction, suspension or withdrawal of a certificate of conformity or approval decision;

(b) any circumstances affecting the scope of, or the conditions for, its notification;

(c) any request for information which it has received from market surveillance authorities regarding its conformity assessment activities;

(d) on request, any conformity assessment activities performed within the scope of its notification and any other activity performed, including cross-border activities and subcontracting.

2. A notified body shall provide other notified bodies carrying out similar conformity assessment activities covering the same categories of batteries with relevant information on issues relating to:

(a) negative and, on request, positive conformity assessments; and

(b) any restriction, suspension or withdrawal of an approval decision.

Article 36 Exchange of experience and good practice

The Commission shall provide for the organisation of exchange of experience and good practice between the Member States' authorities responsible for notification policy.

Article 37 Coordination of notified bodies

The Commission shall ensure that appropriate coordination and cooperation between notified bodies are put in place and properly operated in the form of a sectoral coordination group of notified bodies.

Notified bodies shall participate in the work of the sectoral coordination group, directly or by means of designated representatives.

CHAPTER Ⅵ Obligations of economic operators other than the obligations in Chapters Ⅶ and Ⅷ

Article 38 Obligations of manufacturers

1. When placing a battery on the market or putting it into service, including for the manufacturers' own purposes, manufacturers shall ensure that the battery:

(a) has been designed and manufactured in accordance with Articles 6 to 10 and Articles 12 and 14, and is accompanied by clear, understandable and readable instructions and safety information in a language or languages which can be easily understood by end-users, as determined by the Member State in which the battery is to be placed on the market or put into service; and

(b) is marked and labelled in accordance with Article 13.

2. Before placing a battery on the market or putting it into service, manufacturers shall draw up the technical documentation referred to in Annex Ⅷ and carry out the relevant conformity assessment procedure, referred to in

Article 17, or have it carried out.

3. Where compliance of a battery with the applicable requirements has been demonstrated by the relevant conformity assessment procedure referred to in Article 17, manufacturers shall draw up an EU declaration of conformity in accordance with Article 18 and affix the CE marking in accordance with Articles 19 and 20.

4. Manufacturers shall keep the technical documentation referred to in Annex IX and the EU declaration of conformity at the disposal of national authorities for 10 years after the battery has been placed on the market or put into service.

5. Manufacturers shall ensure that procedures are in place for a battery that is part of a series production to remain in conformity with this Regulation. In doing so, manufacturers shall adequately take into account changes in the production process or in battery design or characteristics and changes in the harmonised standards referred to in Article 15, common specifications referred to in Article 16 or other technical specifications by reference to which the conformity of the battery is declared or by application of which its conformity is verified.

6. Manufacturers shall ensure that batteries which they place on the market bear a model identification and batch or serial number, or product number or another element allowing their identification. Where the size or nature of the battery does not allow it, the required information shall be provided on the packaging or in a document accompanying the battery.

7. Manufacturers shall indicate on the battery their name, registered trade name or registered trade mark, their postal address, indicating a single contact point, and, if available, web and email address. Where that is not possible, the required information shall be provided on the packaging or in a document accompanying the battery. The contact details shall be indicated in a language or languages which can be easily understood by end-users and market surveillance authorities, as determined by the Member State in which the battery is to be placed on the market or put into service, and shall be clear, understandable and legible.

8. Manufacturers shall provide access to the data for the parameters set out in Annex VII in the battery management system referred to in Article 14 (1), in accordance with the requirements laid down in that Article.

9. Manufacturers who consider or have reason to believe that a battery which they have placed on the market or put into service is not in conformity with one or more of the applicable requirements laid down in Articles 6 to 10 and Articles 12, 13 and 14 shall immediately take the corrective action necessary to bring that battery into conformity, to withdraw it or recall it, as appropriate. Furthermore, where the battery presents a risk, manufacturers shall immediately inform the market surveillance authority of the Member State in which they made the battery available on the market, giving details, in particular, of the non-compliance and of any corrective action taken.

10. Manufacturers shall, further to a reasoned request from a national authority, provide it with all the information and documentation necessary to demonstrate the conformity of the battery with the requirements laid down in Articles 6 to 10 and Articles 12, 13 and 14, in a language or languages which can be easily understood by that national authority. That information and documentation shall be provided in electronic format and, on request, in paper format. Manufacturers shall cooperate with the national authority, at its request, on any action taken to eliminate the risks posed by a battery which they have placed on the market or put into service.

11. Economic operators that carry out preparation for re-use, preparation for repurposing, repurposing or remanufacturing, and place on the market or put into service a battery that has undergone any of those operations, shall be considered to be manufacturers for the purposes of this Regulation.

Article 39 Obligations of suppliers of battery cells and battery modules

Suppliers of battery cells and battery modules shall provide the information and documentation necessary to comply with the requirements of this Regulation when supplying battery cells or modules to a manufacturer. That information and documentation shall be provided free of charge.

Article 40 Obligations of authorised representatives

1. A manufacturer may, by a written mandate, designate an authorised representative.

The authorised representative's mandate shall be valid only when accepted in writing by the authorised representative.

2. The obligations laid down in Article 38 (1) and Articles 48 to 52 and the obligation to draw up technical documentation shall not form part of the authorised representative's mandate.

3. An authorised representative shall perform the tasks specified in the mandate received from the manufacturer. The authorised representative shall have the appropriate means to perform the tasks specified in the mandate. The authorised representative shall provide a copy of the mandate to the market surveillance authority, upon request, in a Union language determined by that authority. The mandate shall include at least the following tasks:

(a) keep the EU declaration of conformity, the technical documentation, the verification report and approval decision referred to in Article 51 (2) and the audit reports referred to in Article 48 (2) at the disposal of national authorities for 10 years after the battery has been placed on the market or put into service;

(b) further to a reasoned request from a national authority, provide it with all the information and documentation necessary to demonstrate the conformity of the battery. That information and the documentation shall be provided in electronic format and, on request, in paper format;

(c) cooperate with the national authorities, at their request, on any action taken to eliminate the risks posed by batteries covered by the authorised representative's mandate.

4. Where the battery presents a risk, authorised representatives shall immediately inform the market surveillance authorities thereof.

Article 41 Obligations of importers

1. Importers shall only place on the market a battery which is compliant with Articles 6 to 10 and Articles 12, 13 and 14.

2. Before placing a battery on the market, importers shall verify that:

(a) the EU declaration of conformity and technical documentation referred to in Annex Ⅷ have been drawn up and that the relevant conformity assessment procedure referred to in Article 17 has been carried out by the manufacturer;

(b) the battery bears the CE marking referred to in Article 19, and is marked and labelled in accordance with Article 13;

(c) the battery is accompanied by the documents required pursuant to Articles 6 to 10 and Articles 12, 13 and 14 and by instructions and safety information in a language or languages which can be easily understood by end-users, as determined by the Member State in which the battery is to be made available on the market; and

(d) the manufacturer has complied with the requirements laid down in Article 38 (6) and (7).

Where an importer considers or has reason to believe that a battery is not in conformity with Articles 6 to 10 and Articles 12, 13 and 14, the importer shall not place that battery on the market until it has been brought into conformity. Furthermore, where the battery presents a risk, the importer shall inform the manufacturer and the market surveillance authorities giving details of the non-compliance and of any corrective action taken.

3. Importers shall indicate on the battery their name, registered trade name or registered trade mark, their postal address, indicating a single contact point, and, if available, web and email address. Where that is not possible, the required information shall be provided on the packaging or in a document accompanying the battery. The contact details shall be in a language or languages which can be easily understood by end-users, as determined by the Member State in which the battery is to be made available on the market, and shall be clear, understandable and legible.

4. Importers shall ensure that, while a battery is under their responsibility, storage or transport conditions do

not jeopardise its compliance with Articles 6 to 10 and Articles 12, 13 and 14.

5. When deemed appropriate with regard to the risks presented by a battery, importers shall, to protect the human health and safety of consumers, carry out sample testing of marketed batteries, investigate, and, if necessary, keep a register of complaints, of non-conforming batteries and battery recalls, and shall keep distributors informed of such monitoring.

6. Importers who consider or have reason to believe that a battery which they have placed on the market is not in conformity with Articles 6 to 10 and Articles 12, 13 and 14, shall immediately take the corrective action necessary to bring that battery into conformity, to withdraw it or recall it, as appropriate. Furthermore, where the battery presents a risk, importers shall immediately inform the market surveillance authority of the Member State in which they made the battery available on the market, giving details, in particular, of the non-compliance and of any corrective action taken.

7. Importers shall, for 10 years after the battery has been placed on the market, keep a copy of the EU declaration of conformity at the disposal of the national authorities and ensure that the technical documentation referred to in Annex Ⅷ is made available to those authorities, upon request.

8. Importers shall, further to a reasoned request from a national authority, provide that authority with all the information and documentation necessary to demonstrate the conformity of a battery with Articles 6 to 10 and Articles 12, 13 and 14, in a language or languages which can be easily understood by that authority. That information and the documentation shall be provided in electronic format and, on request, in paper format. Importers shall cooperate with the national authority, at its request, on any action taken to eliminate the risks posed by batteries, which they have placed on the market.

Article 42　Obligations of distributors

1. When making a battery available on the market, distributors shall act with due care in relation to the requirements of this Regulation.

2. Before making a battery available on the market, distributors shall verify that:

(a) the producer is registered in the register of producers referred to in Article 55;

(b) the battery bears the CE marking referred to in Article 19 and is marked and labelled in accordance with Article 13;

(c) the battery is accompanied by the documents required pursuant to Articles 6 to 10 and Articles 12, 13 and 14 and by instructions and safety information in a language or languages which can be easily understood by end-users, as determined by the Member State in which the battery is to be made available on the market or put into service; and

(d) the manufacturer and the importer have complied with the requirements laid down in Article 38 (6) and (7) and Article 41 (3) respectively.

3. Where a distributor considers or has reason to believe that a battery is not in conformity with Articles 6 to 10 or Article 12, 13 or 14, the distributor shall not make the battery available on the market until it has been brought into conformity. Furthermore, where the battery presents a risk, the distributor shall inform the manufacturer or the importer as well as the market surveillance authorities.

4. Distributors shall ensure that, while a battery is under their responsibility, storage or transport conditions do not jeopardise its compliance with Articles 6 to 10 and Articles 12, 13 and 14.

5. Distributors who consider or have reason to believe that a battery which they have made available on the market is not in conformity with Articles 6 to 10 or Article 12, 13 or 14 shall make sure that the corrective action necessary to bring that battery into conformity, to withdraw it or recall it, as appropriate, is taken. Furthermore, where the battery presents a risk, distributors shall immediately inform the market surveillance authorities of the Member States in which they made the battery available on the market, giving details, in particular, of the non-

compliance and of any corrective action taken.

6. Distributors shall, further to a reasoned request from a national authority, provide it with all the information and the documentation necessary to demonstrate the conformity of a battery with Articles 6 to 10 and Articles 12, 13 and 14 in a language or languages which can be easily understood by that national authority. That information and the documentation shall be provided in electronic format and, on request, in paper format. Distributors shall cooperate with the national authority, at its request, on any action taken to eliminate the risks posed by batteries that they have made available on the market.

Article 43 Obligations of fulfilment service providers

Fulfilment service providers shall ensure that, for batteries that they handle, the conditions during warehousing, packaging, addressing or dispatching, do not jeopardise the batteries' compliance with Articles 6 to 10 and Articles 12, 13 and 14.

Without prejudice to the obligations of the relevant economic operators laid down in this Chapter, fulfilment service providers shall, in addition to the requirement referred to in the first paragraph, perform the tasks laid down in Article 40 (3), point (c), and Article 40 (4).

Article 44 Case in which obligations of manufacturers apply to importers and distributors

An importer or distributor shall be considered a manufacturer for the purposes of this Regulation and shall be subject to the obligations of a manufacturer under Article 38, where any of the following applies:

(a) a battery is placed on the market or put into service under that importer's or distributor's own name or trademark;

(b) a battery already placed on the market or put into service is modified by that importer or distributor in such a way that compliance with the relevant requirements of this Regulation could be affected; or

(c) the purpose of a battery already placed on the market or put into service is modified by that importer or distributor.

Article 45 Obligations of economic operators placing on the market or putting into service batteries that have been subject to preparation for re-use, preparation for repurposing, repurposing or remanufacturing

1. Economic operators placing on the market or putting into service batteries that have been subject to preparation for re-use, preparation for repurposing, repurposing or remanufacturing shall ensure that the examination, performance testing, packing and shipment of those batteries, and of such batteries' components subject to any of those operations, is carried out following adequate quality control and safety instructions.

2. Economic operators placing on the market or putting into service batteries that have been subject to preparation for re-use, preparation for repurposing, repurposing or remanufacturing shall ensure that the battery complies with the requirements of this Regulation, any relevant product, environmental, human health protection and transport safety requirements in other Union law, taking into account the fact that, as a result of those operations, the battery might fall under a different battery category. For remanufacturing operations, such economic operators shall provide, upon request, market surveillance authorities with the documentation necessary to demonstrate that the battery has been subject to remanufacturing in accordance with this Regulation.

Article 46 Identification of economic operators

1. Economic operators shall, upon a request of a national authority, provide the following information to the market surveillance authorities:

(a) the identity of any economic operator that has supplied them with a battery;

(b) the identity of any economic operator to which they have supplied a battery, as well as the quantity and exact models.

2. Economic operators shall ensure that they are able to provide the information referred to in paragraph 1 for 10 years after they have been supplied with the battery and for 10 years after they have supplied the battery.

CHAPTER Ⅶ Obligations of economic operators as regards battery due diligence policies

Article 47 Scope of this Chapter

This Chapter does not apply to economic operators that had a net turnover of less than EUR 40 million in the financial year preceding the last financial year, and that are not part of a group, consisting of parent and subsidiary undertakings, which, on a consolidated basis, exceeds the limit of EUR 40 million.

This Chapter does not apply to economic operators in relation to the placing on the market or putting into service of batteries that have been subject to preparation for re-use, preparation for repurposing, repurposing or remanufacturing, if such batteries had already been placed on the market or put into service before undergoing such operations.

This Chapter applies without prejudice to the provisions laid down in Union law on due diligence obligations in relation to minerals and metals originating from conflict-affected and high-risk areas.

Article 48 Battery due diligence policies

1. From 18 August 2025, economic operators that place batteries on the market or put them into service shall fulfil the due diligence obligations laid down in paragraphs 2 and 3 of this Article, and in Articles 49, 50 and 52 and shall, to that end, set up and implement battery due diligence policies.

2. Economic operators referred to in paragraph 1 of this Article shall have their battery due diligence policies verified by a notified body in accordance with Article 51 ('third-party verification') and periodically audited by that notified body to make sure that the battery due diligence policies are maintained and applied in accordance with Articles 49, 50 and 52. The notified body shall provide the audited economic operator with an audit report.

3. Economic operators referred to in paragraph 1 of this Article shall keep documentation demonstrating their fulfilment of the obligations laid down in Articles 49, 50 and 52, including the verification report and approval decision referred to in Article 51 and the audit reports referred to in paragraph 2 of this Article, for 10 years after the last battery manufactured under the relevant battery due diligence policy has been placed on the market.

4. Without prejudice to the individual responsibility of economic operators for their battery due diligence policies, economic operators referred to in paragraph 1 of this Article may, for the purposes of compliance with the requirements laid down in Articles 48, 49, 50 and 52, collaborate with other actors, including through due diligence schemes recognised under this Regulation.

5. By 18 February 2025, the Commission shall publish guidelines as regards the application of the due diligence requirements laid down in Articles 49 and 50, with regard to the risks referred to in point 2 of Annex X, and inline, in particular, with the international instruments referred to in points 3 and 4 of Annex X.

6. Member States may, in order to provide information and support to economic operators in fulfilling the due diligence obligations under this Regulation, set up and operate, individually or jointly, dedicated websites, platforms or portals.

7. The Commission may complement the Member State support measures referred to in paragraph 6, by building on existing Union action to support due diligence in the Union and in third countries, and may devise new measures to help economic operators fulfil their obligations under this Regulation.

8. The Commission shall regularly assess the need to update the list of raw materials and risk categories set out in Annex X.

The Commission is empowered to adopt delegated acts in accordance with Article 89 to:

(a) amend the list of raw materials in point 1 of Annex X and of risk categories in point 2 of Annex X, in view of scientific and technological progress in battery manufacturing and chemistries and amendments to Regulation (EU) 2017/821;

(b) amend the list of international instruments in point 3 of Annex X, in accordance with developments within the relevant international fora concerning standards related to due diligence policies and to protection of the environment and of social rights;

(c) amend the obligations on the economic operators referred to in paragraph 1 of this Article which are laid down in Articles 49 and 50 in view of amendments to Regulation (EU) 2017/821, and amend the list of internationally recognised due diligence instruments set out in point 4 of Annex X.

Article 49 Economic operator's management system

1. Each economic operator referred to in Article 48 (1) shall:

(a) adopt, and clearly communicate to suppliers and the public, a company battery due diligence policy, concerning raw materials listed in point 1 of Annex X, and associated social and environmental risk categories listed in point 2 of Annex X;

(b) incorporate in its battery due diligence policy standards that are consistent with the standards set out in the internationally recognised due diligence instruments listed in point 4 of Annex X;

(c) structure its internal management system to support its battery due diligence policy by assigning responsibility to its top management level to oversee its battery due diligence policy as well as maintain records of that system for a minimum of 10 years;

(d) establish and operate a system of controls and transparency regarding the supply chain, including a chain of custody or traceability system, identifying upstream actors in the supply chain;

(e) incorporate its battery due diligence policy, including risk management measures, into contracts and agreements with suppliers; and

(f) establish a grievance mechanism, including an early-warning risk-awareness system and a remediation mechanism, or provide for such mechanisms through collaborative agreements with other economic operators or organisations or by facilitating recourse to an external expert or body, such as an ombudsman; such mechanisms shall be based on the UN Guiding Principles on Business and Human Rights.

2. The system referred to in paragraph 1, point (d), shall be supported by documentation that provides at least the following information:

(a) a description of the raw material, including its trade name and type;

(b) the name and address of the supplier that supplied the raw material present in the batteries to the economic operator that places the batteries containing the raw material in question on the market;

(c) the country of origin of the raw material and the market transactions from the raw material's extraction to the immediate supplier to the economic operator that places the battery on the market;

(d) the quantities of the raw material present in the battery placed on the market, expressed in percentage or weight;

(e) third-party verification reports issued by a notified body and concerning the suppliers as referred to in Article 50 (3);

(f) if the reports referred to in point (e) are not available and where the raw material originates from a conflict-affected and high-risk area, additional information in accordance with the specific recommendations for upstream economic operators, as set out in the OECD Due diligence guidance for Responsible Supply Chains of Minerals from Conflict- Affected and High-Risk Areas, where relevant, such as the mine of origin, locations where the raw material is consolidated, traded and processed, and taxes, fees and royalties are paid.

Third party verification reports referred to in point (e) of the first subparagraph shall be made available by suppliers as referred to in Article 50 (3) to the downstream operators of the supply chain.

Article 50 Risk management obligations

1. The economic operator referred to in Article 48 (1) shall:

(a) identify and assess the risk of adverse impacts in its supply chain, associated with the risk categories listed in point 2 of Annex X as part of its management plan, including on the basis of the information provided pursuant to Article 49 and any other relevant information that is either publicly available or provided by stakeholders, by reference to its battery due diligence policy;

(b) design and implement a strategy to respond to the identified risks to prevent, mitigate and otherwise address adverse impacts by:

(i) reporting findings of its risk assessment to its top management level assigned in accordance with Article 49 (1), point (c);

(ii) adopting risk management measures that are consistent with the internationally recognised due diligence instruments listed in point 4 of Annex X, considering its ability to influence, and where necessary take steps to exert pressure on, suppliers, including their subsidiaries and subcontractors, who can most effectively prevent or mitigate the identified risk;

(iii) designing and implementing a risk management plan, monitoring and tracking performance of risk mitigation efforts, reporting back to its top management level assigned in accordance with Article 49 (1), point (c), and considering suspending or discontinuing engagement with a supplier or its subsidiary or subcontractor after failed attempts at mitigation, based on relevant contracts and agreements referred to in Article 49 (1), point (e);

(iv) undertaking additional fact and risk assessments for risks requiring mitigation, or after a change of circumstances.

2. If the economic operator referred to in Article 48 (1) pursues risk mitigation efforts while continuing trade or temporarily suspending trade, it shall consult with suppliers and with the stakeholders concerned, including local and national government authorities, international or civil society organisations and affected third parties such as local communities, before establishing a strategy for measurable risk mitigation in the risk management plan referred to in paragraph 1, point (b) (iii), of this Article.

3. The economic operator referred to in Article 48 (1) shall identify and assess the probability of adverse impacts in the risk categories listed in point 2 of Annex X, in its supply chain. That economic operator shall identify and assess the risks in its supply chain as part of its own risk management systems. The economic operator shall carry out third party verifications of its own due diligence chains via a notified body in accordance with Article 51. The economic operator may use third-party verification reports issued pursuant to Article 51 (2) by such a notified body concerning battery due diligence policies implemented by suppliers in that chain in accordance with this Chapter. The economic operator may also use those third-party verification reports to assess, as appropriate, the due diligence practices of those suppliers.

4. The economic operator referred to in Article 48 (1) shall report the findings of the risk assessment referred to in paragraph 3 of this Article to its top management level to which responsibility has been assigned in accordance with Article 49 (1), point (c), and shall implement the strategy referred to in paragraph 1, point (b), of this Article.

Article 51 Third-party verification of battery due diligence policies

1. The notified body shall carry out third-party verifications. Such third-party verifications shall:

(a) cover all activities, processes and systems used by economic operators to fulfil their due diligence obligations in accordance with Articles 49, 50 and 52;

(b) have as their objective the determination of conformity of the due diligence practices of economic operators placing batteries on the market in accordance with Articles 49, 50 and 52;

(c) where relevant, include checks on undertakings and gather information from stakeholders;

(d) identify, for the economic operators that place batteries on the market, areas of potential improvement in relation to their due diligence practices;

(e) respect the audit principles of independence, competence and accountability, as set out in the OECD Due Diligence Guidance for Responsible Supply Chains of Minerals from Conflict-Affected and High-Risk Areas.

2. The notified body shall issue a verification report that records the activities undertaken in accordance with paragraph 1 of this Article and their outcomes. Where the battery due diligence policies referred to in Article 48 fulfil the obligations laid down in Articles 49, 50 and 52, the notified body shall issue an approval decision.

Article 52 Disclosure of information on battery due diligence policies

1. The economic operator referred to in Article 48 (1) shall make available upon request to Member States' market surveillance authorities or national authorities the verification report and approval decision issued in accordance with Article 51, the audit reports referred to in Article 48 (2) and available evidence of compliance with a due diligence scheme recognised by the Commission in accordance with Article 53.

2. The economic operator referred to in Article 48 (1) shall make available to its immediate downstream purchasers all relevant information gained and maintained pursuant to its battery due diligence policy, with due regard for business confidentiality and other competitive concerns.

3. The economic operator referred to in Article 48 (1) shall on an annual basis review and make publicly available, including on the internet, a report on its battery due diligence policy. That report shall contain, in a manner that is easily comprehensible for end-users and clearly identifies the batteries concerned, the data and information on steps taken by that economic operator to comply with the requirements laid down in Articles 49 and 50, including findings of significant adverse impacts in the risk categories listed in point 2 of Annex X, and how they have been addressed, as well as a summary report of the third-party verifications carried out in accordance with Article 51, including the name of the notified body, with due regard for business confidentiality and other competitive concerns. That report shall also cover, where relevant, access to information, public participation in decision-making and access to justice in environmental matters in relation to the sourcing, processing and trading of the raw materials present in batteries.

4. Where the economic operator referred to in Article 48 (1) can demonstrate that the raw materials listed in point 1 of Annex X, that are present in the battery are derived from recycled sources, it shall publicly disclose its conclusions in reasonable detail, with due regard for business confidentiality and other competitive concerns.

Article 53 Recognition of due diligence schemes

1. Governments, industry associations and groupings of interested organisations that have developed and oversee due diligence schemes ('scheme owners') may apply to have their due diligence schemes recognised by the Commission. The Commission is empowered to adopt implementing acts establishing the information requirements that the application for recognition is to contain. Those implementing acts shall be adopted in accordance with the examination procedure referred to in Article 90 (3).

2. Where, on the basis of the evidence and information provided pursuant to the paragraph 1 of this Article, the Commission determines that the due diligence scheme referred to in that paragraph, enables economic operators to meet the requirements laid down in Articles 48, 49, 50 and 52, it shall adopt an implementing act granting that scheme a recognition of equivalence with the requirements laid down in this Regulation. The OECD Centre for Responsible Business Conduct shall be consulted prior to the adoption of that implementing act. That implementing act shall be adopted in accordance with the examination procedure referred to in Article 90 (3).

When making a determination on the recognition of a due diligence scheme, the Commission shall take into account the diverse industry practices covered by that scheme and shall have regard to the risk-based approach and method used by that scheme to identify risks.

3. The Commission shall adopt delegated acts in accordance with Article 89 setting out the criteria and the methodology according to which the Commission is to determine, in accordance with paragraph 2 of this Article, whether due diligence schemes enable economic operators to meet the requirements laid down in Articles 48, 49, 50 and 52. The Commission shall also, as appropriate, periodically verify that recognised due diligence schemes continue to fulfil the criteria that led to a decision to grant recognition of equivalence pursuant to paragraph 2 of this Article.

4. The owner of a due diligence scheme for which the recognition of equivalence was granted in accordance with paragraph 2 shall inform the Commission without delay of any changes or updates made to that scheme. The Commission shall assess whether such changes or updates affect the recognition of equivalence of that scheme and take appropriate action.

5. If there is evidence of repeated or significant cases where economic operators implementing a scheme recognised in accordance with paragraph 2 of this Article have failed to meet the requirements laid down in Articles 48, 49, 50 and 52, the Commission shall examine, in consultation with the owner of the recognised due diligence scheme, whether those cases indicate deficiencies in the scheme.

6. Where the Commission identifies a failure to comply with the requirements laid down in Articles 48, 49, 50 and 52 or deficiencies in a recognised due diligence scheme, it may grant the scheme owner an appropriate period to take remedial action.

7. Where the scheme owner fails or refuses to take the necessary remedial action, and where the Commission has determined that the failure or deficiencies referred to in paragraph 6 of this Article compromise the ability of the economic operator referred to in Article 48 (1) implementing the scheme to comply with the requirements laid down in Articles 48, 49, 50 and 52 or where repeated or significant cases of non-compliance by economic operators implementing a scheme are due to deficiencies in the scheme, the Commission shall adopt an implementing act withdrawing the recognition of equivalence of the scheme. That implementing act shall be adopted in accordance with the examination procedure referred to in Article 90 (3).

8. The Commission shall establish and keep up-to-date a register of recognised due diligence schemes. That register shall be made publicly available on the internet.

CHAPTER Ⅷ Management of waste batteries

Article 54 Competent authority

1. Member States shall designate one or more competent authorities responsible for the obligations under this Chapter, in particular for monitoring and verifying fulfilment by producers and producer responsibility organisations of their obligations under this Chapter.

2. Each Member State may also designate one contact point, among the competent authorities referred to in paragraph 1, for the purpose of communicating with the Commission pursuant to paragraph 4.

3. Member States shall lay down the details of the competent authority's or authorities' organisation and operation, including the administrative and procedural rules for:

(a) the registration of producers in accordance with Article 55;

(b) the authorisation of producers and producer responsibility organisations in accordance with Article 58;

(c) the oversight of implementation of extended producer responsibility obligations in accordance with Article 57;

(d) the collection of data on batteries and waste batteries in accordance with Article 75;

(e) making information available in accordance with Article 76.

4. By 18 November 2025, Member States shall notify the Commission of the names and addresses of the competent authorities designated pursuant to paragraph 1. Member States shall inform the Commission without undue delay of any changes to the names or addresses of those competent authorities.

Article 55 Register of producers

1. Member States shall establish a register of producers which shall serve to monitor compliance of producers with the requirements of this Chapter.

2. Producers shall register in the register referred to in paragraph 1. They shall to that end submit an application for registration in each Member State where they make a battery available on the market for the first time.

Producers shall submit the application for registration via an electronic data-processing system as referred to in paragraph 9, point (a).

Producers shall only make available batteries, including those incorporated in appliances, light means of transport or other vehicles, on the market of a Member State, if they or, in the case of authorisation, their authorised representatives for extended producer responsibility, are registered in that Member State.

3. The application for registration shall include the following information:

(a) name, and brand names if available, under which the producer operates in the Member State and address of the producer, including postal code and place, street and number, country, telephone number, if any, web and email address, indicating a single contact point;

(b) national identification code of the producer, including its trade register number or equivalent official registration number and the European or national tax identification number;

(c) the category, or categories, of batteries that the producer intends to make available on the market for the first time within the territory of a Member State, namely portable batteries, industrial batteries, LMT batteries, electric vehicle batteries, or SLI batteries, and their chemistry;

(d) information on how the producer meets its responsibilities laid down in Article 56 and the requirements under Articles 59, 60 and 61, respectively:

(i) for portable batteries or LMT batteries, the requirements of point (d) shall be met by providing:

——information in written form on the measures put in place by the producer to fulfil the producer responsibility obligations laid down in Article 56, the measures put in place to fulfil the separate collection obligations laid down in Article 59 (1) or Article 60 (1) with regard to the amount of batteries the producer makes available on the market in the Member State, and on the system to ensure that the data reported to the competent authorities are reliable;

——where applicable, the name and contact details, including postal code and place, street and number, country, telephone number, web and email address and the national identification code of the producer responsibility organisation appointed by the producer to fulfil its extended producer responsibility obligations in accordance with Article 57 (1) and (2), including the trade register number or an equivalent official registration number and the European or national tax identification number of the producer responsibility organisation, and the represented producer's mandate;

(ii) for SLI batteries, industrial batteries and electric vehicle batteries, the requirements of point (d) shall be met by providing:

——information in written form on the measures put in place by the producer to fulfil the producer responsibility obligations laid down in Article 56, the measures put in place to fulfil the collection obligations laid down in Article 61 (1) with regard to the amount of batteries the producer makes available on the market in the Member State and on the system to ensure that the data reported to the competent authorities are reliable;

——where applicable, the name and contact details, including postal code and place, street and number, country, telephone number, web and email address and the national identification code of the producer responsibility organisation appointed by the producer to fulfil its extended producer responsibility obligations in accordance with Article 57 (1) and (2), including the trade register number or an equivalent official registration number and the European or national tax identification number of the producer responsibility organisation, and the represented producer's mandate.

(e) a statement by the producer or, where applicable, authorised representative for extended producer responsibility or the producer responsibility organisation appointed in accordance with Article 57 (1), stating that the information provided is true.

4. Without prejudice to paragraph 3 of this Article, the information laid down in point (d) of that paragraph shall be provided either in the application for registration under paragraph 3 of this Article or in the application for authorisation under Article 58. Such application for authorisation shall include at least information on either individual or collective fulfilment of the extended producer responsibility obligations.

5. Member States may request additional information or documents, as necessary, to use the register of producers in an efficient manner.

6. Where a producer has appointed a producer responsibility organisation in accordance with Article 57 (1), the obligations under this Article shall be met by that organisation mutatis mutandis unless otherwise specified by the Member State.

7. The obligations under this Article may be fulfilled on a producer's behalf by an authorised representative for extended producer responsibility.

Where obligations under this Article are fulfilled on a producer's behalf by an authorised representative for extended producer responsibility that represents more than one producer, in addition to the information required under paragraph 3, that authorised representative shall provide the name and the contact details for each of the represented producers separately.

8. Member States may decide that the registration procedure pursuant to this Article and the authorisation procedure pursuant to Article 58 constitute a single procedure, provided that the application meets the requirements laid down in paragraphs (3) to (7) of this Article.

9. The competent authority shall:

(a) make available on its website information about the application process via an electronic data-processing system;

(b) grant registrations and provide a registration number within a maximum period of 12 weeks from the moment that all the information required under paragraphs 2 and 3 is provided.

10. The competent authority may:

(a) lay down modalities with regard to the requirements and process of registration without adding substantive requirements to those laid down in paragraphs 2 and 3;

(b) charge cost-based and proportionate fees to producers for the processing of the applications referred to in paragraph 2.

11. The competent authority may refuse to register a producer or withdraw the producer's registration where the information referred to in paragraph 3 and related documentary evidence are not provided or are not sufficient, or where the producer no longer meets the requirements laid down in paragraph 3, point (d).

The competent authority shall withdraw the producer's registration if it has ceased to exist.

12. The producer, or, where applicable, authorised representative for extended producer responsibility or the producer responsibility organisation appointed on behalf of the producers it represents shall without undue delay notify the competent authority of any changes to the information contained in the registration and of any permanent cessation as regards the making available on the market within the territory of the Member State of the batteries referred

to in the registration.

13. Where the information in the register of producers is not publicly accessible, Member States shall ensure that providers of online platforms allowing consumers to conclude distance contracts with producers are granted access, free of charge, to the information in the register.

Article 56 Extended Producer Responsibility

1. Producers shall have extended producer responsibility for batteries that they make available on the market for the first time within the territory of a Member State. Such producers shall comply with the requirements of Articles 8 and 8a of Directive 2008/98/EC and of this Chapter.

2. An economic operator that makes available on the market for the first time within the territory of a Member State a battery that results from preparation for re-use, preparation for repurposing, repurposing or remanufacturing operations shall be considered to be the producer of such battery for the purposes of this Regulation and shall have extended producer responsibility.

3. A producer as defined in Article 3, point (47) (d) shall appoint an authorised representative for extended producer responsibility in each Member State in which it sells batteries. Such appointment shall be made by written mandate.

4. The financial contributions to be paid by the producer shall cover the following costs for the products that the producer makes available on the market in the Member State concerned:

(a) costs of separate collection of waste batteries and their subsequent transport and treatment, taking into account any revenues obtained from preparation for re-use or preparation for repurposing or from the value of secondary raw materials recovered from recycled waste batteries;

(b) costs of carrying out a compositional survey of collected mixed municipal waste in accordance with Article 69 (5);

(c) costs of providing information on prevention and management of waste batteries in accordance with Article 74;

(d) costs of data gathering and reporting to the competent authorities in accordance with Article 75.

5. In the case of making available batteries that have been subject to preparation for re-use, preparation for repurposing, repurposing or remanufacturing, both the producers of the original batteries and the producers of the batteries that are placed on the market as a result of those operations, may establish and adjust a cost sharing mechanism, based on the actual attribution of costs between the different producers, for the costs referred to in paragraph 4, points (a), (c) and (d) .

Where a battery referred to in paragraph 2 is subject to more than one extended producer responsibility, the first producer making that battery available on the market shall not bear additional costs as a result of the cost sharing mechanism referred to in the first subparagraph.

The Commission shall facilitate the exchange of information and sharing of best practices among Member States regarding such cost sharing mechanisms.

Article 57 Producer Responsibility Organisation

1. Producers may appoint a producer responsibility organisation authorised in accordance with Article 58 to fulfil the extended producer responsibility obligations on their behalf. Member States may adopt measures to make the appointment of a producer responsibility organisation mandatory. Such measures shall be justified on the basis of the specific characteristics of a given category of batteries placed on the market and related waste management characteristics.

2. In the case of a collective fulfilment of extended producer responsibility obligations, producer responsibility organisations shall ensure equal treatment of producers regardless of their origin or size, without placing a disproportionate burden on producers of small quantities of batteries, including small- and medium-sized enterprises. They

shall also ensure that the financial contributions paid to them by producers:

(a) are modulated in accordance with Article 8a (4), point (b), of Directive 2008/98/EC and as a minimum by battery category and battery chemistry, taking into account as appropriate the rechargeability, the level of recycled content in the manufacture of batteries and whether the batteries were subject to preparation for re-use, preparation for repurposing, repurposing or remanufacturing, and their carbon footprint; and

(b) are adjusted to take account of any revenues obtained by the producer responsibility organisations from preparation for re-use or preparation for repurposing or from the value of secondary raw materials recovered from recycled waste batteries.

3. Where, in a Member State, multiple producer responsibility organisations are authorised to fulfil extended producer responsibility obligations on behalf of producers, they shall ensure coverage across the whole territory of the Member State of the activities referred to in Article 59 (1), Article 60 (1) and Article 61 (1). Member States shall designate the competent authority or appoint an independent third party to ensure that producer responsibility organisations fulfil their obligations in coordinated manner.

4. Producer responsibility organisations shall ensure the confidentiality of the data in its possession as regards proprietary information or information directly attributable to individual producers or their authorised representatives for extended producer responsibility.

5. In addition to the information referred to in Article 8a (3), point (e), of Directive 2008/98/EC, producer responsibility organisations shall publish on their websites at least each year, subject to commercial and industrial confidentiality, the information on the rate of separate collection of waste batteries, recycling efficiencies and the levels of recovery of materials achieved by the producers which appointed the producer responsibility organisation.

6. In addition to the information referred to in paragraph 5, producer responsibility organisations shall make publicly available information on the selection procedure for waste management operators selected in accordance with paragraph 8.

7. Where necessary to avoid distortion of the internal market, the Commission is empowered to adopt an implementing act laying down criteria for the application of paragraph 2, point (a), of this Article. That implementing act shall not concern the precise determination of the level of the contributions and shall be adopted in accordance with the examination procedure referred to in Article 90 (3).

8. Waste management operators shall be subject to a non-discriminatory selection procedure, based on transparent award criteria, carried out by producers or producer responsibility organisations and which does not place a disproportionate burden on small- and medium-sized enterprises.

Article 58 Authorisation on fulfilment of extended producer responsibility

1. A producer, in the case of individual fulfilment of extended producer responsibility obligations, and producer responsibility organisations appointed in the case of collective fulfilment of extended producer responsibility obligations, shall apply for an authorisation on fulfilment of extended producer responsibility from the competent authority.

2. The authorisation shall be granted only where it is demonstrated:

(a) that requirements laid down in Article 8a (3), points (a) to (d), of the Directive 2008/98/EC are complied with and the measures put in place by the producer or producer responsibility organisation are sufficient to fulfil the obligations set out in this Chapter with regard to the amount of batteries made available on the market for the first time within the territory of a Member State by the producer or producers on whose behalf the producer responsibility organisation acts; and

(b) by providing documentary evidence, that the requirements of Article 59 (1) and (2) or the requirements of Article 60 (1), (2) and (4), are complied with and that all the arrangements are in place to make it possible to attain and maintain durably at least the collection target referred to in Article 59 (3) and Article 60 (3), respectively.

3. Member States shall, in their measures laying down administrative and procedural rules referred to in Article 54 (3), point (b), include the details of the authorisation procedure, which may differ according to whether it relates to individual or collective fulfilment of the extended producer responsibility obligations, and the modalities for verifying compliance of producers or producer responsibility organisations, including the information to be provided by producers or producer responsibility organisations to that end. The authorisation procedure shall include requirements on the verification of the arrangements put in place to ensure compliance with the requirements laid down in Article 59 (1) and (2) and in Article 60 (1), (2) and (4), and timeframes for the verification, which shall not exceed 12 weeks from the submission of a complete application dossier. The verification may be carried out by an independent expert, which shall issue a verification report on the result of verification.

4. The producer or the producer responsibility organisations shall notify the competent authority without undue delay of any changes to the information contained in the authorisation, of any changes that concern the terms of the authorisation or of the permanent cessation of operations.

5. The self-control mechanism provided for in Article 8a (3), point (d), of Directive 2008/98/EC shall be carried out regularly, and at least every three years, and upon request by the competent authority, in order to verify that the provisions in that point are complied with and the conditions for authorisation referred to in paragraph 2 of this Article continue to be met. The producer or the producer responsibility organisation shall, upon request, present a self-control report and, where necessary, the draft corrective action plan to the competent authority. Without prejudice to the competencies under paragraph 6 of this Article, the competent authority may make observations on the self-control report and on the draft corrective action plan, and shall communicate any such observations to the producer or the producer responsibility organisation. The producer or the producer responsibility organisation shall draw up and implement the corrective action plan based on those observations.

6. The competent authority may decide to revoke the authorisation if collection targets laid down in Article 59 (3) or Article 60 (3) are not met or the producer or producer responsibility organisation no longer meets the requirements with regard to the organisation of the collection and treatment of waste batteries or fails in relation to reporting to the competent authority or fails to notify it of any changes that concern the terms of the authorisation, or has ceased operations.

7. A producer, in the case of individual fulfilment of extended producer responsibility obligations, and producer responsibility organisations appointed in the case of collective fulfilment of extended producer responsibility, shall provide a guarantee intended to cover the costs related to waste management operations due by the producer, or the producer responsibility organisation, in the event of non-compliance with the extended producer responsibility obligations, including in the event of permanent cessation of their operations or insolvency. Member States may specify additional requirements concerning such guarantee. In the case of a state-run producer responsibility organisation, such guarantee may be provided otherwise than by the organisation itself and may take the form of a public fund that is financed by producers' fees and for which the Member State running the organisation is jointly and severally liable.

Article 59 Collection of waste portable batteries

1. Producers of portable batteries or, where appointed in accordance with Article 57 (1), producer responsibility organisations, shall ensure that all waste portable batteries, regardless of their nature, chemical composition, condition, brand or origin, are collected separately in the territory of a Member State where they make portable batteries available on the market for the first time. For that purpose they shall:

(a) establish a waste portable battery take-back and collection system;

(b) offer the collection of waste portable batteries, free of charge, to the entities referred to in paragraph 2, point (a), and provide for the collection of waste portable batteries from all entities that have made use of that offer ('connected collection points for waste portable batteries');

(c) provide for the necessary practical arrangements for collection and transport of waste portable batteries, including the provision, free of charge, of suitable collection and transport containers meeting the requirements of Directive 2008/68/EC of the European Parliament and of the Council①, to the connected collection points for waste portable batteries;

(d) collect, free of charge, the waste portable batteries collected at the connected collection points, with a frequency that is proportionate to the area covered and the volume and hazardous nature of the waste portable batteries usually collected through the connected collection points for waste portable batteries;

(e) collect, free of charge, the waste portable batteries removed from waste electrical and electronic equipment, with a frequency that is proportionate to the volume and hazardous nature of the waste portable batteries;

(f) ensure that the waste portable batteries collected from the connected collection points for waste portable batteries and removed from waste electrical and electronic equipment are subsequently subject to treatment in a permitted facility by a waste management operator in accordance with Article 70.

2. Producers of portable batteries or, where appointed in accordance with Article 57 (1), producer responsibility organisations, shall ensure that the waste portable battery take-back and collection system:

(a) consists of collection points set up by them in cooperation with one or more of the following:

(i) distributors in accordance with Article 62;

(ii) end-of-life vehicle treatment facilities subject to Directive 2000/53/EC;

(iii) public authorities, or third parties carrying out waste management on their behalf, in accordance with Article 66;

(iv) voluntary collection points in accordance with Article 67;

(v) waste electrical and electronic equipment treatment facilities subject to Directive 2012/19/EU; and

(b) covers the whole territory of the Member State taking into account population size and density, expected volume of waste portable batteries, accessibility for and proximity to end-users, not being limited to areas where the collection and subsequent management of waste portable batteries is profitable.

3. Producers of portable batteries or, where appointed in accordance with Article 57 (1), producer responsibility organisations, shall attain, and maintain durably, at least the following collection targets for waste portable batteries:

(a) 45% by 31 December 2023;

(b) 63% by 31 December 2027;

(c) 73% by 31 December 2030.

4. End-users shall be able to discard waste portable batteries at collection points referred to in paragraph 2, point (a), and shall not be charged or be obliged to buy a new battery or to have bought the portable battery from the producers who set up the collection points.

5. Collection points set up in accordance with paragraph 2, points (a) (i), (iii) and (iv), shall not be subject to the registration or permit requirements of Directive 2008/98/EC.

6. Member States may adopt measures to require that the collection points referred to in paragraph 2, point (a), of this Article may collect waste portable batteries only if they have concluded a contract with the producers or, where appointed in accordance with Article 57 (1), producer responsibility organisations.

7. In view of the expected development of the market and increase of the expected lifetime of rechargeable port-

---

① Producers or, where appointed in accordance with Article 57(1), producer responsibility organisations, shall calculate the collection rate referred to in this paragraph in accordance with Annex XI.

able batteries, and in order to better ascertain the actual volume of waste portable batteries available for collection, the Commission is empowered to adopt, by 18 August 2027 delegated acts in accordance with Article 89 to amend the methodology to calculate the collection rate of portable batteries set out in Annex XI and to amend the collection target laid down in paragraph 3 of this Article to adapt that collection target to the new methodology while maintaining equivalent ambition and timelines.

Article 60 Collection of waste LMT batteries

1. Producers of LMT batteries or, where appointed in accordance with Article 57 (1), producer responsibility organisations, shall ensure that all waste LMT batteries, regardless of their nature, chemical composition, condition, brand or origin, are collected separately in the territory of a Member State where they make batteries available on the market for the first time. For that purpose they shall:

(a) establish a waste LMT battery take back and collection system;

(b) offer the collection of waste LMT batteries, free of charge, to the entities referred to in paragraph 2, point (a), and provide for the collection of waste LMT batteries from all entities that have made use of that offer ('connected collection points for LMT batteries');

(c) provide for the necessary practical arrangements for collection and transport of waste LMT batteries, including the provision, free of charge, of suitable collection and transport containers meeting the requirements of Directive 2008/68/EC, to the connected collection points for LMT batteries;

(d) collect, free of charge, the waste LMT batteries collected at the connected collection points for LMT batteries, with a frequency that is proportionate to the area covered and the volume and hazardous nature of the waste LMT batteries usually collected at those collection points;

(e) collect, free of charge, the waste LMT batteries removed from waste electrical and electronic equipment, with a frequency that is proportionate to the volume and hazardous nature of the waste LMT batteries;

(f) ensure that the waste LMT batteries collected from the connected collection points for LMT batteries and removed from waste electrical and electronic equipment are subsequently subject to treatment in a permitted facility by a waste management operator in accordance with Article 70.

2. Producers of LMT batteries or, where appointed in accordance with Article 57 (1), producer responsibility organisations, shall ensure that the take back and collection system for waste LMT batteries:

(a) consists of collection points set up by them in cooperation with one or more of the following:

(i) distributors in accordance with Article 62;

(ii) end-of-life vehicle treatment facilities subject to Directive 2000/53/EC;

(iii) public authorities, or third parties carrying out waste management on their behalf, in accordance with Article 66;

(iv) voluntary collection points in accordance with Article 67;

(v) waste electrical and electronic equipment treatment facilities subject to Directive 2012/19/EU; and

(b) covers the whole territory of the Member State taking into account population size and density, expected volume of waste LMT batteries, accessibility for and proximity to end-users, not being limited to areas where the collection and subsequent management of waste LMT batteries is profitable.

3. Producers of LMT batteries or, where appointed in accordance with Article 57 (1), producer responsibility organisations, shall attain, and maintain durably, at least the following collection targets of waste LMT batteries:

(a) 51% by 31 December 2028;

(b) 61% by 31 December 2031.

Producers of LMT batteries or, where appointed in accordance with Article 57 (1), producer responsibility organisations shall calculate the collection rate referred to in this paragraph in accordance with Annex XI.

4. Producers of LMT batteries or, where appointed in accordance with Article 57 (1), producer responsibility

organisations, shall:

(a) set up the collection points referred to in paragraph 2, point (a), with suitable collection infrastructure for the separate collection of waste LMT batteries meeting the applicable safety requirements and cover the necessary costs incurred by those collection points in relation to the take back activities; the containers for collection and temporary storage of such waste batteries at the collection points shall be suitable in view of the volume and hazardous nature of waste LMT batteries that are likely to be collected through those collection points;

(b) collect waste LMT batteries from the collection points referred to in paragraph 2, point (a), with a frequency that is proportionate to the storage capacity of the separate collection infrastructure and the volume and hazardous nature of waste batteries that are usually collected through those collection points; and

(c) provide for the delivery of waste LMT batteries collected from the collection points referred to in paragraph 2, point (a), of this Article to permitted facilities for treatment in accordance with Articles 70 and 73.

5. End-users shall be able to discard waste LMT batteries at collection points referred to in paragraph 2, point (a), and shall not be charged or be obliged to buy a new battery or to have bought the LMT battery from the producers who set up the collection points.

6. Collection points set up in accordance with paragraph 2, points (a) (i), (iii) and (iv), shall not be subject to the registration or permit requirements of Directive 2008/98/EC.

7. Member States may adopt measures to require that the collection points referred to in paragraph 2, point (a), of this Article may collect waste LMT batteries only if they have concluded a contract with the producers or, where appointed in accordance with Article 57 (1), producer responsibility organisations.

8. In view of the expected development of the market and increase of the expected lifetime of LMT batteries, and in order to better ascertain the actual volume of waste LMT batteries available for collection, the Commission is empowered to adopt, by 18 August 2027, delegated acts in accordance with Article 89 to amend the methodology to calculate the collection rate of waste LMT batteries set out in Annex XI and to amend the collection target laid down in paragraph 3 of this Article to adapt the collection target to the new methodology while maintaining equivalent ambition and timelines.

Article 61　Collection of waste SLI batteries, waste industrial batteries and waste electric vehicle batteries

1. Producers of SLI batteries, industrial batteries and electric vehicle batteries or, where appointed in accordance with Article 57 (1), producer responsibility organisations, shall take back, free of charge and without an obligation on the end- user to buy a new battery, nor to have bought the battery from them, and shall ensure that all waste SLI batteries, waste industrial batteries and waste electric vehicle batteries regardless of their nature, chemical composition, condition, brand, or origin of the respective category that they have made available on the market for the first time in the territory of that Member State are collected separately. For that purpose, they shall accept to take back waste SLI batteries, waste industrial batteries and waste electric vehicle batteries from end-users, or from take-back and collection systems which include collection points set up by them in cooperation with:

(a) distributors of SLI batteries, industrial batteries and electric vehicle batteries in accordance with Article 62 (1);

(b) operators carrying out remanufacturing or repurposing of SLI batteries, industrial batteries and electric vehicle batteries;

(c) waste electrical and electronic equipment and end-of-life vehicle treatment facilities referred to in Article 65 for the waste SLI batteries, waste industrial batteries and waste electric vehicle batteries arising from their operations;

(d) public authorities or third parties carrying out waste management on their behalf in accordance with Article 66.

Member States may adopt measures to require that the entities referred to in the first subparagraph, points (a) to (d), may collect waste SLI batteries, waste industrial batteries and waste electric vehicle batteries only if they have concluded a contract with the producers or, where appointed in accordance with Article 57 (1), producer responsibility organisations.

Where waste industrial batteries require prior dismantling at the premises of private, non-commercial users, the obligation of the producer to take back those waste batteries shall not result in any costs related to the dismantling and collection of those waste batteries being borne by those users.

2. The take-back arrangements put in place in accordance with paragraph 1 shall cover the whole territory of a Member State taking into account population size and density, expected volume of waste SLI batteries, waste industrial batteries and waste electric vehicle batteries, accessibility for and proximity to end-users, not being limited to areas where the collection and subsequent management of waste SLI batteries, waste industrial batteries and waste electric vehicle batteries is profitable.

3. Producers of SLI batteries, industrial batteries and electric vehicle batteries or, where appointed in accordance with Article 57 (1), producer responsibility organisations, shall:

(a) provide the take back and collection systems referred to in paragraph 1 with suitable collection infrastructure for the separate collection of waste SLI batteries, waste industrial batteries and waste electric vehicle batteries meeting the applicable safety requirements, and cover the necessary costs incurred by those take back and collection systems in relation to the take back activities; the containers for collection and temporary storage of such waste batteries at the take back and collection systems shall be suitable in view of the volume and hazardous nature of waste SLI batteries, waste industrial batteries and waste electric vehicle batteries that are likely to be collected through those collection points;

(b) collect waste SLI batteries, waste industrial batteries and waste electric vehicle batteries from the take back and collection systems referred to in paragraph 1 with a frequency that is proportionate to the storage capacity of the separate collection infrastructure and the volume and hazardous nature of waste batteries that are usually collected through those take back and collection systems; and

(c) provide for the delivery of waste SLI batteries, waste industrial batteries and waste electric vehicle batteries collected from end-users and from the take back and collection systems referred to in paragraph 1 of this Article to permitted facilities for treatment in accordance with Articles 70 and 73.

4. The entities referred to in paragraph 1, points (a) to (d), of this Article may hand over collected waste SLI batteries, waste industrial batteries and waste electric vehicle batteries to waste management operators selected in accordance with Article 57 (8) with a view to their treatment in accordance with Article 70. In such cases, the obligation of producers pursuant to paragraph 3, point (c), of this Article shall be deemed to be met.

Article 62 Obligations of distributors

1. Distributors shall take back waste batteries from the end-user free of charge and without imposing an obligation on the end-user to buy or to have bought a new battery, regardless of their chemical composition, brand or origin as follows:

(a) for waste portable batteries, at or in the immediate vicinity of the distributor's retail outlet;

(b) for waste LMT batteries, waste SLI batteries, waste industrial batteries and waste electric vehicle batteries, at or in the vicinity of the distributor's retail outlet.

2. The take back obligation laid down in paragraph 1:

(a) shall not apply to waste products containing batteries;

(b) shall be limited to the categories of waste batteries which the distributor has or had as batteries in its offer and, for waste portable batteries, to the quantity that non-professional end-users normally discard.

3. Distributors shall hand over waste batteries that they have taken back to the producers or producer responsi-

bility organisations who are responsible for collecting those waste batteries in accordance with Articles 59, 60 and 61 respectively, or to a waste management operator selected in accordance with Article 57 (8) with a view to their treatment in accordance with Article 70.

4. The obligations under this Article shall apply mutatis mutandis to distributors that supply batteries by means of distance contracts to end-users. Those distributors shall provide for a sufficient number of collection points covering the whole territory of a Member State and taking into account population size and density, expected volume of waste portable batteries, waste LMT batteries, waste SLI batteries, waste industrial batteries and waste electric vehicle batteries respectively, and accessibility for and proximity to end-users, allowing end-users to return batteries.

5. In the case of sales with delivery, distributors shall offer to take back waste portable batteries, waste LMT batteries, waste industrial batteries, waste SLI batteries and waste electric vehicle batteries free of charge at the point of delivery to the end-user or at a local collection point. The end-user shall be informed when ordering a battery of the take back arrangements for a waste battery.

6. For the purposes of compliance with Article 30 (1), points (d) and (e), of Regulation (EU) 2022/2065, providers of online platforms, falling within the scope of Section 4 of Chapter Ⅲ of that Regulation, that allow consumers to conclude distance contracts with producers shall obtain the following information from producers offering batteries, including batteries incorporated in appliances, light means of transport or other vehicles, to consumers located in the Union:

(a) details concerning the register of producers referred to in Article 55 and the producer's registration number or registration numbers in that register;

(b) a self-certification by the producer committing to only offer batteries, including those incorporated in appliances, light means of transport or other vehicles, with regard to which the extended producer responsibility requirements referred to in Article 56 (1), (2), (3) and (4), Article 57 (1) and Article 58 (1), (2) and (7) are complied with.

Article 63 Deposit return systems for batteries

By 31 December 2027, the Commission shall assess the feasibility and potential benefits of establishment of deposit return systems for batteries, in particular for portable batteries of general use. To that end, the Commission shall submit a report to the European Parliament and to the Council and consider taking appropriate measures, including the adoption of legislative proposals.

Article 64 Obligations of end-users

1. End-users shall discard waste batteries separately from other waste streams, including from mixed municipal waste.

2. End-users shall discard waste batteries in designated separate collection points set up by, or in accordance with the specific arrangements concluded with, the producer or a producer responsibility organisation, in accordance with Articles 59, 60 and 61.

Article 65 Obligations of operators of treatment facilities

1. Operators of treatment facilities subject to Directives 2000/53/EC or 2012/19/EU shall hand over waste batteries resulting from the treatment of end-of-life vehicles or waste electrical and electronic equipment to producers of the relevant category of batteries or, where appointed in accordance with Article 57 (1), producer responsibility organisations, or to waste management operators selected in accordance with Article 57 (8) with a view to their treatment in accordance with Article 70.

2. The operators of treatment facilities referred to in paragraph 1 shall keep records of those handover transactions.

Article 66 Participation of public waste management authorities

1. Waste batteries originating from private, non-commercial end-users may be discarded in separate collection

points set up by public waste management authorities.

2. Public waste management authorities shall ensure that collected waste batteries are treated in accordance with Article 70, either by:

(a) handing them over to producers of the relevant category of batteries or, where appointed in accordance with Article 57 (1), to producer responsibility organisations, or to waste management operators selected in accordance with Article 57 (8); or

(b) carrying out the treatment of the collected waste batteries themselves in accordance with Article 68 (2).

Article 67 Participation of voluntary collection points

1. Voluntary collection points for waste portable batteries shall hand over collected waste portable batteries to the producers of portable batteries or third parties acting on their behalf, including producer responsibility organisations, or to waste management operators selected in accordance with Article 57 (8) with a view to their treatment in accordance with Article 70.

2. Voluntary collection points for waste LMT batteries shall hand over collected waste LMT batteries to the producers of LMT batteries or third parties acting on their behalf, including producer responsibility organisations, or to waste management operators selected in accordance with Article 57 (8) with a view to their treatment in accordance with Article 70.

Article 68 Restrictions regarding handover of waste portable batteries and waste LMT batteries

1. Member States may restrict the ability of distributors, operators of waste treatment facilities referred to in Article 65, public waste management authorities referred to in Article 66 and voluntary collection points referred to in Article 67 to hand over collected waste portable batteries and waste LMT batteries either to producers or producer responsibility organisations, or to a waste management operator to carry out treatment in accordance with Article 70. Member States shall ensure that such restrictions do not have an adverse impact on the collection and recycling systems.

2. Member States may also adopt measures to allow public waste management authorities referred to in Article 66 to carry out treatment in accordance with Article 70 themselves.

Article 69 Obligations for Member States regarding collection targets for waste portable batteries and waste LMT batteries

1. Member States shall adopt the necessary measures for the achievement by producers or, where appointed in accordance with Article 57 (1), producer responsibility organisations, of the collection targets laid down in Article 59 (3), first subparagraph, points (a), (b) and (c), with regard to waste portable batteries, and laid down in Article 60 (3), first subparagraph, points (a) and (b), with regard to waste LMT batteries.

2. In particular, Member States shall regularly, at least once a year, monitor producers' or, where appointed in accordance with Article 57 (1), producer responsibility organisations' collection rates to verify that they have taken adequate measures to achieve the collection targets laid down in Article 59 (3), first subparagraph, points (a), (b) and (c) with regard to waste portable batteries, and laid down in Article 60 (3), first subparagraph, points (a) and (b) with regard to waste LMT batteries. Such monitoring shall be based in particular on the information reported to the competent authorities in accordance with Article 75 and shall include the verification of that information, and of whether the producer has complied with the calculation methodology set out in Annex XI and the results of the compositional survey referred to in paragraph 5 of this Article and any other information available to the Member State.

3. Where, on the basis of the monitoring referred to in paragraph 2 of this Article, a Member State finds that

a producer or, where appointed in accordance with Article 57 (1), a producer responsibility organisation, has not taken measures consistent with the achievement of the collection targets laid down in Article 59 (3), first subparagraph, points (a), (b) and (c) with regard to waste portable batteries, or laid down in Article 60 (3), first subparagraph, points (a) and (b) with regard to waste LMT batteries, the competent authority of that Member State shall request that producer or producer responsibility organisation to take appropriate corrective action ensuring that it can achieve the collection targets laid down in either of those Articles, as applicable.

4. Without prejudice to the self-control mechanism referred to in Article 58 (5), the producer or, where appointed in accordance with Article 57 (1), producer responsibility organisation shall present a draft corrective action plan to the competent authority within three months of the request by the competent authority referred to in paragraph 3 of this Article. That competent authority may make observations on the draft plan, and shall communicate any such observations to the producer or the producer responsibility organisation within one month of the reception of the draft corrective action plan.

Where the competent authority communicates its observations on the draft corrective action plan, the producer or the producer responsibility organisations shall, within one month of receipt of those observations, draw up the corrective action plan, taking into account those observations, and shall implement it accordingly.

The content of the corrective action plan and the compliance with it by the producer or the producer responsibility organisation shall be taken into account when evaluating whether the conditions for the registration laid down in Article 55 and, where applicable, the authorisation laid down in Article 58 continue to be met.

5. By 1 January 2026 and every five years thereafter, Member States shall carry out a compositional survey of collected mixed municipal waste and waste electrical and electronic equipment streams for the preceding calendar year to determine the share of waste portable batteries and waste LMT batteries therein. On the basis of those surveys, the competent authorities may require that the producers of portable batteries, producers of LMT batteries or, where appointed in accordance with Article 57 (1), the respective producer responsibility organisations take corrective action to increase their network of connected collection points and carry out information campaigns in accordance with Article 74 (1).

Article 70 Treatment

1. Collected waste batteries shall not be disposed of or be the subject of an energy recovery operation.

2. Without prejudice to Directive 2010/75/EU, permitted facilities shall ensure that treatment for waste batteries complies, as a minimum, with Part A of Annex XII to this Regulation and with best available techniques defined in Article 3, point (10), of Directive 2010/75/EU.

3. Where batteries are collected while still incorporated in a waste appliance, a waste light means of transport or an end-of-life vehicle, they shall be removed from the waste appliance, waste light means of transport or end-of-life vehicle in accordance with, where applicable, the requirements laid down in Directives 2000/53/EC or 2012/19/EU.

4. The Commission is empowered to adopt delegated acts in accordance with Article 89 to amend the treatment requirements for waste batteries set out in Part A of Annex XII in light of technical and scientific progress and emerging new technologies in waste management.

5. Member States may set up incentive schemes for economic operators that achieve higher rates than the targets set out in Parts B and C of Annex XII for recycling efficiency and recovery of materials respectively.

Article 71 Targets for recycling efficiency and recovery of materials

1. Each permitted facility shall ensure that all waste batteries made available to that facility are accepted and undergo preparation for re-use, preparation for repurposing or recycling.

2. Recyclers shall ensure that recycling achieves the targets for recycling efficiency and the targets for recovery of materials set out in Parts B and C of Annex XII respectively.

3. The rates for recycling efficiency and recovery of materials shall be calculated in accordance with the rules laid down in a delegated act adopted pursuant to paragraph 4 of this Article.

4. The Commission shall, by 18 February 2025, adopt a delegated act in accordance with Article 89 to supplement this Regulation by establishing the methodology for calculation and verification of rates for recycling efficiency and recovery of materials, in accordance with Part A of Annex XII, and the format for the documentation.

5. By 18 August 2026 and at least every five years thereafter, the Commission shall assess whether, due to market developments, in particular concerning battery technologies impacting the type of materials recovered and the existing and forecasted availability of cobalt, copper, lead, lithium or nickel or the lack thereof, and in view of technical and scientific progress, it is appropriate to revise the targets for recycling efficiency and recovery of materials set out in Parts B and C of Annex XII. Where justified and appropriate on the basis of that assessment, the Commission is empowered to adopt a delegated act in accordance with Article 89 to amend the targets for recycling efficiency and recovery of materials set out in Parts B and C of Annex XII.

6. Where appropriate due to market developments impacting the type of materials that can be recovered and in light of technical and scientific progress, including emerging new technologies in waste management, the Commission is empowered to adopt delegated acts in accordance with Article 89, to amend Part C of Annex XII, by adding further materials with specific targets for recovery of material per specific material, and Part B of Annex XII, by adding further battery chemistries with specific targets for recycling efficiency.

Article 72 Shipment of waste batteries

1. Treatment may be undertaken outside the Member State concerned or outside the Union, provided that the shipment of waste batteries or fractions thereof, is in compliance with Regulations (EC) No 1013/2006 and (EC) No 1418/2007.

2. In order to distinguish between used batteries and waste batteries, the competent authorities of Member States may inspect shipments of used batteries suspected to be waste batteries for compliance with the minimum requirements set out in Annex XIV and monitor such shipments accordingly.

Where the competent authorities in a Member State establish that an intended shipment of used batteries consists of waste batteries, the costs of appropriate analyses, inspections and storage of the used batteries suspected to be waste may be charged to the producers of the relevant category of batteries, to third parties acting on their behalf or to other persons arranging the shipment. The Commission is empowered to adopt delegated acts in accordance with Article 89, supplementing the minimum requirements set out in Annex XIV, in particular on the state of health, to distinguish between the shipment of used batteries and waste batteries.

3. Waste batteries or fractions thereof exported from the Union in accordance with paragraph 1 of this Article shall only count towards the fulfilment of obligations, efficiencies and targets laid down in Articles 70 and 71 if the exporter of the waste batteries or fractions thereof provides documentary evidence approved by the competent authority of destination that the treatment took place in conditions that are equivalent to those required by this Regulation and in accordance with other Union law regarding human health and environmental protection.

4. The Commission is empowered to adopt a delegated act in accordance with Article 89, to lay down detailed rules supplementing those in paragraph 3 of this Article, by laying down the criteria for the assessment of equivalent conditions.

Article 73 Preparation for re-use or preparation for repurposing of waste LMT batteries, waste industrial batteries and waste electric vehicle batteries

1. In order to document that a waste LMT battery, waste industrial battery and waste electric vehicle battery subject to preparation for re-use or preparation for repurposing, is no longer waste, the battery holder shall demonstrate the following upon request by a competent authority:

(a) evidence of a state of health evaluation or state of health testing carried out in a Member State in the form of a copy of the record confirming the capability of the battery to deliver the performance relevant for its use following preparation for re-use or preparation for repurposing;

(b) further use of the battery that has been subject to preparation for re-use or preparation for repurposing, is documented by means of an invoice or a contract for the sale or transfer of ownership of the battery;

(c) evidence of appropriate protection against damage during transportation, loading and unloading, including through sufficient packaging and appropriate stacking of the load.

2. The information referred to in paragraph 1, point (a), shall be made available to end-users and third parties acting on their behalf, on equal terms and conditions, as part of the documentation accompanying the battery referred to in paragraph 1 when placed on the market or put into service.

3. The provision of information in accordance with paragraphs 1 and 2 shall be without prejudice to obligations to preserve the confidentiality of commercially sensitive information under the relevant Union and national law.

4. The Commission is empowered to adopt an implementing act establishing detailed technical and verification requirements that waste LMT batteries, waste industrial batteries or waste electric vehicle batteries are to fulfil to cease being waste. That implementing act shall be adopted in accordance with the examination procedure referred to in Article 90 (3).

Article 74 Information on prevention and management of waste batteries

1. In addition to the information referred to in Article 8a (2) of Directive 2008/98/EC, producers or, where appointed in accordance with Article 57 (1), producer responsibility organisations shall make available to end-users and distributors the following information regarding the prevention and management of waste batteries with regard to the categories of batteries that they supply within the territory of a Member State:

(a) the role of end-users in contributing to waste prevention, including by information on good practices and recommendations concerning the use of batteries aimed at extending their use phase and the possibilities of re-use, preparation for re-use, preparation for repurposing, repurposing and remanufacturing;

(b) the role of end-users in contributing to the separate collection of waste batteries in accordance with their obligations under Article 64 to allow their treatment;

(c) the separate collection, take-back and collection points, preparation for re-use, preparation for repurposing and treatment available for waste batteries;

(d) the necessary safety instructions to handle waste batteries, including in relation to the risks associated with, and the handling of, batteries containing lithium;

(e) the meaning of the labels and symbols on batteries in accordance with Article 13 or printed on their packaging or in the documents accompanying batteries; and

(f) the impact of substances, in particular hazardous substances, present in batteries on the environment and on human health or the safety of persons, including the impact due to inappropriate discarding of waste batteries, such as littering or discarding as unsorted municipal waste.

That information shall be made available:

(a) at regular time intervals for each battery model from the moment the battery model concerned is being made available on the market for the first time in a Member State, as a minimum at the point of sale in a visible manner and through online platforms;

(b) in a language or languages which can be easily understood by end-users, as determined by the Member State in which the battery is to be made available on the market.

2. Producers shall make available to distributors and operators referred to in Articles 62, 65 and 66 and other waste management operators carrying out preparation for re-use, preparation for repurposing, or treatment, information regarding the safety and protective measures, including on occupational safety, applicable to the storage and collection of waste batteries.

3. From the moment that a battery is supplied within the territory of a Member State producers shall make available electronically, free of charge and upon request, to waste management operators carrying out preparation for re-use, preparation for repurposing or treatment, as far as it is needed by those operators to carry out those activities, the following battery model specific information regarding the proper and environmentally sound treatment of waste batteries:

(a) the processes for the dismantling of light means of transport, vehicles and appliances in a way that allows the removal of incorporated batteries;

(b) the safety and protective measures, including as regards occupational safety and fire protection, applicable to the storage, transport, and the treatment processes for waste batteries.

The information referred to in points (a) and (b) of the first subparagraph shall identify the components and materials and the location of all hazardous substances in a battery, as far as it is needed by operators carrying out preparation for re-use, preparation for repurposing or treatment, in order to enable them to comply with the requirements of this Regulation.

That information shall be made available in a language or languages, which can be easily understood by the operators mentioned in the first subparagraph, as determined by the Member State on whose market the battery is to be made available.

4. Distributors that supply batteries to end-users shall permanently provide in their retail premises in an easily accessible and clearly visible manner for the end-users of the batteries, the information referred to in paragraphs 1 and 2, and information on how the end-users may return waste batteries free of charge to the respective collection points established at retail outlets or on behalf of an online platform. That obligation shall be limited to the categories of batteries which the distributor or retailer has, or had, as new batteries in its offer.

Distributors shall provide the information referred to in paragraphs 1 and 2 also when they sell their products through online platforms that allow consumers to conclude distance contracts with traders.

5. The costs covered by the producer under Article 56 (4), points (a) to (d), shall be shown separately to the end-user at the point of sale of a new battery.

6. Producers of the relevant category of batteries or producer responsibility organisations shall conduct awareness campaigns and offer incentives to encourage end-users to discard waste batteries in a manner that is in line with the information made available to end-users regarding the prevention and management of waste batteries in accordance with paragraph 1.

7. Where information is provided publicly to end-users under this Article, the confidentiality of commercially sensitive information in conformity with the relevant Union and national law shall be preserved.

Article 75 Minimum requirements for reporting to the competent authorities

1. Producers of portable batteries and producers of LMT batteries or, where appointed in accordance with Article 57 (1), producer responsibility organisations shall report to the competent authority, for each calendar year, at least the following information according to the chemistry and category of batteries and waste batteries:

(a) the amount of portable batteries and LMT batteries made available on the market for the first time in the territory of a Member State, excluding batteries that have left the territory of that Member State in that year, before being sold to end-users;

(b) the amount of portable batteries of general use made available on the market for the first time in the territory of a Member State, excluding portable batteries of general use that have left the territory of that Member State in that year, before being sold to end-users;

(c) the amount of waste portable batteries and waste LMT batteries collected in accordance with Articles 59 and 60, respectively;

(d) the collection rate reached by the producer or producer responsibility organisation for waste portable batteries and waste LMT batteries;

(e) the amount of collected waste portable batteries and waste LMT batteries delivered to permitted facilities for treatment;

(f) the amount of collected waste portable batteries and waste LMT batteries exported to third countries for treatment, preparation for re-use or preparation for repurposing;

(g) the amount of collected waste portable batteries and waste LMT batteries delivered to permitted facilities for preparation for re-use or preparation for repurposing.

Where waste management operators other than producers or, where appointed in accordance with Article 57 (1), producer responsibility organisations, collect waste portable batteries or waste LMT batteries from distributors or other collection points for waste portable batteries or waste LMT batteries, they shall report to the competent authority for each calendar year the amount of waste portable batteries and waste LMT batteries collected according to their chemistry.

2. Producers of SLI batteries, industrial batteries and electric vehicle batteries or where appointed in accordance with Article 57 (1) producer responsibility organisations, shall report to the competent authority for each calendar year the following information, according to chemistries and categories of waste batteries:

(a) the amount of SLI batteries, industrial batteries and electric vehicle batteries made available on the market for the first time in a Member State, excluding batteries that have left the territory of that Member State in that year, before being sold to end-users;

(b) the amount of collected waste SLI batteries, waste industrial batteries and waste electric vehicle batteries delivered to permitted facilities for preparation for re-use or preparation for repurposing;

(c) the amount of collected waste SLI batteries, waste industrial batteries and waste electric vehicle batteries delivered to permitted facilities for treatment;

(d) the amount of collected waste SLI batteries, waste industrial batteries and waste electric vehicle batteries exported to third countries for preparation for re-use, preparation for repurposing or for treatment.

3. Where waste management operators collect waste batteries from distributors or other collection points for waste SLI batteries, waste industrial batteries and waste electric vehicle batteries or from end-users, they shall report to the competent authority for each calendar year the following information according to chemistries and categories of waste batteries:

(a) the amount of waste SLI batteries, waste industrial batteries and waste electric vehicle batteries collected;

(b) the amount of collected waste SLI batteries, waste industrial batteries and waste electric vehicle batteries delivered to permitted facilities for preparation for re-use or preparation for repurposing;

(c) the amount of collected waste SLI batteries, waste industrial batteries and waste electric vehicle batteries delivered to permitted facilities for treatment;

(d) the amount of collected waste SLI batteries, waste industrial batteries and waste electric vehicle batteries exported to third countries for preparation for re-use, preparation for repurposing or for treatment.

4. The information referred to in paragraph 1, points (a) to (g), of this Article shall include information on batteries incorporated into vehicles and appliances, and waste batteries removed from vehicles and appliances in accordance with Article 65.

5. Waste management operators carrying out treatment and recyclers shall report to the competent authorities of the Member State where treatment of waste batteries takes place, for each calendar year and by Member State where the waste batteries were collected, the following information:

(a) the amount of waste batteries received for treatment;

(b) the amount of waste batteries that began to undergo preparation for re-use, preparation for repurposing or recycling processes;

(c) data on recycling efficiency for waste batteries, recovery of materials from waste batteries and the destination and yield of the final output fractions.

Reporting on the recycling efficiency and recovery of materials shall cover all individual steps of recycling and all corresponding output fractions. Where recycling operations are carried out at more than one facility, the first recycler shall be responsible for collecting the information and reporting that information to the competent authorities.

The competent authority of the Member State where the treatment of waste batteries takes place, shall provide the information referred to in this paragraph to the competent authority of the Member State where the batteries were collected, if different.

Waste batteries sent to another Member State for treatment in that other Member State shall be included in the recycling efficiency and recovery of materials data and shall count towards the attainment of the targets set out in Annex Ⅻ by the Member State in which that waste was collected.

6. Where waste holders other than those referred to in paragraph 5 export batteries for treatment they shall report the data on the amount of separately collected waste batteries exported for treatment and the data referred to in paragraph 5, points (b) and (c) to the competent authorities of the Member States where they are located.

7. Producers or, where appointed in accordance with Article 57 (1), producer responsibility organisations, waste management operators and waste holders referred to in this Article shall report within six months of the end of the reporting year for which the data are collected. The first reporting period shall concern the first full calendar year after the entry into force of the implementing act that establishes the format for reporting to the Commission, in accordance with Article 76 (5).

8. The competent authorities shall establish electronic systems through which data shall be reported to them and specify the formats to be used.

9. Member State may allow competent authorities to request any additional information necessary to ensure that the data reported are reliable.

Article 76 Reporting to the Commission

1. Member States shall make publicly available in an aggregated form for each calendar year and in the format established by the Commission in the implementing act adopted pursuant to paragraph 5, the following data on portable batteries, LMT batteries, SLI batteries, industrial batteries and electric vehicle batteries, according to battery categories and their chemistries:

(a) the amount of batteries made available on the market for the first time in a Member State, including those incorporated in appliances, vehicles or industrial products, but excluding batteries that have left the territory of that Member State in that year, before being sold to end-users;

(b) the amount of waste batteries collected in accordance with Articles 59, 60 and 61, and collection rates calculated on the basis of the methodology set out in Annex Ⅺ;

(c) the amount of waste industrial batteries and the amount of waste electric vehicle batteries collected and delivered to permitted facilities for preparation for re-use or preparation for repurposing;

(d) the values for the recycling efficiencies achieved as referred to in Part B of Annex Ⅻ and the values for the recovery of materials achieved as referred to in Part C of Annex Ⅻ, regarding the batteries collected in that Member State.

Member States shall make those data available within 18 months of the end of the reporting year for which the data are collected. They shall make those data public electronically in the format established by the Commission in accordance with paragraph 5, using easily accessible data services. The data shall be machine readable, sortable and searchable, and shall respect open standards for third party use. Member States shall notify the Commission when the data referred to in the first subparagraph are made available.

The first reporting period shall concern the first full calendar year after the entry into force of the implementing act that establishes the format for reporting to the Commission, in accordance with paragraph 5.

In addition to the obligations under Directives 2000/53/EC and 2012/19/EU, data referred to in paragraph 1, first subparagraph, points (a) to (d), of this Article shall include batteries incorporated into vehicles and appliances, and waste batteries removed from those vehicles and appliances in accordance with Article 65.

2. Reporting on the recycling efficiency and recovery of materials referred to in paragraph 1, first subparagraph, point (d), shall cover all individual steps of recycling and all corresponding output fractions.

3. The data made available by Member States in accordance with this Article shall be accompanied by a quality check report to be presented in the format established by the Commission in accordance with paragraph 5.

4. The Commission shall collect and review the information made available in accordance with this Article. The Commission shall publish a report assessing the organisation of the data collection, the sources of data and the methodology used in Member States as well as the completeness, reliability, timeliness and consistency of those data. That assessment may include specific recommendations for improvement. The report shall be drawn up within 6 months of the first reporting of the data by Member States and every four years thereafter.

5. The Commission shall, by 18 August 2025, adopt implementing acts laying down the format for the data and information to be reported to the Commission, as well as assessment methods and operational conditions related to collection and treatment of waste batteries, for the purpose of paragraphs 1 and 4 of this Article. Those implementing acts shall be adopted in accordance with the examination procedure referred to in Article 90 (3).

CHAPTER Ⅸ Digital battery passport

Article 77 Battery passport

1. From 18 February 2027 each LMT battery, each industrial battery with a capacity greater than 2 kWh and each electric vehicle battery placed on the market or put into service shall have an electronic record ('battery passport').

2. The battery passport shall contain information relating to the battery model and information specific to the individual battery, including resulting from the use of that battery, as set out in Annex ⅩⅢ.

The information in the battery passport shall comprise:

(a) information accessible to the general public in accordance with point 1 of Annex ⅩⅢ;

(b) information accessible only to notified bodies, market surveillance authorities and the Commission in accordance with points 2 and 3 of Annex ⅩⅢ; and

(c) information accessible only to any natural or legal person with a legitimate interest in accessing and processing that information for the purposes referred to in points (a) and (b) of the third subparagraph in accordance with points 2 and 4 of Annex ⅩⅢ.

The purposes for accessing and processing the information as referred to in point (c) of the second subparagraph, shall:

(a) concern dismantling of the battery, including safety measures to be taken during the dismantling, and the detailed composition of the battery model and be essential to allow repairers, remanufacturers, second-life operators and recyclers to conduct their respective economic activities in accordance with this Regulation; or

(b) in the case of individual batteries, be essential to the purchaser of the battery or parties acting on the purchaser's behalf, for the purpose of making the individual battery available to independent energy aggregators or energy market participants.

The information referred to in the second subparagraph shall be included in the battery passport to the extent applicable to the category or sub-category of battery concerned.

The Commission is empowered to adopt delegated acts in accordance with Article 89 to amend Annex XIII as regards the information to be included in the battery passport in view of technical and scientific progress.

3. The battery passport shall be accessible through the QR code referred to in Article 13 (6) which links to a unique identifier that the economic operator placing the battery on the market shall attribute to it.

The QR code and the unique identifier shall comply with the ISO/IEC standards 15459-1: 2014, 15459-2: 2015, 15459-3: 2014, 15459-4: 2014, 15459-5: 2014 and 15459-6: 2014 or their equivalent.

The Commission is empowered to adopt delegated acts in accordance with Article 89 to amend the second subparagraph of this paragraph in light of technical and scientific progress by replacing the standards referred to in that subparagraph or adding other European or international standards with which the QR code and the unique identifier shall comply.

4. The economic operator placing the battery on the market shall ensure that the information in the battery passport is accurate, complete and up to date. It may give written authorisation to any other operator to act on its behalf.

5. All information included in the battery passport shall be based on open standards and be in an interoperable format, transferable through an open interoperable data exchange network without vendor lock-in, machine-readable, structured and searchable, in accordance with the essential requirements laid down in Article 78.

6. The access to information included in the battery passport shall be regulated in accordance with the essential requirements laid down in Article 78.

7. For a battery that has been subject to preparation for re-use, preparation for repurposing, repurposing or remanufacturing, the responsibility for the fulfilment of the obligations under paragraph 4 of this Article shall be transferred to the economic operator that has placed that battery on the market or has put it into service. Such battery shall have a new battery passport linked to the battery passport or passports of the original battery or batteries.

Where the status of a battery changes to that of a waste battery, the responsibility for the fulfilment of the obligations under paragraph 4 of this Article shall be transferred either to the producer or, where appointed in accordance with Article 57 (1), the producer responsibility organisation, or the waste management operator selected in accordance with Article 57 (8).

8. A battery passport shall cease to exist after the battery has been recycled.

9. By 18 August 2026, the Commission shall adopt implementing acts specifying which persons are to be considered persons with a legitimate interest as referred to in points 2 and 4 respectively of Annex XIII for the purposes of paragraph 2, point (c), of this Article and to which information listed in those points they shall have access, and to what extent they can download, share, publish and re-use that information. Those implementing acts shall be adopted in accordance with the examination procedure referred to in Article 90 (3).

The criteria for specifying the persons referred to in paragraph 2, point (c), and for determining the extent to which they can download, share, publish and re-use the information referred to in points 2 and 4 of Annex XIII shall be the following:

(a) the necessity of having such information in order to evaluate the status and residual value of the battery and its capability for further use;

(b) the necessity of having such information for the purpose of preparation for re-use, preparation for repurposing, repurposing, remanufacturing or recycling of the battery, or for choosing between those operations;

(c) the need to ensure that the accessing and processing of information in the battery passport that is commercially sensitive is limited to the minimum necessary in accordance with applicable Union law.

Article 78 Technical design and operation of the battery passport

The technical design and operation of the battery passport shall comply with the following essential requirements:

(a) the battery passport shall be fully interoperable with other digital product passports required by Union law concerning ecodesign, in relation to the technical, semantic and organisational aspects of end-to-end communication and data transfer;

(b) consumers, economic operators and other relevant actors shall have access to the battery passport free of charge and based on their respective access rights set out in Annex XIII and the implementing act adopted pursuant to Article 77 (9);

(c) the data included in the battery passport shall be stored by the economic operator responsible for the fulfilment of the obligations under Article 77 (4) or (7), or by operators authorised to act on their behalf;

(d) if the data included in the battery passport are stored or otherwise processed by operators authorised to act on behalf of the economic operator responsible for the fulfilment of the obligations under Article 77 (4) or (7), those operators shall not be allowed to sell, re-use or process such data, in whole or in part, beyond what is necessary for the provision of the relevant storing or processing services;

(e) the battery passport shall remain available after the economic operator responsible for the fulfilment of the obligations under Article 77 (4) or (7) ceases to exist or ceases its activity in the Union;

(f) the rights to access, introduce, modify or update information in the battery passport shall be restricted based on the

access rights specified in Annex XIII and the implementing act adopted pursuant to Article 77 (9);

(g) data authentication, reliability and integrity shall be ensured;

(h) the battery passport shall be such that a high level of security and privacy is ensured and fraud is avoided.

CHAPTER X　Union market surveillance and Union safeguard procedures

Article 79　Procedure at national level for dealing with batteries presenting a risk

1. Without prejudice to Article 19 of Regulation (EU) 2019/1020, where the market surveillance authorities of one Member State have sufficient reason to believe that a battery covered by this Regulation presents a risk to human health or safety of persons, to property or to the environment, they shall carry out an evaluation in relation to the battery concerned covering all relevant requirements laid down in this Regulation.

Where, in the course of the evaluation referred to in the first subparagraph, the market surveillance authorities find that the battery does not comply with the requirements laid down in this Regulation ('non-compliant battery'), they shall without delay require the relevant economic operator to take all appropriate corrective action, within a reasonable period prescribed by the market surveillance authorities and commensurate with the nature of the risk, to bring the battery into compliance with those requirements, to withdraw it from the market, or to recall it.

The market surveillance authorities shall inform the relevant notified body accordingly.

2. The market surveillance authorities shall inform the Commission and the other Member States of the results of the evaluation and of the actions which they have required the economic operator to take.

3. The economic operator shall ensure that all appropriate corrective action is taken in respect of all the non-compliant batteries that the economic operator has made available on the market throughout the Union.

4. Where the relevant economic operator does not take adequate corrective action within the period referred to in paragraph 1, second subparagraph, the market surveillance authorities shall take all appropriate provisional measures to prohibit or restrict the non-compliant batteries being made available on their national market, to with-

draw those batteries from that market or to recall them.

The market surveillance authorities shall inform the Commission and the other Member States, without delay, of those measures.

5. The information referred to in paragraph 4, second subparagraph, shall include all available details, in particular the data necessary for the identification of the non-compliant battery, the origin of that battery, the nature of the non- compliance alleged and the risk involved, the nature and duration of the national measures taken and the arguments put forward by the relevant economic operator. In particular, the market surveillance authorities shall indicate whether the non-compliance is due to any of the following:

(a) failure of the battery to be in conformity with Articles 6 to 10 or Article 12, 13 or 14;

(b) shortcomings in the harmonised standards referred to in Article 15;

(c) shortcomings in the common specifications referred to in Article 16.

6. Member States other than the Member State initiating the procedure under this Article shall without delay inform the Commission and the other Member States of any measures adopted and of any additional information at their disposal relating to the non-compliance of the battery concerned, and, in the event of disagreement with the adopted national measure, of their objections.

7. Where, within three months of receipt of the information referred to in paragraph 4, second subparagraph, no objection has been raised by either a Member State or the Commission in respect of a provisional measure taken by market surveillance authorities, that measure shall be deemed justified.

8. Member States shall ensure that appropriate restrictive measures, such as withdrawal of the non-compliant battery from the market, are taken in respect of the non-compliant battery without delay.

Article 80 Union safeguard procedure

1. Where, on completion of the procedure set out in Article 79 (4), (6) and (7), objections are raised against a measure taken by market surveillance authorities, or where the Commission considers a national measure to be contrary to Union law, the Commission shall without delay enter into consultation with the Member States and the relevant economic operator or operators and shall evaluate the national measure. The Commission shall endeavour to conclude that evaluation within one month.

On the basis of the results of that evaluation, the Commission shall adopt an implementing act determining whether the national measure is justified or not. That implementing act shall be adopted in accordance with the examination procedure referred to in Article 90 (3) .

2. The Commission shall address the implementing act referred to in paragraph 1, second subparagraph, to all Member States and shall immediately communicate it to them and the relevant economic operator or operators.

If the national measure is considered justified, all Member States shall take the necessary measures to ensure that the non-compliant battery is withdrawn from their market, and shall inform the Commission accordingly.

If the national measure is considered unjustified, the Member State concerned shall withdraw that measure.

3. Where the national measure is considered justified and the non-compliance of the battery is attributed to shortcomings in the harmonised standards referred to in Article 15 of this Regulation, the Commission shall apply the procedure provided for in Article 11 of Regulation (EU) No 1025/2012.

4. Where the national measure is considered justified and the non-compliance of the battery is attributed to shortcomings in the common specifications referred to in Article 16, the Commission shall, without delay, adopt an implementing act amending or repealing the common specifications concerned. That implementing act shall be adopted in accordance with the examination procedure referred to in Article 90 (3) .

Article 81 Compliant batteries which present a risk

1. Where, having carried out an evaluation under Article 79 (1), a Member State finds that although a battery is in compliance with Articles 6 to 10 and Articles 12, 13 and 14, it presents a risk to the human health or

safety of persons, to the protection of property or to the environment ('compliant battery which presents a risk'), it shall without delay require the relevant economic operator to take all appropriate measures, within a reasonable period prescribed by the market surveillance authorities and commensurate with the nature of the risk, to ensure that the compliant battery which presents a risk, when made available on the market, no longer presents that risk, to withdraw that battery from the market or to recall it.

2. The economic operator shall ensure that corrective action is taken in respect of all the compliant batteries which present a risk that the economic operator has made available on the market throughout the Union.

3. The Member State shall immediately inform the Commission and the other Member States where the situation referred to in paragraph 1 occurs. That information shall include all available details, in particular the data necessary for the identification of compliant batteries which present a risk, the origin and the supply chain of such batteries, the nature of the risk involved and the nature and duration of the national measures taken.

4. The Commission shall without delay enter into consultation with the Member States and the relevant economic operator or operators and shall evaluate the national measures taken. On the basis of the results of that evaluation, the Commission shall adopt an implementing act determining whether the national measure is justified or not and, where necessary, proposing appropriate measures. That implementing act shall be adopted in accordance with the examination procedure referred to in Article 90 (3).

5. On duly justified imperative grounds of urgency relating to the protection of human health and the safety of persons, and to the protection of property or the environment, the Commission shall adopt an immediately applicable implementing act in accordance with the procedure referred to in Article 90 (4).

6. The Commission shall address the implementing act referred to in paragraphs 4 and 5 to all Member States and shall immediately communicate it to them and the relevant economic operator or operators.

Article 82 Joint activities

Market surveillance authorities may carry out joint activities with organisations representing economic operators or end- users. Such joint activities may include the setting up by Member States or market surveillance authorities of battery competence centres, with a view to promoting compliance, identifying non-compliance, raising awareness and providing guidance in relation to the requirements laid down in this Regulation, in accordance with Article 9 of Regulation (EU) 2019/1020.

Article 83 Formal non-compliance

1. Without prejudice to Article 79, where a Member State makes one of the following findings, it shall require the relevant economic operator to put an end to the non-compliance concerned:

(a) the CE marking has been affixed in violation of Article 30 of Regulation (EC) No 765/2008 or of Article 20 of this Regulation;

(b) the CE marking has not been affixed;

(c) the identification number of the notified body, where required under Annex Ⅷ, has been affixed in violation of Article 20 or has not been affixed;

(d) the EU declaration of conformity has not been drawn up or has not been drawn up correctly; (e) the technical documentation referred to in Annex Ⅷ is either not available, or not complete;

(f) the information referred to in Article 38 (7) or Article 41 (3) is absent, false or incomplete;

(g) any other administrative requirement provided for in Article 38 or 41 has not been met;

2. Where the non-compliance referred to in paragraph 1 persists, the Member State concerned shall take all appropriate measures to restrict or prohibit the battery being made available on the market or ensure that it is withdrawn from the market or recalled.

Article 84 Non-compliance with due diligence obligations

1. Where a Member State finds that an economic operator does not fulfil its due diligence obligations laid down

in Articles 48, 49 and 50, it shall require the relevant economic operator to put an end to the non-compliance concerned.

2. Where the non-compliance referred to in paragraph 1 persists and where there is no other effective means available to put an end to the non-compliance, the Member State concerned shall take all appropriate measures to restrict or prohibit the batteries made available on the market by the economic operator referred to in paragraph 1 from being made available on the market and, if the non-compliance is serious, ensure that they are withdrawn from the market or recalled.

CHAPTER XI Green public procurement and procedure for amending restrictions on substances

Article 85 Green public procurement

1. Contracting authorities, as defined in Article 2 (1), point (1), of Directive 2014/24/EU or Article 3 (1) of Directive 2014/25/EU, or contracting entities, as defined in Article 4 (1) of Directive 2014/25/EU shall, when procuring batteries or products containing batteries in situations covered by those Directives, take account of the environmental impacts of those batteries over their life cycle with a view to ensuring that such impacts are kept to a minimum.

2. From 12 months after the date of entry into force of the first delegated act referred to in paragraph 3 of this Article, establishing award criteria for procurement procedures, the obligation laid down in paragraph 1 of this Article shall be fulfilled through the application of those award criteria. Any procurement procedure carried out by contracting authorities or contracting entities for the purchase of batteries, or products containing batteries, that fall within the scope of Articles 7 to 10 shall make reference in its technical specifications and award criteria to that first delegated act to ensure that those batteries, or products containing batteries, are procured with significantly lower environmental impacts over their life cycle.

3. The Commission shall, 12 months after the adoption of the latest of the delegated acts referred to in Article 7 (2), fourth subparagraph, point (a), Article 8 (1), Article 9 (2) and Article 10 (5), adopt delegated acts in accordance with Article 89 supplementing this Regulation by establishing award criteria for procurement procedures for batteries, or products containing batteries, based on the sustainability requirements laid down in Articles 7 to 10.

Article 86 Restriction procedure for substances

1. If the Commission considers that the use of a substance in the manufacture of batteries, or the presence of a substance in the batteries when they are placed on the market, or during their subsequent life cycle stages, including during repurposing or treatment of waste batteries, poses a risk to human health or the environment that is not adequately controlled and needs to be addressed on a Union-wide basis, it shall request the Agency to prepare a restriction dossier which conforms to the requirements of Annex to Regulation (EC) No 1907/2006. The restriction dossier shall include a socioeconomic assessment, including an analysis of alternatives.

2. Within 12 months of the receipt of the request from the Commission referred to in paragraph 1 of this Article and if the restriction dossier prepared by the Agency pursuant to that paragraph demonstrates that action is necessary on a Union-wide basis, in addition to any measures already in place, the Agency shall suggest restrictions in order to initiate the process described in paragraphs 4 to 9 of this Article and Articles 87 and 88.

3. If a Member State considers that the use of a substance in the manufacture of batteries, or the presence of a substance in the batteries when they are placed on the market, or during their subsequent life cycle stages, including during repurposing or treatment of waste batteries, poses a risk to human health or the environment that is not

adequately controlled and needs to be addressed on a Union-wide basis, it shall notify the Agency that it proposes to prepare a restriction dossier. The Member State shall prepare a restriction dossier. The restriction dossier shall include a socioeconomic assessment, including an analysis of alternatives.

If the restriction dossier demonstrates that action on a Union-wide basis is necessary, in addition to any measures already in place, the Member State shall submit it to the Agency in the format set out in Annex to Regulation (EC) No 1907/2006, in order to initiate the process described in paragraphs 4 to 9 of this Article, and Articles 87 and 88.

4. For the purposes of the restriction dossier and the restriction process, the Agency or Member States shall take into account any dossier, chemical safety report or risk assessment submitted to the Agency or a Member State under the Regulation (EC) No 1907/2006. The Agency or Member States shall also take into account any available information and refer to any relevant risk assessment submitted for the purposes of other Union law covering the life cycle of the substance used in the battery, including the waste phase. To this end, other bodies established under Union law and carrying out a similar task shall provide information to the Agency or Member State concerned on request.

5. Access to information held by the Agency in performing the tasks defined in Article 6 of this Regulation and in this Article shall be subject to Article 118 of Regulation (EC) No 1907/2006.

6. The Agency shall maintain a list of substances for which a restriction dossier under this Article is planned by or in progress in either the Agency or a Member State.

7. The Committee for Risk Assessment, set up pursuant to Article 76 (1) (c) of Regulation (EC) No 1907/2006, and the Committee for Socioeconomic Analysis, set up pursuant to Article 76 (1) (d) of that Regulation, shall check whether the restriction dossier submitted conforms to the requirements of Annex to that Regulation. Within 30 days of receipt of the dossier, the respective Committee shall inform the Agency or the Member State suggesting restrictions, as to whether the dossier conforms. If the dossier does not conform, the reasons shall be given to the Agency or the Member State in writing within 45 days of receipt. The Agency or the Member State shall bring the dossier into conformity within 60 days of the date of receipt of the reasons from the respective Committee, otherwise the procedure under this Article shall be terminated.

8. The Agency shall publish without delay the intention of the Commission or a Member State to initiate the restriction process for a substance, under this Article, and shall inform stakeholders concerned.

9. The Agency shall make publicly available on its website the restriction dossier, including the restrictions suggested pursuant to paragraphs 2 and 3 without delay, clearly indicating its date of publication. The Agency shall invite all stakeholders concerned to submit individually or jointly, within four months of the date of publication:

(a) comments on the restriction dossier and the suggested restrictions;

(b) a socioeconomic analysis of the suggested restrictions, including an analysis of alternatives, or information which can contribute to such an analysis, examining the advantages and drawbacks of the suggested restrictions. Such analysis shall conform to the requirements of Annex XVI to Regulation (EC) No 1907/2006.

10. The delegated acts referred to in Article 6 (2) shall be adopted within nine months following the receipt of the opinion of the Committee for Socioeconomic Analysis of the Agency referred to in Article 87 (2). If the Committee for Socioeconomic Analysis does not adopt an opinion by the deadline set in Article 87 (2) or (5), as applicable, the Commission shall take into account the socioeconomic impact of the restriction, including the availability of alternatives for the substance and shall adopt a delegated act by the deadline set in Article 87 (2).

11. Where the draft amendment to Annex I diverges from the original proposal of the restriction dossier, prepared pursuant to the procedure laid down in this Article and Articles 87 and 88, or if it does not take the opinions from the Agency into account, the Commission shall attach a detailed explanation of the reasons for the differences.

Article 87 Opinion of the Agency's Committees

1. Within 12 months of the date of publication referred to in Article 86 (9), the Committee for Risk Assessment shall adopt an opinion as to whether the suggested restrictions are appropriate in reducing the risk to human health or the environment, based on its consideration of the relevant parts of the restriction dossier. This opinion shall take account of the restriction dossier prepared by the Agency at the request of the Commission or by the Member State, and the views of interested parties referred to in Article 86 (9), point (a).

2. Within 15 months of the date of publication referred to in Article 86 (9), the Committee for Socioeconomic Analysis shall adopt an opinion on the suggested restrictions, based on its consideration of the relevant parts of the restriction dossier and the socioeconomic impact. Prior to that, it shall prepare a draft opinion on the suggested restrictions and on the related socioeconomic impact, taking account of the analyses or information according to Article 86 (9), point (b), if there are any.

3. The Agency shall publish the draft opinion of the Committee for Socioeconomic Analysis on its website without delay and invite interested parties to provide their comments on the draft opinion no later than 60 days from the publication of that draft opinion.

4. The Committee for Socioeconomic Analysis shall without delay adopt its opinion, taking into account where appropriate further comments received by the deadline set in paragraph 3 of this Article. That opinion shall take account of the comments of interested parties submitted under Article 86 (9), point (b), and paragraph 3 of this Article.

5. Where the opinion of the Committee for Risk Assessment diverges significantly from the restrictions suggested in the restriction dossier, the Agency shall postpone the deadline for the opinion of the Committee for Socioeconomic Analysis by a maximum of 90 days.

6. Where the Committees for Risk Assessment and Socioeconomic Analysis provide an opinion pursuant to paragraphs 1 and 2 of this Article, they shall make use of rapporteurs under Article 87 of Regulation (EC) No 1907/2006 and in line with the conditions provided therein.

Article 88 Submission of an opinion to the Commission

1. The Agency shall submit to the Commission without delay the opinions of the Committees for Risk Assessment and Socioeconomic Analysis on restrictions suggested pursuant to Article 86. Where the opinions of the Committees for Risk Assessment and Socioeconomic Analysis diverge significantly from the suggested restrictions, the Agency shall submit an explanatory note to the Commission providing a detailed explanation of the reasons for such differences. If one or both of the Committees do not adopt an opinion by the deadline set in Article 87 (1) and (2), respectively, the Agency shall inform the Commission accordingly, stating the reasons.

2. The Agency shall publish the opinions of the two Committees on its website without delay.

3. The Agency shall provide the Commission or a Member State on request with all documents and evidence submitted to or considered by it.

CHAPTER XII Delegated powers and committee procedure

Article 89 Exercise of the delegation

1. The power to adopt delegated acts is conferred on the Commission subject to the conditions laid down in this Article.

2. The power to adopt delegated acts referred to in Article 6 (2), Article 7 (1), (2) and (3), Article 8 (1) and (5), Article 9 (2), Article 10 (5) and (6), Article 11 (4), Article 12 (3), Article 13 (8), Article 14 (4), Article 48 (8), Article 53 (3), Article 59 (7), Article 60 (8), Article 70 (4), Article 71

(4), (5) and (6), Article 72 (4), Article 77 (2) and (3), and Article 85 (3) shall be conferred on the Commission for a period of five years from 17 August 2023. The Commission shall draw up a report in respect of the delegation of power no later than nine months before the end of the five-year period. The delegation of power shall be tacitly extended for periods of an identical duration, unless the European Parliament or the Council opposes such extension no later than three months before the end of each period.

3. The delegation of power referred to in Article 6 (2), Article 7 (1), (2) and (3), Article 8 (1) and (5), Article 9 (2), Article 10 (5) and (6), Article 11 (4), Article 12 (3), Article 13 (8), Article 14 (4), Article 48 (8), Article 53 (3), Article 59 (7), Article 60 (8), Article 70 (4), Article 71 (4), (5) and (6), Article 72 (4), Article 77 (2) and (3), and Article 85 (3) may be revoked at any time by the European Parliament or by the Council. A decision to revoke shall put an end to the delegation of the power specified in that decision. It shall take effect the day following the publication of the decision in the Official Journal of the European Union or at a later date specified therein. It shall not affect the validity of any delegated acts already in force.

4. Before adopting a delegated act, the Commission shall consult experts designated by each Member State in accordance with the principles laid down in the Interinstitutional Agreement of 13 April 2016 on Better Law-Making.

5. As soon as it adopts a delegated act, the Commission shall notify it simultaneously to the European Parliament and to the Council.

6. A delegated act adopted pursuant to Article 6 (2), Article 7 (1), (2) and (3), Article 8 (1) and (5), Article 9 (2), Article 10 (5) and (6), Article 11 (4), Article 12 (3), Article 13 (8), Article 14 (4), Article 48 (8), Article 53 (3), Article 59 (7), Article 60 (8), Article 70 (4), Article 71 (4), (5) and (6), Article 72 (4), Article 77 (2) and (3), or 85 (3) shall enter into force only if no objection has been expressed either by the European Parliament or the Council within a period of three months of notification of that act to the European Parliament and the Council or if, before the expiry of that period, the European Parliament and the Council have both informed the Commission that they will not object. That period shall be extended by two months at the initiative of the European Parliament or of the Council.

Article 90 Committee procedure

1. The Commission shall be assisted by the committee established by Article 39 of Directive 2008/98/EC. That committee shall be a committee within the meaning of Regulation (EU) No 182/2011.

2. Where reference is made to this paragraph, Article 4 of Regulation (EU) No 182/2011 shall apply.

3. Where reference is made to this paragraph, Article 5 of Regulation (EU) No 182/2011 shall apply.

Where the committee delivers no opinion, the Commission shall not adopt the draft implementing act and Article 5 (4), third subparagraph, of Regulation (EU) No 182/2011 shall apply.

4. Where reference is made to this paragraph, Article 8 of Regulation (EU) No 182/2011, in conjunction with Article 5 thereof, shall apply.

CHAPTER XIII Amendments

Article 91 Amendments to Regulation (EU) 2019/1020

Regulation (EU) 2019/1020 is amended as follows:

(1) in Article 4 (5), the text ‘(EU) 2016/425[35] and (EU) 2016/426[36]’ is replaced by the following:

‘(EU) 2016/425 (*), (EU) 2016/426 (**) and (EU) 2023/1542 (***)

(*) Regulation (EU) 2016/425 of the European Parliament and of the Council of 9 March 2016 on personal protective equipment and repealing Council Directive 89/686/EEC (OJ L 81, 31.3.2016, p.51).

(**) Regulation (EU) 2016/426 of the European Parliament and of the Council of 9 March 2016 on appliances burning gaseous fuels and repealing Directive 2009/142/EC (OJ L 81, 31.3.2016, p.99).

(***) Regulation (EU) 2023/1542 of the European Parliament and of the Council of 12 July 2023 concerning batteries and waste batteries, amending Directive 2008/98/EC and Regulation (EU) 2019/1020 and repealing Directive 2006/66/EC (OJ L 191, 28.7.2023, p.1).';

(2) in Annex I, point 21 of the list of Union harmonisation legislation is replaced by the following:

'21. Regulation (EU) 2023/1542 of the European Parliament and of the Council of 12 July 2023 concerning batteries and waste batteries, amending Directive 2008/98/EC and Regulation (EU) 2019/1020 and repealing Directive 2006/66/EC (OJ L 191, 28.7.2023, p.1);'.

Article 92 Amendment to Directive 2008/98/EC In Article 8a (7) of Directive 2008/98/EC, the following subparagraph is added:

'For batteries, as defined in Article 2, point (1), of Regulation (EU) 2023/1542 of the European Parliament and of Council (*), Member States shall take measures to ensure that extended producer responsibility schemes that have been established before 4 July 2018, comply with this Article by 18 August 2025.

(*) Regulation (EU) 2023/1542 of the European Parliament and of the Council of 12 July 2023 concerning batteries and waste batteries, amending Directive 2008/98/EC and Regulation (EU) 2019/1020 and repealing Directive 2006/66/EC (OJ L 191, 28.7.2023, p.1).'.

CHAPTER XIV Final provisions

Article 93 Penalties

By 18 August 2025 Member States shall lay down the rules on penalties applicable to infringements of this Regulation and shall take all measures necessary to ensure that they are implemented. The penalties provided for shall be effective, proportionate and dissuasive. Member States shall, without delay, notify the Commission of those rules and of those measures and shall notify it, without delay, of any subsequent amendment affecting them.

Article 94 Review

1. By 30 June 2031, the Commission shall review and draw up a report on the application of this Regulation and its impact on the environment, human health and the functioning of the internal market and submit it to the European Parliament and to the Council.

2. Taking account of technical progress and practical experience gained in Member States, the Commission shall, in its report, include an evaluation on the following aspects of this Regulation:

(a) the list of common formats falling under the definition of portable batteries of general use;

(b) the sustainability and safety requirements laid down in Chapter II, including the possible need to introduce an export ban on batteries which are non-compliant with the restrictions set out in Annex I;

(c) the labelling and information requirements laid down in Chapter III;

(d) the battery due diligence requirements laid down in Articles 48 to 53;

(e) the measures regarding management of waste batteries laid down in Chapter VIII, including the possibility of introducing two sub-categories of portable batteries namely rechargeable and non-rechargeable portable batteries, with separate collection targets, and of introducing a separate collection target for portable batteries of general use;

(f) the measures regarding the battery passport set out in Chapter IX;

(g) infringements and the effectiveness, proportionality and dissuasiveness of penalties as set out in Article 93;

(h) analysis of the impact of this Regulation on the competitiveness of, and on the investments in, the batteries sector, and of the administrative burden resulting from this Regulation.

Where appropriate, the report referred to in paragraph 1 shall be accompanied by a legislative proposal for amendment of the relevant provisions of this Regulation.

3. Taking into account the revision of Regulation (EC) No 1907/2006, the Commission shall in its report include a specific evaluation of the need for a legislative proposal to amend Articles 6, 86, 87 and 88 of this Regulation.

4. The Commission shall assess whether any amendment to Chapter Ⅶ is necessary in the light of the adoption, if any, of Union legislative acts laying down rules on sustainable corporate governance and due diligence, including obligations for companies regarding human rights adverse impacts and environmental adverse impacts in relation to their own operations, the operations of their subsidiaries and branches, and their value chain operations.

The Commission shall publish a report containing the results of such assessment by 12 months after the date of entry into force of any of the legislative acts referred to in the first subparagraph, or by 30 June 2031, whichever is the earliest. Where appropriate, the Commission shall accompany its report with a legislative proposal amending Chapter Ⅶ.

5. By 30 June 2031, the Commission shall submit a report to the European Parliament and the Council assessing the feasibility and the technical consequences of extending the scope of the definition of 'LMT battery' in Article 3, point (11), in particular by including batteries powering non-wheeled vehicles. The report shall be accompanied, where appropriate, by a legislative proposal.

6. By 1 January 2025, the Commission shall assess how best to introduce harmonised standards for a common charger for, respectively, rechargeable batteries designed for light means of transport, as well as for rechargeable batteries incorporated into specific categories of electrical and electronic equipment covered by Directive 2012/19/EU. Charging devices for categories and classes of radio equipment under Article 3 (4) of Directive 2014/53/EU shall be excluded from the scope of that assessment.

Article 95　Repeal and transitional rules

Directive 2006/66/EC is repealed with effect from 18 August 2025.

However, the following provisions shall continue to apply as set out below:

(a) Article 11 until 18 February 2027;

(b) Article 12 (4) and (5) until 31 December 2025, except as regards the provision concerning transmission of data to the Commission which shall continue to apply until 30 June 2027;

(c) Article 21 (2) until 18 August 2026.

References to the repealed Directive shall be construed as references to this Regulation.

Article 96　Entry into force and application

1. This Regulation shall enter into force on the twentieth day following that of its publication in the Official Journal of the European Union.

2. It shall apply from 18 February 2024, save as set out in the second subparagraph and in other provisions of this Regulation.

The following provisions shall apply as follows:

(a) Article 11 shall apply from 18 February 2027;

(b) Article 17 and Chapter Ⅵ shall apply from 18 August 2024, except for Article 17 (2) which shall apply from 12 months after the date of the first publication of the list referred to in Article 30 (2);

(c) Chapter Ⅷ shall apply from 18 August 2025.

This Regulation shall be binding in its entirety and directly applicable in all Member States.

Done at Strasbourg, 12 July 2023.

For the European Parliament
The President
R. METSOLA

For the Council
The President
P. NAVARRO RÍOS

ANNEX Ⅰ RESTRICTION ON SUBSTANCES

Column 1 Designation of the substance or group of substances	Column 2 Conditions of restriction
1. Mercury CAS No 7439-97-6 EC No 231-106-7 and its compounds	Batteries, whether or not incorporated into appliances, light means of transport or other vehicles, shall not contain more than 0, 0005% of mercury (expressed as mercury metal) by weight.
2. Cadmium CAS No 7440-43-9 EC No 231-152-8 and its compounds	Portable batteries, whether or not incorporated into appliances, light means of transport or other vehicles, shall not contain more than 0, 002% of cadmium (expressed as cadmium metal) by weight.
3. Lead CAS No 7439-92-1 EC No 231-100-4 and its compounds	1. From 18 August 2024, portable batteries, whether or not incorporated into appliances, shall not contain more than 0, 01% of lead (expressed as lead metal) by weight. 2. The restriction set out in point 1 shall not apply to portable zinc-air button cells until 18 August 2028.

ANNEX Ⅱ CARBON FOOTPRINT

1. Scope

This Annex provides essential elements on how to calculate the carbon footprint.

The methodology for calculation and verification of the carbon footprint to be provided for by means of the delegated act adopted pursuant to Article 7 shall build on the essential elements included in this Annex, be in compliance with the latest version of the Commission Product Environmental Footprint (PEF) method and relevant Product Environmental Footprint Category Rules (PEFCRs) and reflect the international agreements and technical/ scientific progress in the area of life cycle assessment.

The calculation of the life cycle carbon footprint shall be based on the bill of materials, the energy and the auxiliary materials used in a specific manufacturing plant to produce a specific battery model. In particular, the electronic components, for example battery management units and safety units, and the cathode materials shall be accurately identified, as they can become the main contributor for the battery carbon footprint.

2. Definitions

For the purposes of this Annex, the following definitions apply:

(a) activity data' means the information associated with processes while modelling Life Cycle Inventories (LCI), whereby the aggregated LCI results of the process chains that represent the activities of a process are each multiplied by the corresponding activity data and then combined to derive the carbon footprint associated with that process;

(b) 'bill of materials' means a list of the raw materials, sub-assemblies, intermediate assemblies, sub-components and

parts, and the quantities of each, needed to manufacture the battery;

(c) 'company-specific data' means data that are directly measured or collected from one or multiple facilities (site- specific data) that are representative of the activities of the company, such data are also known as 'primary data';

(d) 'functional unit' means the qualitative and quantitative aspects of the functions, services, or both, provided by the battery;

(e) 'life cycle' means the consecutive and interlinked stages of a product system, from raw material acquisition or generation from natural resources to final disposal (ISO 14040: 2006 or an equivalent standard);

(f) 'lifecycle inventory (LCI) ' means the combined set of exchanges of elementary, waste and product flows in an LCI dataset;

(g) 'life cycle inventory (LCI) dataset' means a document or file with life cycle information on a specified product or other reference, such as the site or process, covering descriptive metadata and quantitative life cycle inventory, which could include a unit process dataset, partially aggregated or an aggregated dataset;

(h) 'reference flow' means the measure of the outputs from processes in a given product system required to fulfil the function expressed by the functional unit (based on ISO 14040: 2006 or an equivalent standard);

(i) 'secondary data' means data that are not directly collected or measured from a specific process within the supply- chain of the company or estimated by that company, but that are sourced from a third party LCI database or other sources; such data include industry average data, for example from published production data, government statistics, and industry associations, as well as literature studies, engineering studies and patents, and can also be based on financial data, and contain proxy data and other generic data; and also include primary data that go through a horizontal aggregation step;

(j) 'system boundary' means the aspects included or excluded from the life cycle stages.

Additionally, the harmonised rules for the calculation of the carbon footprint of batteries shall include any further definition necessary for their interpretation.

3. Functional unit and reference flow

The functional unit is defined as one kWh (kilowatt-hour) of the total energy provided by the battery system over the battery's service life, measured in kWh. The total energy is obtained from the number of cycles multiplied by the amount of delivered energy over each cycle.

The reference flow is the weight of battery needed to fulfil a specific function and shall be measured in kg of battery per kWh of the total energy delivered by the battery over its service life. All quantitative input and output data collected by the manufacturer to quantify the carbon footprint shall be calculated in relation to the reference flow.

By way of exception to the first paragraph, for back-up batteries that have as their primary function to ensure continuity of a power source, the functional unit is defined as the ability to provide one kWmin (kilowatt-minute) of backup power capability at any moment over the lifetime of the battery. Accordingly, the reference flow for back-up batteries is the weight of battery needed to fulfil the defined function and shall be measured in kg of battery per kWmin of backup power capability divided by the service life of the battery in years. All quantitative input and output data collected by manufacturers of back-up batteries to quantify the carbon footprint shall be calculated in relation to that reference flow.

In exceptional cases, such as for batteries for hybrid non -plug-in vehicles, the methodology may define a different functional unit.

4. System boundary

The following life cycle stages and the processes involved therein shall be included in the system boundary:

Life cycle stage	Processes involved
Raw material acquisition and pre-processing	Includes mining and other relevant sourcing, preprocessing and transport of active materials, up to the manufacturing of battery cells and battery components (active materials, separator, electrolyte, casings, active and passive battery components), and electric or electronic components.
Main product production	Assembly of battery cells and assembly of batteries with the battery cells and the electric or electronic components.
Distribution	Transport to the point of sale.
End of life and recycling	Collection, dismantling and recycling.

The following processes involved in the life cycle stages shall be excluded from the system boundary:

——manufacturing of equipment for the assembly and recycling of batteries, as carbon footprint impacts have been calculated as negligible in the PEFCRs for high specific energy rechargeable batteries for mobile applications;

——the battery assembly process using the original equipment manufacturer (OEM) system components; this process corresponds for the most part to mechanical assembly and it is included inside the OEM equipment or vehicle assembly line; the consumption of energy and material for this specific process is negligible when compared to the manufacturing process of OEM components.

The use phase shall be excluded from the life cycle carbon footprint calculations, as it is not under the direct influence of manufacturers except where it is demonstrated that choices made by battery manufacturers at the design stage can make a non-negligible contribution to that impact.

5. Use of company-specific and secondary datasets

Due to the high number of battery components and the complexity of manufacturing processes, the economic operator shall limit, where justified, the use of company specific data to process and component analysis of the battery-specific parts.

In particular, all activity data related to the battery's anode, cathode, electrolyte, separator and cell-casing shall refer to a specific battery model produced in a specific production plant. Accordingly, no default activity data shall be used. The battery-specific activity data shall be used in combination with the relevant PEF-compliant secondary datasets.

As the carbon footprint declaration is specific to a battery model produced in a defined production site, sampling of data collected from different plants producing the same battery model shall not be allowed.

Where there is a change in the bill of materials or energy mix used to produce a battery model, the carbon footprint for that battery model shall be recalculated.

The harmonised rules to be provided for via a delegated act as referred to in Article 7 (1) shall include detailed modelling of the following life cycle stages:

——raw material acquisition and pre-processing,

——production,
——distribution,
——own electricity production,
——end of life.

6. Carbon footprint impact assessment

The carbon footprint of the battery shall be calculated using the ‘climate change’ lifecycle impact assessment method recommended in the 2019 Joint Research Centre report entitled ‘Suggestions for updating the Product Environmental Footprint (PEF) method’.

The results shall be provided as characterised results without normalisation and weighting. The list of characterization factors to be used is available at the European Platform on Life Cycle Assessment (LCA).

7. Offsets

Offsets are calculated relative to a baseline that represents a hypothetical scenario for what emissions would have been in the absence of the mitigation project that generates the offsets.

Offsets shall not be included in the carbon footprint declaration, but may be reported separately as additional environmental information and used for communication purposes.

8. Carbon footprint performance classes

Depending on the distribution of the values in the carbon footprint declarations of batteries placed on the market, a meaningful number of classes of performance shall be identified, with category A being the best class with the lowest carbon footprint lifecycle impact, to enable market differentiation of the battery categories referred to in Article 7 (1).

The setting of the threshold for each class of performance, as well as the width of that class, shall be based on the distribution of performances of the battery categories referred to in Article 7 (1) placed on the market in the previous three years, the expected technological improvements, and other technical factors.

9. Maximum carbon thresholds

Based on the information collected through the carbon footprint declarations and the relative distribution of the carbon footprint performance classes of battery models placed on the market, and taking into account the scientific and technical progress in the field, the Commission shall set maximum life cycle carbon footprint thresholds for the battery categories referred to in Article 7 (1), after having carried out a dedicated impact assessment to determine the values for the thresholds.

In setting maximum life cycle carbon footprint thresholds referred to in the first subparagraph, the Commission shall take into account the relative distribution of the carbon footprint values for batteries on the market, the extent of progress in reducing the carbon footprint of batteries placed on the market and the actual and potential contribution of those lifecycle carbon footprint thresholds to the Union’s objectives on sustainable mobility and climate neutrality by 2050.

ANNEX Ⅲ ELECTROCHEMICAL PERFORMANCE AND DURABILITY PARAMETERS FOR PORTABLE BATTERIES OF GENERAL USE

Part A Parameters for non-rechargeable batteries

1. Minimum average duration: minimum average time reached by a sample of batteries on discharge when used under specific conditions, such as temperature and relative humidity.

2. Delayed discharge performance: the relative decrease of the minimum average duration, with the initially

measured minimum average duration as the reference point, after a defined period and under specific conditions, such as temperature and relative humidity.

3. Resistance to leakage: resistance to unplanned escape of electrolyte, gas or other material.

Part B Parameters for rechargeable batteries

1. Rated capacity: the capacity value of a battery, under specific conditions, such as temperature and relative humidity, and declared by the manufacturer.

2. Charge (capacity)① retention: the capacity that a battery can deliver after storage, under specific conditions, such as temperature and relative humidity, for a specific time, without a subsequent recharge and expressed as a percentage of the rated capacity.

3. Charge (capacity) recovery: the capacity that a battery can deliver with a subsequent recharge after storage, under specific conditions, such as temperature and relative humidity, for a specific time and expressed as percentage of the rated capacity.

4. Endurance in cycles the number of charge and discharge cycles a battery can perform under specific conditions, such as temperature and relative humidity, before the capacity drops below a specified fraction of the rated capacity.

5. Resistance to leakage: resistance to unplanned escape of electrolyte, gas or other material.

ANNEX Ⅳ ELECTROCHEMICAL PERFORMANCE AND DURABILITY REQUIREMENTS FOR LMT BATTERIES, INDUSTRIAL BATTERIES WITH A CAPACITY GREATER THAN 2 KWH AND ELECTRIC VEHICLE BATTERIES

For the purposes of this Annex the following definitions apply:

(1) 'Rated capacity' means the total number of ampere-hours (Ah) that can be withdrawn from a fully charged battery under reference conditions.

(2) 'Capacity fade' means the decrease over time and upon usage in the amount of charge that a battery can deliver at the rated voltage, with respect to the original rated capacity.

(3) 'Power' means the amount of energy that a battery is capable of providing over a given period under reference conditions.

(4) 'Power fade' means the decrease over time and upon usage in the amount of power that a battery can deliver at the rated voltage.

(5) 'Internal resistance' means the opposition to the flow of current within a cell or a battery under reference conditions, that is, the sum of electronic resistance and ionic resistance to the contribution to total effective resistance including inductive/capacitive properties.

(6) 'Energy round trip efficiency' means the ratio of the net energy delivered by a battery during a discharge test to the total energy required to restore the initial state of charge by a standard charge.

Part A Parameters related to electrochemical performance and durability

1. Rated capacity (in Ah) and capacity fade (in %).

2. Power (in W) and power fade (in %).

---

① IEC mentions charge and capacity. Both represent the same physical quantity (charge); the only difference is that charge is expressed in C = A * s whereas capacity is expressed in A * h. In practice, capacity is used in most cases.

3. Internal resistance (in a) and internal resistance increase (in %) .

4. Where applicable, energy round trip efficiency and its fade (in %) .

5. The expected life-time of the battery under the reference conditions for which it has been designed, in terms of cycles, except for non-cycle applications, and calendar years.

Part B　Elements to explain the measurements for parameters listed in Part A

1. Applied discharge rate and charge rate.

2. Ratio between nominal battery power (W) and battery energy (Wh) .

3. Depth of discharge in the cycle-life test.

4. Power capability at 80% and 20% state of charge.

5. Any calculations performed with the measured parameters, if applicable.

ANNEX V　SAFETY PARAMETERS

1. Thermal shock and cycling

This test shall be designed to evaluate changes in the integrity of the battery arising from expansion and contraction of cell components upon exposure to extreme and sudden changes in temperature, and potential consequences of such changes. During a thermal shock, the battery shall be exposed to two temperature limits and held at each temperature limit for a specified period.

2. External short circuit protection

This test shall evaluate the safety performance of a battery when applying an external short circuit. The test can evaluate the activation of the overcurrent protection device or the ability of cells to withstand the current without reaching a hazardous situation (e. g. thermal runaway, explosion, fire) . The main risk factors are heat generation at cell level and electrical arcing, which can damage circuitry or lead to reduced isolation resistance.

3. Overcharge protection

This test shall evaluate the safety performance of a battery in overcharge situations. The main safety risks during overcharge are the decomposition of the electrolyte, cathode and anode breakdown, exothermic decomposition of the solid electrolyte interphase (SEI) layer, separator degradation, and lithium plating, which can lead to self-heating of the battery and thermal runaway. The factors affecting the outcome of the test shall, as a minimum, include, the charging rate and the finally reached state of charge. The protection can be ensured either by voltage control (interruption after reaching the limit charging voltage) or current control (interruption after exceeding maximum charging current) .

4. Over-discharge protection

This test shall evaluate the safety performance of a battery in over-discharge situations. Safety risks during over- discharge include polarity reversal leading to oxidation of the anode current collector (Copper) and to plating on the cathode side. Even minor over-discharge can cause dendrite formation and ultimately short-circuiting.

5. Over-temperature protection

This test shall evaluate the effect of temperature control failure or failure of other features for protection against internal overheating during operation.

6. Thermal propagation protection

This test shall evaluate the safety performance of a battery in thermal propagation situations. A thermal runaway in one cell can cause a cascading reaction throughout the entire battery which can be composed of numerous cells. It can lead to severe consequences including a significant gas release. The test shall take into account the tests that are under development for transport applications by ISO and the UN Global Technical Regulation.

7. Mechanical damage by external forces

These tests shall simulate one or more situations in which a battery is accidentally exposed to mechanical stresses and remains operational for the purpose for which it was designed. The criteria to simulate these situations should reflect real life uses.

8. Internal short circuit

This test shall evaluate the safety performance of a battery in internal short-circuit situations. The occurrence of internal short circuits, one of the main concerns for battery manufacturers, potentially leads to venting, thermal runaway, and sparking which can ignite the electrolyte vapours escaping from the cell. The generation of such internal short circuits can be triggered by manufacturing imperfections, the presence of impurities in the cells or dendritic growth of lithium, and is the cause of most in-field safety incidents. Multiple internal short circuit scenarios are possible (e. g. electrical contact of cathode/anode, aluminium current collector/copper current collector, aluminium current collector/anode) each with a different contact resistance.

9. Thermal abuse

During this test, the battery shall be exposed to elevated temperatures (in IEC 62619 the temperature is 85℃) which can trigger exothermal decomposition reactions and lead to a thermal runaway in the cell.

10. Fire test

The risk of explosion shall be assessed by exposing the battery to fire.

11. Emission of gases

Batteries can contain significant amounts of potentially hazardous materials, for example highly flammable electrolytes, corrosive and toxic components. If exposed to certain conditions, the integrity of the battery could be compromised, resulting in the release of hazardous gases. Therefore, it is important to identify emissions of gases from substances released from the battery during tests: the risk of toxic gases emitted from non-aqueous electrolytes shall be properly taken into account for all safety parameters listed in points 1 to 10.

ANNEX Ⅵ LABELLING, MARKING AND INFORMATION REQUIREMENTS

Part A General information on batteries

Information on the label of a battery shall comprise the following information regarding the battery:

1. information identifying the manufacturer in accordance with Article 38 (7);
2. the battery category and information identifying the battery in accordance with Article 38 (6);
3. the place of manufacture (geographical location of a battery manufacturing plant);
4. the date of manufacture (month and year);
5. the weight;
6. the capacity;
7. the chemistry;
8. the hazardous substances present in the battery, other than mercury, cadmium or lead;
9. usable extinguishing agent;
10. critical raw materials present in the battery in a concentration of more than 0. 1% weight by weight.

Part B Symbol for separate collection of batteries

Part C　QR code

The QR code shall be in high contrast to the background colour and of a size that is easily readable by a commonly available QR reader, such as those integrated in hand-held communication devices.

ANNEX Ⅶ　PARAMETERS FOR DETERMINING THE STATE OF HEALTH AND EXPECTED LIFETIME OF BATTERIES

Part A

Parameters for determining the state of health of electric vehicle batteries, stationary battery energy storage systems and LMT batteries:

For electric vehicle batteries:

state of certified energy (SOCE).

For stationary battery energy storage systems and LMT batteries:

1. the remaining capacity;
2. where possible, the remaining power capability;
3. where possible, the remaining round trip efficiency;
4. the evolution of self-discharging rates;
5. where possible, the ohmic resistance.

Part B

Parameters for determining the expected lifetime of stationary battery energy storage systems and LMT batteries:

1. the date of manufacture of the battery and, where appropriate, the date of putting into service;
2. the energy throughput;
3. the capacity throughput;
4. the tracking of harmful events, such as the number of deep discharge events, time spent in extreme temperatures, time spent charging in extreme temperatures;
5. the number of full equivalent charge-discharge cycles.

ANNEX Ⅷ　CONFORMITY ASSESSMENT PROCEDURES

Part A　MODULE A——INTERNAL PRODUCTION CONTROL

1. Description of the module

Internal production control is the conformity assessment procedure whereby the manufacturer fulfils the obligations set out in points 2, 3 and 4, and ensures and declares on its sole responsibility that the batteries concerned meet the requirements laid down in Articles 6, 9, 10, 12, 13 and 14 that apply to them.

2. Technical documentation

The manufacturer shall draw up the technical documentation. The documentation shall make it possible to assess the battery's conformity with the relevant requirements referred to in point 1 and shall include an adequate analysis and assessment of the risks.

The technical documentation shall specify the applicable requirements and cover, as far as relevant for the assessment, the design, manufacture and operation of the battery. The technical documentation shall, where applicable, contain at least the following elements:

(a) a general description of the battery and its intended use;

(b) the conceptual design and manufacturing drawings and schemes of components, sub-assemblies and circuits;

(c) the descriptions and explanations necessary for the understanding of the drawings and schemes referred to in point (b) and the operation of the battery;

(d) a specimen of the label required in accordance with Article 13;

(e) a list of the harmonised standards referred to in Article 15, applied in full or in part, including an indication of which parts have been applied, a list of the common specifications referred to in Article 16, applied in full or in part, including an indication of which parts have been applied, and a list of other relevant technical specifications used for measurement or calculation purposes;

(f) where the harmonised standards and the common specifications referred to in point (e) have not been applied or are not available, a description of the solutions adopted to meet the applicable requirements laid down in Articles 6, 9, 10, 12, 13 and 14 or to verify the compliance of batteries with those requirements;

(g) the results of design calculations made and the examinations carried out, and the technical or documentary evidence used; and

(h) the test reports.

3. Manufacturing

The manufacturer shall take all measures necessary so that the manufacturing process and the monitoring thereof ensure the batteries comply with the technical documentation referred to in point 2 and with the applicable requirements referred to in point 1.

4. CE marking and EU declaration of conformity

The manufacturer shall affix the CE marking to each individual battery that meets the applicable requirements referred to in point 1, or, where that is not possible or not warranted due to the nature of the battery, to the packaging and the documents accompanying the battery.

The manufacturer shall draw up an EU declaration of conformity for each battery model in accordance with Article 18 and keep it together with the technical documentation at the disposal of the national authorities for 10 years after the last battery belonging to the respective battery model has been placed on the market. The EU declaration of conformity shall identify the battery model for which it has been drawn up.

A copy of the EU declaration of conformity shall be made available to the national authorities upon request.

5. Manufacturer's authorised representative

The manufacturer's obligations set out in point 4 may be fulfilled by the manufacturer's authorised representative, on its behalf and under the manufacturer's responsibility, provided that they are specified in the mandate.

Part B MODULE D1——QUALITY ASSURANCE OF THE PRODUCTION PROCESS

1. Description of the module

Quality assurance of the production process is the conformity assessment procedure whereby the manufacturer fulfils the obligations set out in points 2, 4 and 7, and ensures and declares on its sole responsibility, without prejudice to the obligations of other economic operators in accordance with this Regulation, that the batteries concerned meet the applicable requirements laid down in Articles 7 and 8, or, at the choice of the manufacturer, all applicable requirements laid down in Articles 6 to 10 and Articles 12, 13 and 14.

2. Technical documentation

The manufacturer shall draw up the technical documentation. The technical documentation shall make it possible to assess the battery's conformity with the relevant requirements referred to in point 1, and shall include an adequate analysis and assessment of the risks.

The technical documentation shall specify the applicable requirements and cover, as far as relevant for the assessment, the design, manufacture and operation of the battery. The technical documentation shall, where applicable, contain at least the following elements:

(a) a general description of the battery and its intended use;

(b) the conceptual design and manufacturing drawings and schemes of components, sub-assemblies and circuits;

(c) the descriptions and explanations necessary for the understanding of the drawings and schemes referred to in point (b) and the operation of the battery;

(d) a specimen of the label required in accordance with Article 13;

(e) a list of the harmonised standards referred to in Article 15, the common specifications referred to in Article 16, or of both, applied, and, in the event of partly applied harmonised standards, common specifications, or both, an indication of which parts have been applied;

(f) a list of other relevant technical specifications used for measurement or calculation purposes and descriptions of the solutions adopted to meet the applicable requirements laid down in Articles 6 to 10 and Articles 12, 13 and 14 or to verify the compliance of batteries with those requirements, where harmonised standards, common specifications, or both, have not been applied or are not available;

(g) the results of design calculations made and the examinations carried out, and the technical or documentary evidence used;

(h) a study supporting the carbon footprint values referred to in Article 7 (1) and the carbon footprint class referred to in Article 7 (2), containing the calculations made in accordance with the methodology set out in the delegated act adopted pursuant to Article 7 (1), fourth subparagraph, point (a), and the evidence and information determining the input data for those calculations;

(i) a study supporting the recycled content share referred to in Article 8, containing the calculations made in accordance with the methodology set out in the delegated act adopted pursuant to Article 8 (1), second subparagraph, and the evidence and information determining the input data for those calculations; and

(j) the test reports.

3. Availability of technical documentation

The manufacturer shall keep the technical documentation at the disposal of the national authorities for 10 years after the battery has been placed on the market.

4. Manufacturing

The manufacturer shall operate an approved quality system for production, final product inspection and testing of the batteries concerned as specified in point 5, and shall be subject to surveillance as specified in point 6.

5. Quality system

(1) The manufacturer shall lodge an application for assessment of its quality system with the notified body of its choice, for the batteries concerned.

The application shall include:

(a) the name and address of the manufacturer and, if the application is lodged by the manufacturer's authorised representative, its name and address as well;

(b) a written declaration that the same application has not been lodged with any other notified body;

(c) all relevant information for the battery category envisaged;

(d) the documentation concerning the quality system referred to in point 5. 2;

(e) the technical documentation referred to in point 2.

(2) The quality system shall ensure that the batteries comply with the applicable requirements laid down in Articles 6 to 10 and Articles 12, 13 and 14.

All the elements, requirements and provisions adopted by the manufacturer shall be documented in a systematic and orderly manner in the form of written policies, procedures and instructions. The quality system documentation shall make it possible to have a consistent interpretation of the quality programmes, plans, manuals and records.

The quality system documentation shall, in particular, contain an adequate description of:

(a) the quality objectives and the organisational structure, responsibilities and powers of the management with regard to product quality;

(b) the procedures for documenting and monitoring the parameters and data necessary for calculating and updating the recycled content share referred to in Article 8 and, where applicable, the carbon footprint values and class referred to in Article 7;

(c) the corresponding manufacturing, quality control and quality assurance techniques, processes and systematic actions that will be used;

(d) the examinations, calculations, measurements and tests that will be carried out before, during and after manufacture, and the frequency with which they will be carried out;

(e) the quality records, such as inspection reports and calculation, measurement and test data, calibration data, qualification reports on the personnel concerned;

(f) the means of monitoring the achievement of the required product quality and the effective operation of the quality system.

(3) The notified body shall assess the quality system to determine whether it meets the requirements referred to in point 5.2.

It shall presume conformity with those requirements in respect of the elements of the quality system that comply with the corresponding specifications of the relevant harmonised standard.

In addition to experience in quality management systems, the auditing team shall have at least one member with experience of evaluation in the relevant product field and product technology concerned, and knowledge of the applicable requirements laid down in Articles 6 to 10 and Articles 12, 13 and 14. The audit shall include an assessment visit to the manufacturer's premises.

The auditing team shall review the technical documentation referred to in point 2 in order to verify the manufacturer's ability to identify the applicable requirements laid down in Articles 6 to 10 and Articles 12, 13 and 14 and to carry out the necessary examinations, calculations, measurements and tests with a view to ensuring that the battery complies with those requirements. The auditing team shall check the reliability of data used for the calculation of the recycled content share referred to in Article 8 and, where applicable, the carbon footprint values and class referred to in Article 7 as well as the proper implementation of the relevant calculation methodology.

After having assessed the quality system, the notified body shall notify its decision to the manufacturer. The notification shall contain the conclusions of the audit and the reasons for that decision.

(4) The manufacturer shall undertake to fulfil the obligations arising from the quality system as approved and to maintain it so that it remains adequate and efficient.

(5) The manufacturer shall keep the notified body that has approved the quality system informed of any intended change to the quality system.

The notified body shall evaluate any proposed changes and decide whether the modified quality system will continue to meet the requirements referred to in point 5.2 or whether reassessment is necessary.

The notified body shall notify the manufacturer of its decision. The notification shall contain the conclusions of the examination and the reasoned assessment decision.

6. Surveillance under the responsibility of the notified body

(1) The purpose of surveillance is to make sure that the manufacturer duly fulfils the obligations arising from the approved quality system.

(2) The manufacturer shall, for assessment purposes, allow the notified body access to the manufacture, inspection, testing and storage sites and shall provide it with all necessary information, in particular:

(a) the quality system documentation referred to in point 5.2;

(b) the technical documentation referred to in point 2;

(c) the quality records, such as inspection reports and calculation, measurement and test data, calibration data and qualification reports on the personnel concerned.

(3) The notified body shall carry out periodic audits to make sure that the manufacturer maintains and applies the quality system, and shall provide the manufacturer with an audit report. During such audits, the notified body shall check at least the reliability of data used for the calculation of the recycled content share referred to in Article 8 and, where applicable, the carbon footprint values and class referred to in Article 7, as well as the proper implementation of the relevant calculation methodology.

(4) In addition, the notified body may pay unexpected visits to the manufacturer. During such visits, the notified body may, if necessary, carry out examinations, calculations, measurements and tests, or have them carried out, in order to verify that the quality system is functioning correctly. The notified body shall provide the manufacturer with a visit report and, if tests have been carried out, with a test report.

7. CE marking and EU declaration of conformity

(1) The manufacturer shall affix the CE marking, and, under the responsibility of the notified body referred to in point 5.1, the latter's identification number to each individual battery that meets the applicable requirements referred to in point 1, or, where that is not possible or is not warranted due to the nature of the battery, to the packaging and the documents accompanying the battery.

(2) The manufacturer shall draw up an EU declaration of conformity for each battery model in accordance with Article 18 and keep it at the disposal of the national authorities for 10 years after the last battery belonging to the respective battery model has been placed on the market. The EU declaration of conformity shall identify the battery model for which it has been drawn up.

A copy of the EU declaration of conformity shall be made available to the national authorities upon request.

8. Availability of quality system documentation

The manufacturer shall, for a period of 10 years after the battery has been placed on the market, keep at the disposal of the national authorities:

(a) the quality system documentation referred to in point 5.2;

(b) the change referred to in point 5.5, as approved;

(c) the decisions and reports of the notified body referred to in points 5.5, 6.3 and 6.4.

9. Information obligations of the notified body

Each notified body shall inform its notifying authority of quality system approvals issued or withdrawn, and shall, periodically or upon request, make available to its notifying authority the list of quality system approvals refused, suspended or otherwise restricted.

Each notified body shall inform the other notified bodies of quality system approvals which it has refused, withdrawn, suspended or otherwise restricted, and, upon request, of quality system approvals which it has issued.

10. Manufacturer's authorised representative

The manufacturer's obligations set out in points 3, 5.1, 5.5, 7 and 8 may be fulfilled by the manufacturer's authorised representative, on the manufacturer's behalf and under the manufacturer's responsibility, provided that they are specified in the mandate.

Part C　MODULE G——CONFORMITY BASED ON UNIT VERIFICATION

1. Description of the module

Conformity based on unit verification is the conformity assessment procedure whereby the manufacturer fulfils the obligations set out in points 2, 3 and 5, and ensures and declares on its sole responsibility, without prejudice to the obligations of other economic operators in accordance with this Regulation, that the battery concerned, which has been subject to the provisions of point 4, is in conformity with the applicable requirements laid down in Articles 7 and 8, or, at the choice of the manufacturer, all applicable requirements laid down in Articles 6 to 10 and Articles 12, 13 and 14.

2. Technical documentation

The manufacturer shall draw up the technical documentation and make it available to the notified body referred to in point 4. The technical documentation shall make it possible to assess the battery's conformity with the relevant requirements referred to in point 1 and shall include an adequate analysis and assessment of the risks.

The technical documentation shall specify the applicable requirements and cover, as far as relevant for the assessment, the design, manufacture and operation of the battery.

The technical documentation shall, where applicable, contain at least the following elements:

(a) a general description of the battery and its intended use;

(b) the conceptual design and manufacturing drawings and schemes of components, sub-assemblies and circuits;

(c) the descriptions and explanations necessary for the understanding of the drawings and schemes referred to in point (b) and the operation of the battery;

(d) a specimen of the label required in accordance with Article 13;

(e) a list of the harmonised standards referred to in Article 15, the common specifications referred to in Article 16, or of both, applied, and, in the event of partly applied harmonised standards, common specifications, or both, an indication of which parts have been applied;

(f) a list of other relevant technical specifications used for measurement or calculation purposes and descriptions of the solutions adopted to meet the applicable requirements referred to in point 1 or to verify the conformity of batteries with those requirements, where harmonised standards, common specifications, or both, have not been applied or are not available;

(g) the results of design calculations made and the examinations carried out, and the technical or documentary evidence used;

(h) a study supporting the carbon footprint values and class referred to in Article 7, containing the calculations made in accordance with the methodology set out in the delegated act adopted pursuant to Article 7 (1), fourth subparagraph, point (a), and the evidence and information determining the input data for those calculations;

(i) a study supporting the recycled content share referred to in Article 8, containing the calculations made in accordance with the methodology set out in the delegated act adopted pursuant to Article 8 (1), second subparagraph, and the evidence and information determining the input data for those calculations; and

(j) the test reports.

2. The manufacturer shall keep the technical documentation at the disposal of the national authorities for 10 years after the battery has been placed on the market.

3. Manufacturing

The manufacturer shall take all measures necessary so that the manufacturing process and the monitoring thereof ensure that the manufactured battery is in conformity with the applicable requirements referred to in point 1.

4. Verification

(1) A notified body chosen by the manufacturer shall carry out appropriate examinations, calculations, measurements and tests, as set out in the relevant harmonised standards referred to in Article 15, common specifications referred to in Article 16, or both, or equivalent tests, to check the conformity of the battery with the applicable requirements referred to in point 1, or have them carried out. In the absence of such a harmonised standard or common specification, the notified body concerned shall decide on the appropriate examinations, calcu-

lations, measurements and tests to be carried out.

The notified body shall issue a certificate of conformity in respect of the examinations, calculations, measurements and tests carried out and shall affix its identification number to the approved battery, or have it affixed under its responsibility.

(2) The manufacturer shall keep the certificates of conformity at the disposal of the national authorities for 10 years after the battery has been placed on the market.

5. CE marking and EU declaration of conformity

The manufacturer shall affix the CE marking and, under the responsibility of the notified body referred to in point 4, the latter's identification number to each battery that meets the applicable requirements referred to in point 1, or, where that is not possible or is not warranted due to the nature of the battery, to the packaging and the documents accompanying the battery.

The manufacturer shall draw up an EU declaration of conformity in accordance with Article 18 for each battery and keep it at the disposal of the national authorities for 10 years after the battery has been placed on the market. The EU declaration of conformity shall identify the battery for which it has been drawn up.

A copy of the EU declaration of conformity shall be made available to the national authorities upon request.

6. Manufacturer's authorised representative

The manufacturer's obligations set out in points 2.2, 4.2 and 5 may be fulfilled by the manufacturer's authorised representative, on the manufacturer's behalf and under the manufacturer's responsibility, provided that they are specified in the mandate.

ANNEX IX　EU DECLARATION OF CONFORMITY No* ...

* (identification number of the declaration)

1. Battery model (product, category, and batch or serial number):

2. Name and address of the manufacturer and, where applicable, its authorised representative:

3. This declaration of conformity is issued under the sole responsibility of the manufacturer.

4. Object of the declaration (description of the battery and identification allowing traceability, and which may, where appropriate, include an image of the battery):

5. The object of the declaration described in point 4 is in conformity with the relevant Union harmonisation legislation: ... (reference to the other Union acts applied).

6. References to the relevant harmonised standards or the common specifications used or references to the other technical specifications in relation to which conformity is declared:

7. The notified body ... (name, address, number) ... performed ... (description of intervention) ... and issued the certificate (s): ... (details, including its date, and, where appropriate, information on the duration of and conditions for its validity).

8. Additional information

Signed for and on behalf of:

(place and date of issue):

(name, function) (signature)

ANNEX X LIST OF RAW MATERIALS AND RISK CATEGORIES

1. Raw materials:

(a) cobalt;

(b) natural graphite;

(c) lithium;

(d) nickel;

(e) chemical compounds based on the raw materials listed in points (a) to (d), which are necessary for the manu-facturing of the active materials of batteries.

2. Social and environmental risk categories:

(a) environment, climate and human health, considering direct, induced, indirect and cumulative effects, including:

(i) air, including air pollution such as greenhouse gas emissions,

(ii) water, including seabed and marine environment, and including water pollution, water use, water quantities (flooding or droughts) and access to water,

(iii) soil, including soil pollution, soil erosion, land use and land degradation,

(iv) biodiversity, including damage to habitats, wildlife, flora and ecosystems, including ecosystem services,

(v) hazardous substances,

(vi) noise and vibration,

(vii) plant safety,

(viii) energy use,

(ix) waste and residues;

(b) human rights, labour rights and industrial relations, including:

(i) occupational health and safety,

(ii) child labour,

(iii) forced labour,

(iv) discrimination,

(v) trade union freedoms;

(c) community life, including that of indigenous peoples.

3. The international instruments covering the risks referred to in point 2 include:

(a) the Ten Principles of the United Nations Global Compact;

(b) the UNEP Guidelines for Social Life Cycle Assessment of Products;

(c) the Convention on Biological Diversity, in particular Decision COP Ⅷ/28 —Voluntary guidelines on Biodi- versity-Inclusive impact assessment;

(d) the UN Paris Agreement;

(e) the eight fundamental ILO Conventions as defined under the ILO Declaration on Fundamental Principles and Rights at Work;

(f) any other international environmental conventions that are binding upon the Union or its Member States;

(g) the ILO Declaration on Fundamental Principles and Rights at Work;

(h) the International Bill of Human Rights, including the International Covenant on Civil and Political Rights and the International Covenant on Economic, Social and Cultural Rights.

4. The internationally recognized due diligence instruments applicable to the due diligence requirements laid down in Chapter Ⅶ of this Regulation:

(a) the International Bill of Human Rights, including the International Covenant on Civil and Political Rights and the International Covenant on Economic, Social and Cultural Rights;

(b) the UN Guiding Principles on Business and Human Rights;

(c) the OECD Guidelines for Multinational Enterprises;

(d) the ILO Tripartite Declaration of Principles concerning Multinational Enterprises and Social Policy;

(e) the OECD Due Diligence Guidance for Responsible Business Conduct;

(f) the OECD Due Diligence Guidance for Responsible Supply Chains of Minerals from Conflict-Affected and High-Risk Areas.

ANNEX XI CALCULATION OF COLLECTION RATES FOR WASTE PORTABLE BATTERIES AND WASTE LMT BATTERIES

1. Producers of the relevant category of batteries or, where appointed in accordance with Article 57 (1), producer responsibility organisations, and Member States shall calculate the collection rate as the percentage obtained by dividing the weight of waste batteries, collected in accordance with Articles 59, 60 and 69, respectively, in a given calendar year in a Member State by the average weight of such batteries that producers either make available on the market directly to end-users or deliver to third parties in order to make them available on the market to end-users in that Member State during the three preceding calendar years. The collection rate shall be calculated for portable batteries in accordance with Article 59, and for LMT batteries in accordance with Article 60 respectively.

Year	Data collection		Calculation	Reporting requirement
Year 1	Sales in year 1 (S1)			
Year 2	Sales in year 2 (S2)			
Year 3	Sales in year 3 (S3)			
Year 4	Sales in year 4 (S4)	Collection in year 4 (C4)	Collection rate (CR4) = 3 * C4/ (S1+S2+S3)	CR4
Year 5	Sales in year 5 (S5)	Collection in year 5 (C5)	Collection rate (CR5) = 3 * C5/ (S2+S3+S4)	CR5
Etc.	Etc.	Etc.	Etc.	

2. Producers of the relevant category of batteries or, where appointed in accordance with Article 57 (1), producer responsibility organisations, and Member States shall calculate the annual sales of batteries to end-users in a given year, as the weight of such batteries made available on the market for the first time within the territory of the Member State in the year concerned, excluding any batteries that have left the territory of that Member State in that year, before being sold to the end-users. Those sales shall be calculated separately for portable batteries and for LMT batteries.

3. For each battery, only the first time it is made available on the market in a Member State shall be counted.

4. The calculation provided for in points 1 and 2 shall be based on collected data or statistically significant estimates based on collected data.

ANNEX XII STORAGE AND TREATMENT, INCLUDING RECYCLING, REQUIREMENTS

Part A Storage and treatment requirements

1. Treatment shall, as a minimum, include removal of all fluids and acids.

2. Treatment and any storage, including temporary storage, at treatment facilities, including recycling facilities, shall take place in sites with impermeable surfaces and suitable weatherproof covering or in suitable containers.

3. Waste batteries in treatment facilities, including recycling facilities, shall be stored in such a way that they are not mixed with waste from conductive or combustible materials.

4. Special precautions and safety measures shall be in place for the treatment of waste lithium-based batteries during handling, sorting and storage. Such measures shall include protection from exposure to:

(a) excessive heat, such as high temperatures, fire or direct sunlight;

(b) water, such as precipitation and flooding;

(c) any crushing or physical damage.

Waste lithium-based batteries shall be stored in their normally installed orientation, that is, never inverted, and in well-ventilated areas and they shall be covered with a high voltage rubber isolation. Storage facilities for waste lithium-based batteries shall be marked with a warning sign.

5. Mercury shall be separated during treatment into an identifiable stream, which is safely immobilised and disposed of and cannot cause adverse effects on human health or the environment.

6. Cadmium shall be separated during treatment into an identifiable stream, which is given a safe destination and cannot cause adverse effects on human health or the environment.

Part B Targets for recycling efficiency

1. No later than 31 December 2025, recycling shall achieve at least the following targets for recycling efficiency:

(a) recycling of 75% by average weight of lead-acid batteries;

(b) recycling of 65% by average weight of lithium-based batteries;

(c) recycling of 80% by average weight of nickel-cadmium batteries;

(d) recycling of 50% by average weight of other waste batteries.

2. No later than 31 December 2030, recycling shall achieve at least the following targets for recycling efficiency:

(a) recycling of 80% by average weight of lead-acid batteries;

(b) recycling of 70% by average weight of lithium-based batteries.

Part C Targets for recovery of materials

1. No later than 31 December 2027, all recycling shall achieve at least the following targets for recovery of materials:

(a) 90% for cobalt;

(b) 90% for copper;

(c) 90% for lead;

(d) 50% for lithium;

(e) 90% for nickel.

2. No later than 31 December 2031, all recycling shall achieve at least the following targets for recovery of materials:

(a) 95% for cobalt;

(b) 95% for copper;

(c) 95% for lead;

(d) 80% for lithium;

(e) 95% for nickel.

ANNEX XIII INFORMATION TO BE INCLUDED IN THE BATTERY PASSPORT

1. PUBLICLY ACCESSIBLE INFORMATION RELATING TO THE BATTERY MODEL

A battery passport shall include the following information relating to the battery model, which shall be accessible to the public:

(a) the information specified in Part A of Annex VI;

(b) the material composition of the battery, including its chemistry, hazardous substances present in the battery, other than mercury, cadmium or lead, and critical raw materials present in the battery;

(c) the carbon footprint information referred to in Article 7 (1) and (2);

(d) information on responsible sourcing as indicated in the report on battery due diligence policy referred to in Article 52 (3);

(e) recycled content information as contained in the documentation referred to in Article 8 (1);

(f) the share of renewable content;

(g) rated capacity (in Ah);

(h) minimal, nominal and maximum voltage, with temperature ranges when relevant;

(i) original power capability (in Watts) and limits, with temperature range when relevant;

(j) expected battery lifetime expressed in cycles, and reference test used;

(k) capacity threshold for exhaustion (only for electric vehicle batteries);

(l) temperature range the battery can withstand when not in use (reference test);

(m) period for which the commercial warranty for the calendar life applies;

(n) initial round trip energy efficiency and at 50% of cycle-life;

(o) internal battery cell and pack resistance;

(p) c-rate of relevant cycle-life test.

(q) the marking requirements laid down in Article 13 (3) and (4);

(r) the EU declaration of conformity referred to in Article 18;

(s) the information regarding the prevention and management of waste batteries laid down in Article 74 (1), points (a) to (f).

2. INFORMATION RELATING TO THE BATTERY MODEL ACCESSIBLE ONLY TO PERSONS WITH A LEGITIMATE INTEREST AND THE COMMISSION

A battery passport shall include the following information relating to the battery model, which shall be accessible only to persons with a legitimate interest and the Commission:

(a) detailed composition, including materials used in the cathode, anode and electrolyte;

(b) part numbers for components and contact details of sources for replacement spares;

(c) dismantling information, including at least:

——exploded diagrams of the battery system/pack showing the location of battery cells,

——disassembly sequences,

——type and number of fastening techniques to be unlocked,

——tools required for disassembly,

——warnings if risk of damaging parts exist,

——amount of cells used and layout;

(d) safety measures.

3. INFORMATION ACCESSIBLE ONLY TO NOTIFIED BODIES, MARKET SURVEILLANCE AUTHORITIES AND THE COMMISSION

A battery passport shall include the following information relating to the battery model, which shall be accessible only to notified bodies, market surveillance authorities and the Commission:

——results of test reports proving compliance with the requirements laid down in this Regulation or any delegated or implementing act adopted pursuant to this Regulation.

4. INFORMATION AND DATA RELATING TO AN INDIVIDUAL BATTERY ACCESSIBLE ONLY TO PERSONS WITH A LEGITIMATE INTEREST

A battery passport shall include the following specific information and data relating to an individual battery, which shall be accessible only to persons with a legitimate interest:

(a) the values for performance and durability parameters referred to in Article 10 (1), when the battery is placed on the market and when it is subject to changes in its status;

(b) information on the state of health of the battery pursuant to Article 14;

(c) information on the status of the battery, defined as 'original', 'repurposed', 're-used', 'remanufactured' or 'waste';

(d) information and data resulting from its use, including the number of charging and discharging cycles and negative events, such as accidents, as well as periodically recorded information on the operating environmental conditions, including temperature, and on the state of charge.

ANNEX XIV MINIMUM REQUIREMENTS FOR SHIPMENTS OF USED BATTERIES

1. In order to distinguish between used and waste batteries, where the holder, meaning the natural or legal person in possession of the used batteries or the waste batteries, claims that it intends to ship or is shipping used batteries and not waste batteries, that holder shall be required to have available the following to substantiate that claim:

(a) a copy of the invoice and contract relating to the sale or transfer of ownership of the batteries which states that the batteries are destined for direct re-use and that they are fully functional;

(b) evidence of evaluation or testing in the form of a copy of the records, such as the certificate of testing, proof of functionality for every battery or fraction thereof in the consignment, and the protocol containing all information on the record in accordance with point 3;

(c) a declaration made by the holder that none of the material or equipment within the consignment is waste as defined by Article 3, point (1), of Directive 2008/98/EC; and

(d) appropriate protection against damage during transportation, loading and unloading, in particular through sufficient packaging and appropriate stacking of the load.

2. Point 1 (a) and (b) and point 3 shall not apply where it is demonstrated by documentary proof that the shipment is taking place in the framework of a business-to-business transfer agreement and that:

(a) the used battery is sent back to the producer or a third party acting on its behalf for repair under warranty with the intention of re-use; or

(b) if the used battery is for professional use, it is sent to the producer or a third party acting on its behalf or a third-party facility in countries to which OECD Council Decision C (2001) 107/Final on the Control of Trans-boundary Movements of Wastes Destined for Recovery Operations applies, for refurbishment or repair under a valid contract with the intention of re-use; or

(c) if the used battery is for professional use and is defective, it is sent to the producer or a third party acting on its behalf for root cause analysis under a valid contract, in cases where such an analysis can only be conducted by the producer or third parties acting on its behalf.

3. In order to demonstrate that the batteries being shipped constitute used batteries, rather than waste batteries, its holder shall carry out the following steps for testing and record-keeping:

Step 1: Testing

(a) the battery shall be tested for its state of health and the presence of hazardous substances shall be evaluated;

(b) the results of the evaluation and testing referred to in point (a) shall be recorded.

Step 2: Record

(a) the record shall be fixed securely but not permanently on either the used battery itself, if the used battery has not been packed, or on the packaging, so it can be read without removing the packaging;

(b) the record shall contain the following information:

——name of the battery or fraction thereof,

——identification number of the battery or fraction thereof, where applicable,

——year of production, if available,

——name and address of the company responsible for testing the state of health,

——types of tests performed for step 1,

——result of the tests performed for step 1, including the date of the tests.

4. In addition to the documentation required in points 1, 2 and 3, every load, for example shipping container or lorry, of used batteries shall be accompanied by:

(a) a relevant transport document; and

(b) a declaration of responsibility by the person liable.

5. In the absence of proof that an object is a used battery, and not a waste battery, in the form of the appropriate documentation required in points 1, 2, 3 and 4, and of appropriate protection against damage during transportation, loading and unloading, in particular through sufficient packaging and appropriate stacking of the load, which are the obligations of the holder that arranges the transport, the object shall be considered waste and it shall be presumed that the load comprises an illegal shipment. In such cases, the loadshall be dealt within accordance with Articles 24 and 25 of Regulation (EC) No 1013/2006.

ANNEX XV CORRELATION TABLE

Directive 2006/66/EC	This Regulation
Article 1	Article 1
Article 1, first paragraph, point 1	Article 1 (1)
Article 1, first paragraph, point 2	Article 1 (1)
Article 1, second paragraph	—
Article 2	Article 1 (3), (4) and (5)
Article 2 (1)	Article 1 (3) and (4)
Article 2 (2)	Article 1 (5)
Article 2 (2), point (a)	Article 1 (5), point (a)
Article 2 (2), point (b)	Article 1 (5), point (a)
Article 3	Article 3
Article 3, point 1	Article 3 (1), point 1
Article 3, point 2	Article 3 (1), point 2
Article 3, point 3	Article 3 (1), point 9
Article 3, point 4	—
Article 3, point 5	Article 3 (1), point 12
Article 3, point 6	Article 3 (1), point 13
Article 3, point 7	Article 3 (1), point 50
Article 3, point 8	Article 3 (2), point (a)
Article 3, point 9	—
Article 3, point 10	Article 3 (1), point 53
Article 3, point 11	Article 3 (1), point 26
Article 3, point 12	Article 3 (1), point 47
Article 3, point 13	Article 3 (1), point 65
Article 3, point 14	Article 3 (1), point 16
Article 3, point 15	Article 3 (1), point 22
Article 3, point 16	—
Article 3, point 17	—
Article 4	Article 6
Article 4 (1)	Annex I
Article 4 (1), point (a)	Annex I, entry 1
Article 4 (1), point (b)	Annex I, entry 2

续表1

Directive 2006/66/EC	This Regulation
Article 4（2）	—
Article 4（3）	—
Article 4（3），point（a）	—
Article 4（3），point（b）	
Article 4（3），point（c）	
Article 4（4）	
Article 5	
Article 6	Article 4
Article 6（1）	Article 4（1）
Article 6（2）	—
Article 7	Article 2
Article 8	Articles 59 to 62 and 64 to 67
Article 8（1）	Article 59
Article 8（1），first subparagraph，point（a）	Article 59（1），point（a）Article 59（1），point（b）
Article 8（1），first subparagraph，point（b）	Article 62
Article 8（1），first subparagraph，point（c）	Article 61（1）Article 62（1）
Article 8（1），first subparagraph，point（d）	Article 59（2），point（a）（ii）Article 61（1），point（c）
Article 8（1），second subparagraph	Article 59（5）
Article 8（2）	Article 59（1）and Article 59（2）
Article 8（2），point（a）	Article 59（1）and Article 59（2）
Article 8（2），point（b）	Article 59（2）
Article 8（2），point（c）	—
Article 8（3）	Article 61
Article 8（4）	Article 61
Article 9	—
Article 10	Articles 59，60 and 69
Article 10（1）	—
Article 10（1），second subparagraph	Article 75（4）
Article 10（2）	Articles 59 and 60

续表2

Directive 2006/66/EC	This Regulation
Article 10 (2), point (a)	—
Article 10 (2), point (b)	Article 59 (3) and Article 60 (3)
Article 10 (3)	Article 69 (2) and Article 76 (1), second subparagraph
Article 11	—
Article 10 (4)	Article 11
Article 11, first subparagraph	Article 11 (1)
Article 11, second subparagraph	Article 11 (3)
Article 12	Article 70
Article 12 (1)	Article 70 (2)
Article 12 (1), first subparagraph, point (a)	Article 59 (1), point (f), Article 60 (1), point (f), and Article 61 (3), point (c)
Article 12 (1), second subparagraph, point (b)	Article 71 (1)
Article 12 (1), second subparagraph	—
Article 12 (1), third subparagraph	—
Article 12 (2)	Article 71 (4)
Article 12 (3)	Article 70 (3)
Article 12 (4)	Article 71 (2) and (3)
Article 12 (5)	Article 75 (5), point (c), and Article 76 (1), point (d)
Article 12 (6)	Article 71 (4)
Article 13	—
Article 13 (1)	—
Article 13 (2)	—
Article 14	Article 70 (1)
Article 15	Article 72
Article 15 (1)	Article 72 (1)
Article 15 (2)	Article 72 (3)
Article 15 (3)	Articles 72 (4)
Article 16	Articles56
Article 16 (1)	Article 56 (1) and (4)
Article 16 (1), point (a)	Article 56 (4), point (a)
Article 16 (1), point (b)	Article 56 (4), point (b)
Article 16 (2)	—

续表3

Directive 2006/66/EC	This Regulation
Article 16 (3)	Article 56 (1) , point (c)
Article 16 (4)	Article 74 (5)
Article 16 (5)	—
Article 16 (6)	—
Article 17	Article55
Article 18	Article 57 (2), point (c)
Article 18 (1)	—
Article 18 (2)	—
Article 18 (3)	—
Article 19	Article 59 (1), Article 60 (1), Article 61 (1), Article 62 and Articles 64 to 67
Article 19 (1)	Article 59 (2), Article 60 (2), Article 61 (1) and Articles 62, 65, 66 and 67
Article 19 (2)	Article 57 (2), point (c)
Article 20	Article 74
Article 20 (1)	Article 74 (1)
Article 20 (1), point (a)	Article 74 (1), point (f)
Article 20 (1), point (b)	Article 74 (1), point (b)
Article 20 (1), point (c)	Article 74 (1), point (c)
Article 20 (1), point (d)	Article 74 (1), point (b)
Article 20 (1), point (e)	Article 74 (1), point (e)
Article 20 (2)	Article 74
Article 20 (3)	Article 74 (4)
Article 21	Article 20 Article 13, Annex Ⅵ, Part A, B and C
Article 21 (1)	Article 13 (4)
Article 21 (2)	Articles 13 (2)
Article 21 (3)	Articles 13 (5)
Article 21 (4)	Articles 13 (4)
Article 21 (5)	Articles 13 (4)
Article 21 (6)	—
Article 21 (7)	—
Article 22a	—
Article 23	Article94

续表4

Directive 2006/66/EC	This Regulation
Article 23 (1)	Article94 (1)
Article 23 (2)	Article94 (2)
Article 23 (2), point (a)	—
Article 23 (2), point (b)	Article 94 (2), first subparagraph, point (e)
Article 23 (2), point (c)	Article 71 (5) and (6)
Article 23 (3)	Article 94 (2), second subparagraph
Article 23a	Article 89
Article 23a (1)	Article 89 (1)
Article 23a (2)	Article 89 (2)
Article 23a (3)	Article 89 (3)
Article 23a (4)	Article 89 (5)
Article 23a (5)	Article 89 (6)
Article 24	Article 90
Article 24 (1),	Article 90 (1)
Article 24 (2)	Article 90 (3)
Article 24 (2), second subparagraph	Article 90 (3), second subparagraph
Article 25	Article 93
Article 26	—
Article 27	—
Article 28	Article 95
Article 29	Article 96
Article 30	—
Annex Ⅰ	Annex Ⅺ
Annex Ⅱ	Annex Ⅵ, Part B
Annex Ⅲ	Annex Ⅻ
Annex Ⅲ, Part A	Annex Ⅻ, Part A
Annex Ⅲ, Part B	Annex Ⅻ, Part B
Annex Ⅳ	Article 55